国家社会科学基金重点项目（08ASH002）研究成果

农民民主权益保障政策研究

傅广宛◇著

中国社会科学出版社

图书在版编目（CIP）数据

农民民主权益保障政策研究/傅广宛著.—北京：中国社会科学出版社，2020.7
ISBN 978-7-5161-9183-5

Ⅰ.①农… Ⅱ.①傅… Ⅲ.①农民—权益保护—政策—研究—中国 Ⅳ.①D422.6

中国版本图书馆 CIP 数据核字（2016）第 256151 号

出 版 人	赵剑英
责任编辑	卢小生
责任校对	周晓东
责任印制	王 超

出　　版	中国社会科学出版社
社　　址	北京鼓楼西大街甲 158 号
邮　　编	100720
网　　址	http：//www.csspw.cn
发 行 部	010-84083685
门 市 部	010-84029450
经　　销	新华书店及其他书店

印　　刷	北京明恒达印务有限公司
装　　订	廊坊市广阳区广增装订厂
版　　次	2020 年 7 月第 1 版
印　　次	2020 年 7 月第 1 次印刷

开　　本	710×1000　1/16
印　　张	17.75
插　　页	2
字　　数	264 千字
定　　价	90.00 元

前　言

　　"农民真苦，农村真穷，农业真危险"的经典表述高度概括了当代中国"三农"问题的核心。造成这种令人心酸的农民问题的深层次原因是什么？为什么"头戴草帽，在麦田或水稻田里辛勤劳动"，与世无争的农民会在利益博弈中被边缘化与弱势化？农民权益的保障与社会稳定和国家现代化进程有何逻辑关联？中国的城市化进程能否转向以保障农民权益为基础的发展？这是现实的困惑，也是对所有致力于农民问题研究学者的追问。

　　以自然法理论和社会契约论为基础的西方资产阶级学者认为，民主权利是与生俱来的自然本性，与人的生存、自由、财产、追求幸福等权利一样是天赋的、神圣不可侵犯的。洛克在《政府论》中指出："国家的存在和合法必须以获得公民同意为基础，个人的生命权、自由权和财产权是一种先于政府的存在而存在的权利，政府权力的行使绝不能以损害个人权利为代价，而应以保障人民权益为天职，统治者的权力应来自被统治者的同意，建立国家的唯一目的，乃是为了保障社会的安全以及人民拥有的自然权利。民主权利是人民主权的具体体现，是相对于'公权力'而言的'公民权利'，是一个国家的公民对于国家意志的形成和实现的'支配权'，这种'支配权'在我国被形象地表述为人民'当家做主'的权力。"[①]农民的民主权利及公民权因历史积淀原因一直处于理论研究和实践发展双重滞后的困境中。

　　改革开放以后，随着国家的农村政策研究的出台，中国农民问题的研究重新开始起步。20世纪80年代初期，以时任中国共产党中央

---

　　① 邓成明：《论人民主权与公民的民主权利》，《广东社会科学》2005年第4期。

农村政策研究室主任兼国务院农村发展研究中心主任的杜润生等为代表的中央农村政策研究取得重大成效，具体体现在其后连续五年出台的五个著名的"中央一号文件"中。1987 年 11 月 22 日，六届全国人大第二十三次会议通过《中华人民共和国村民委员会组织法（试行）》后，村民自治和村民选举成为学者研究的热点，农民的自治权、选举权、参与权、知情权等权利问题进入研究视野。随着我国经济的飞速发展，农民负担问题也呈现日益尖锐化趋势，2000 年 3 月，湖北省监利县棋盘乡党委书记李昌平上书国务院总理朱镕基，述说"农民真苦，农村真穷，农业真危险"，再次将农民和农村问题带入研究的核心领域。从此以后，有关农民权利方面的研究文献开始增多。不同的学者从不同的学科和角度对农民权利问题进行研究，以李培林、陆学艺、朱光磊等为代表的社会学研究；以徐勇、项继权、唐鸣、党国英等为代表的政治学研究；以杜润生、陈锡文、温铁军、李昌平等为代表的农村政策研究，构成了当代中国农民问题研究的重要内容。这些不同学科、不同理论视角的研究进一步探究了农民权利问题的实质及未来的研究走向。

伴随着农村家庭联产承包责任制的实行，中国农村政治生活发生了深刻的变化，中国农民开始与民主进行亲密的接触，自治走进农民的家园。目前，包括村民自治在内的基层群众自治制度，已经成为我国基本的民主政治制度之一。民主选举、民主决策、民主管理、民主监督也成为村民自治制度的主要内容。保障农民的民主权益，就是要让农民享有更多、更切实的民主权利，充分调动农民的参与意愿，农民的其他合法权益才能得到相应保障。党的十八大在论述农村体制改革关键环节之"健全农村民主管理制度"时提出：扩大村民自治范围，保障农民享有更多更切实的民主权利，逐步实行城乡按相同人口比例选举人大代表，扩大农民在县乡人大代表中的比例，完善与农民政治参与积极性不断提高相适应的乡镇治理机制。这些新论断，为农村民主政治建设注入了强劲动力。

当前，经济全球化、信息全球化、人员流动全球化以及人权保护全球化已成为势不可当的时代潮流，民主政体的国家建构同样成为不可逆转的趋势，任何一个民族、一个国家都不可能在这种趋势下独善其身，保障农民的民主权益更是与现代国家的构建休戚相关。作为国家公民的农民，其民主权益的具体体现即政治参与将扩大到与其切身利益攸关的所有公共领域。现代国家的政治发展内在地要求公民参与其中。农民平等、高效、有序、公正地参与政治民主过程，参与政策制定过程，是中国走向现代国家必不可少的环节。在以宪法为基础的法治框架下，现代国家的整个社会政治结构将由传统的、等级森严的、"金字塔"形的命令—服从结构，向现代平等合作的扁平形的规则—遵守结构转型①，中央、地方与农民以及其他社会组织同为国家这一共同体中的参与主体，彼此在既定的可预期的规则内，各行其是、合作共赢，共同面临与全球政治发展相适应的治理转型。中国农民要获得和享有充分的民主权益，同样离不开与现代国家制度建设。

　　保障农民的民主权益是我国迈向现代化进程中需要解决的基础问题。然而，我国的农民民主权益保障现状不容乐观，既有几千年中华传统文化对农民意识的浸润，又有人为地强加给农民的"城乡二元"体制的影响，也有制度惯性的因素导致民主难以适应中国土壤的客观事实。本书从农民利益表达机制、选举权制度、农村流动人口的政治参与、农民民主监督及农民信访权益保障五个方面，探讨农民民主权益保障政策的现状、原因及对策，旨在于对当前乡村社会的农民民主权益保障政策的制定、执行、监督等现状进行梳理分析，对处于新的历史条件下的农民民主权益保障的发展走向做进一步的理论探讨和初步把握，从本质上窥探现代化进程中的国家与农民及乡村社会的关系及其影响，进而对完善农民的民主权益保障政策提供可行的路径参考。

---

　　① ［美］戴维·奥斯本、特德·盖布勒：《改革政府——企业家精神如何改革公共部门》，上海译文出版社 2006 年版，第 4—5 页。

目　录

第一章　农民民主权益的相关概念及理论基础

第一节　农民民主权益的相关概念

一　农民、民主权益

什么是农民呢？社会学家、"三农"问题评论家艾君认为，学术界最为常用的方法就是从职业的角度来界定农民的概念，"从事农业生产的劳动者"是这一概念的核心。依据这条标准，凡是从事农业生产的人员就是农民，不从事农业生产的人员就不是农民。《辞海》对农民的定义是："直接从事农业生产的劳动者（不包括农奴和农业工人）。"按照目前《中华人民共和国户口登记条例》（以下简称《户口条例》）和实施的户籍制度，农民是指城乡二元体制下的农业人口。在这种体制下，农民既是一种出生、个人身份，也是一种社会等级，属于社会底层的群体，农民不能像绝大多数城市居民一样拥有社会保障；农民群体的户籍在城乡之间不能自由迁徙；在高度集中的计划经济时代，农民没有自由流动和自由择业的权利。改革开放和家庭联产承包责任制以后直至 1990 年前后，对农民外出寻找新的生活被称为离土不离乡、盲流，这些仍旧属于对于农民群体带有的歧视性的称呼。1980 年后，一切以经济建设为中心，之后经济出现快速成长，农民开始自由流动，直至 20 世纪 80 年代后期，很多稍富裕的农民，开始移居城镇，并通过各种途径实现"农转非"即从户籍制度上由农业人口转变为非农业人口，其后出现多年的"买户口"热潮。

　　全国主要大中城市、镇针对有钱或想做城市居民的农民，还推出了各种名目繁多的花样和价码，作为管制农民入城的门槛。直至2000年前后，像北京、上海、广州以及全国各地其他重要城市，怕因为人口大量涌入影响本地经济发展，推出很多措施限制人的流动和迁徙，这期间就是城市之间的人口流动，都附带很多条件。要想养家糊口、只为寻找基本生存权利的农民被看作洪水猛兽，对绝大多数早已进入产业工人行列的农民想依靠基本工资入籍当地城市户口，直至2005年仍旧不可能。我国农民直至2005年，哪怕在城市贡献了十年或更多时间，只要在打工行列，其身份仍旧是"农民工"，一般认为属于被歧视性的称呼。农民的另一个显著性特点是与其土地的紧密联系。在我国，农民的含义实质上包含作为职业的农民、作为身份的农民和作为文化的农民三重意蕴。本书考察和讨论的农民主要是从事农业生产、具有农业户籍身份、履行农民义务的人①。

　　农民民主权益是农民的三大基本权益之一，农民权益包括农民民主权益、农民享受公共产品权益和农民的土地使用权益，权益是权力和利益的结合体。什么是农民民主权益呢？党的十七大报告指出："扩大人民民主，保证人民当家做主。人民当家做主是社会主义民主政治的本质和核心。要健全民主制度，丰富民主形式，拓宽民主渠道，依法实行民主选举、民主决策、民主管理、民主监督，保障人民的知情权、参与权、表达权、监督权。"四川省宜宾市委宣传部副部长、宜宾市委讲师团团长刘大桥认为，"按照十七届三中全会的界定，它包括两个方面：一是'健全农村民主管理制度'；二是'强化农村社会管理'"。他认为，"农村民主管理制度指的是农民的'三自我（自我管理、自我教育、自我服务）'以及'四民主（民主选举、民主决策、民主管理、民主监督）'"。强化农村社会管理，是指在村党支部的领导下，通过其村民委员会的自治，也就是通过全体村民选举出来的村民委员会以及其他形式，实施对农村社会的管理。

---

　　① 张义：《有关当前我国农民概念界定的几个问题》，《农业经济问题》1994年第8期。

笔者认为，农民民主权益指的是在民主选举、民主决策、民主管理和民主监督过程中农民依法享有的知情权、参与权、表达权和监督权。本书研究选举过程中的农民民主权益保障政策指的是从选举前期的准备阶段开始，到选民登记、选举正式进行，再到选举结束，选举结果正式公布以后的整个过程中国家和地区颁布的保障农民依法享有的各项民主权益的相关政策。

二　选举与民主的关系阐述

（一）选举是民主的本质

选举作为现代民主政治的一种制度保障，其对于维护社会稳定和推动社会发展起着重要的作用。它不仅是人民主权原则、社会契约原则以及公民的平等、自由权利的实现形式，而且是民主管理、民主决策、民主监督等其他权利实现的基础。从某种意义上说，选举是民主制度的基础、标志和本质。当今世界上奉行民主政治的国家中，无论其采取哪种政治制度，都把"人民主权"原则作为自己的理论基础，宣称"一切权力属于人民"。但是，"人民"是一个集体概念，它本身无法行使任何权利。孟德斯鸠说："共和国的全体人民握有最高权力时，就是民主政治。""只有通过选举，人民才能当君主，因为选举表现了人民的意志。"在孟德斯鸠看来，国家由选举来获得权力，就是民主。在这里，选举和民主的概念基本上被等同起来，而且美国著名学者亨廷顿也说："选举是民主的本质。"美国著名学者熊彼特在其1942年发表的《资本主义、社会主义与民主》中涉及民主与选举的关系，他认为，古代理想的民主是没有办法实现的，唯一可行的办法就是精英集团之间通过相互竞争、参与选举、获得选票来轮流执政，这就是民主。可见，民主与选举被紧紧地联系在一起，选举在一定程度上就意味着民主。

（二）选举是实现民主的工具

选举是获得合法权利的重要途径，是实现民主政治的重要工具。对于广大公民来说，人民通过参与选举这种形式，将他们自身的权利"委托"给他们选举出来的代表来行使，这些"代表"根据人民的意志来行使公共权力，处理公共事务，维护人民的整体利益，只有这样，才能保证民主的实现。从这个方面来看，选举被认为是一种有公认规则的程序形式，是构建权威并使之负责的一种手段。选举将公民与民主政治联系起来，并使政府成为唯一合法的权力机构。

除此之外，选举还是检验民主程度的一个重要指标。美国著名的政治学家乔·萨托利说："检验民主就是用选举检验，因为只有选举才能显示'普遍的共识'，也就是说，显示全体人民的意见。"在他看来，选举制度实行的程度反映了民主制度的实现程度。评价一项制度合理不合理？民主不民主？是否真正反映了人民的意志，最好的办法就是实行选举。选举虽然说不能代表全部人民的意志，但是，从"少数服从多数的原则"来考虑，选举还是能代表绝大多数人的意志，体现社会整体的利益导向，因此可以说，选举具有很强的民意基础，是检验民主的重要指标。村民自治是农村基层社会民主的表现形式，村民自治是农民当家做主、自我管理的重要手段。村委会选举是村民自治的重要内容之一，是农民意志的集中体现。

（三）选举并不必然导致民主

选举是民主的本质，是实现民主的重要工具，可以说，没有选举就没有现代意义上的民主。但是，选举并不绝对等同于民主，选举也不必然导致民主，选举只是构成民主的一个重要条件。选举不制定政策；选举只决定由谁来制定政策。选举不能解决争端，它只能决定由谁来解决争端。当选择不同的选举制度和选举程序时，就会产生不同的选举结果。在一些选举条件和环境的影响下，选举不仅不会形成择优机制，还会成为择劣机制。在这样的条件下选举产生的政府官员可能完全无视人民的权益，可能会以专断而不是民主的方式来行使人民赋予他们的权力。这样，不仅不能达到促进民主的实现民主的目的，反而只能使民主流于形式，使选举成为野心家获得权力、施行暴政的工具而已。

村民委员会（以下简称村委会）选举是基层农村政权实现的重要手段，但是，在村委会选举过程中，经常有一些通过贿选、拉票、暴力等手段破坏选举的正常程序，导致选举结果不公正的事件发生，这样，不但不能代表广大农民的真正意志，而且还可能降低农民参与选举的信心，使民主制度成为形式上的民主而已。

第二节 保障农民民主权益的理论基础

一 选举式民主理论

马克思主义民主选举观是马克思主义经典作家在唯物史观的指导下，批判封建专制主义、剖析资产阶级民主实质的过程中，并在总结无产阶级革命斗争经验的基础上形成的马克思主义民主选举观。马克思主义民主选举观对民主选举的阶级实质、民主选举的方式以及民主选举的制度保障等方面作了阐述，为社会主义民主选举制度奠定了理论基础。马克思、恩格斯是马克思主义民主学说的创立者，他们的民主观内容十分丰富，涉及民主选举的内容也很多，主要内容表现在以下两个方面。

首先，马克思、恩格斯对资产阶级选举的实质进行了阐述："选举的性质并不取决于这个名称，而取决于经济基础，取决于选民之间的经济联系。""普选权正是一根磁针，它虽然摆动了几次，但最后总是指向这个负有统治使命的阶级"，"在这种立宪君主制的国家里，只有拥有一定资本的人即资产者，才有选举权。"马克思、恩格斯认为，资产阶级选举的性质是建立在经济基础上的，并且深受经济基础的影响。资产阶级的选举是一种虚伪的民主，其实质只是在资产阶级的几个政党之间轮流选择执政党而已。而且从选举权上看，选举权不是与公民的身份相联系的，而是牢牢建立在公民的经济状况之上。资产阶级的选举权只是有产阶级的选举权，而普通的无产阶级完全被排除在外，他们不但在经济上是贫穷者，在政治上同样也是一贫如洗。

其次，马克思、恩格斯对作为无产阶级手段的选举进行了论述。马克思、恩格斯对普选权比较推崇，认为普选权是无产阶级夺取胜利可以使用的重要武器："这将使我们获得普选权和显著扩大活动自由（利用出版、集会、结社的自由、取消警察监视等），这是不应该忽视的新武器。"而且，马克思、恩格斯在《共产党宣言》中早已提出，争取普选权、争取民主，是战斗的无产阶级的首要任务之一。"随着被压迫阶级成熟到能够自己解放自己，它就作为独立的党派结合起来，选举自己的代表，而不是选举资本家的代表了。"可见，选举作为一种民主手段，作为无产阶级统治的工具的作用已被马克思、恩格斯所认可。在《马克思恩格斯全集》中，马克思、恩格斯还对选举的监督和罢免问题提出了自己的观点。他们认为，政府官员应该由选举产生，要负责任，并且当政府官员背叛人民的意志时，人民可以依法罢免其权力。

列宁是马克思主义经典作家之一，是马克思主义学说的继承者和发扬者之一。列宁对马克思主义民主选举观进行了发展和补充，其民主选举思想主要体现在以下三个方面。

第一，列宁认为，无产阶级民主的选举人是被剥削的劳动群众，他们自己决定选举的程序和日期，有撤销被选举人的完全自由。

第二，列宁认为，广大人民群众能否参加国家管理，是一个国家是否民主的重要标志。列宁在《列宁全集》第29卷中指出："委托代表机构中的人民'代表'去实行民主是不够的。要立即建立民主，由群众自己从下面发挥主动性，有效地参与全部国家生活，而不要来自上面的'监视'，不要官吏。"

第三，列宁还指出，改选问题，是一个真正实现民主原则的问题。他非常重视罢免权的行使，非常重视民主监督问题，他认为，罢免权是真正的监督权。"任何选举产生的机关或代表会议，只有承认和实行选举人对代表的罢免权，才能被认为是真正民主的和确实代表人民意志的机关。这才是真正民主制的基本原则。"

二 参与型民主理论

新社会运动进一步推进了民主理论的发展，参与型民主在这一时期得到了学者的关注。卢梭作为近代积极倡导公民参与的代表，认为公民参与是"人民主权"论的基本要求。在卢梭看来，"自由意味着自主，民主的制度是唯一可以建立权威又不丧失自由的制度"。卢梭强调的民主参与是民主决策过程的参与，是制度上的一种直接参与，"参与是能够提高个人自由价值，这是一种心理效应，能够确保政治制度在这种制度下互动的个人的心理品质和态度之间具有持续的关联性"。斯图亚特·密尔在代议制民主模式下提出了扩大公民参与的问题，和卢梭小国寡民式的直接民主参与相比，密尔将参与引入代议制民主模式下，他认为，民主制度可以是一所公民教育的学校，他可以培养公共精神，将接受过良好教育的阶层引入到各个层次的政治参与中，提高参与的层次，同时注重扩大参与的领域，将民主参与引入到工业领域，对参与式民主理论的发展起到了积极作用。

卡罗尔·佩特曼，是美国著名的政治学教授，女权主义理论家，当代西方参与型民主理论的主要代表人物。她出版的《参与和民主理论》一书，得到了学术界的广泛关注。她主张将代议制民主和大众的直接参与结合起来，将直接民主广泛地用于政治、经济、社会等各个领域。她主张的参与民主理论认为，"只有当个人更好地参与直接决策过程和选择代表，才有希望控制自己的生活和周边环境的发展"。她同密尔一样都认为，政治参与有助于提高人们的政治效能感，减少人们对权力中心的疏离感，培养公共性，有利于形成一种对政府公共事务具有敏锐兴趣的公民，有助于一个参与型社会的形成。

尤根·哈贝马斯的参与民主理论强调"公民在公共领域的直接参与"。他认为，参与不仅表现在政治议题中的妥协，而且也应表现在公共领域的商讨。凡涉及公共利益的重大决策，必须由公民参与讨论，可以产生不同意见，最后达成共识。作为世俗化国家，其合法性源泉只能来自公民普遍的、广泛的政治参与。公职人员的产生可以实行代议制民主，但是，在公共领域的重大决策中，公民的直接参与权是不能替代的，必须参与到公共领域的自由讨论中。

杰明·巴伯对于参与民主理论的贡献在于，他对自由民主的批判和对直接民主的辩护与提倡。巴伯将民主分为强势民主和弱势民主两种形式。他提出，所谓的自由主义民主是一种消极的自由民主，他摧毁了维系个人和社会的纽带，而没有提供新的纽带，使个人和国家之间发生了断裂。为克服自由民主理论给国家和个人之间带来的问题，他提出强势民主理论，强势民主实质是扩大公民的直接参与，并针对强势民主进行了制度设计：讨论的制度化、决策制定的制度化、行动的制度化。将公民的参与纳入制度化渠道，既可以构造一种社群结构，又可以充分发挥个人自由；既可以达成共识，又尊重了不同意见。这种民主不是使民主一元化，而是达成民主的共识。巴伯认为，"民主的最终实现是靠伟大的公民真正自治和亲自参与的民主"。

本书将要讨论的村级民主监督是一种直接民主参与模式，这也是在我国民主实践中公众参与最广泛的一种民主形式。我国在村一级实行民主自治，村民通过参与民主选举，产生村委会干部和村民代表等权力组织，根据国家《中华人民共和国村民委员会组织法》（以下简称《村民委员会组织法》）由村民或村民代表自主商议依法制定本村村民自治章程、村规民约来实现村民自治。在民主管理过程中，实现民主决策、民主监督。这是一套完全的村民自治体系，也是直接民主理论最直接的体现。

三 社会公平理论

（一）社会公平理论

社会公平理论产生于 20 世纪 70 年代，美国哈佛大学哲学教授罗尔斯执笔撰写的、在 1971 年出版的《正义论》一书，将构建一个既符合道德标准又具有实践意义的基本社会结构作为其最关心的问题，希望通过主张个人权利的优先性和对社会资源进行合理的分配来达到规范社会的目的。《正义论》一书围绕社会分配正义这一问题而展开的，"正义"一词，在不同的方面可以涉及不同的含义。一方面，可以作为一个道德评判的标准，小到个人或者是一个人的行为，大到一个国家的法规和制度；另一方面，正义关心的就是应该依据什么样的准则来决定公民的权利与义务，以及所享受什么样的利益和承担相应的责任。总而言之，正义原则就是关于构建社会基本的制度的原则。而罗尔斯所倡导的正义的概念也是形式化的，而不是实质性的正义，要确定哪一种原则符合实质性正义，必须以提供更多的道德理由为依据，罗尔斯也将这些不同的理论统称为"正义的观念"。所以，效益主义同自由主义对实质性的正义有不同理解，但同为正义的理解，通过对不同的实质性正义的区分，罗尔斯想说明正义问题的独特性及重要性。也就是说，社会合作的出现，促使了正义问题的出现。缺乏符合合理与稳固的正义原则，社会将来会出现解体的命运。政治理论都是对某种特定的正义观念进行辩护的，在正义观念的引导下，反映了某种对社会和对人的理解。

（二）马克思唯物主义与历史主义公平理论

马克思、恩格斯通过对社会发展历史进程的分析，认为公平是确保社会的每个人平等地享有作为人的基本权利的价值实现，首先是人的生存权和发展权。同时，公平不是抽象的、绝对的、无条件的，而是具体的、相对的、有条件的、历史的。公平是具体的，是指公平与一个社会的发展阶段、实际情况密切联系，公平不能脱离社会的实际情况、所处历史条件而独立存在。公平是相对的，是指无论在什么社会，公平像一切权利一样都是一种不平等的权利，而不是绝对的平等的公平。公平的衡量需要一个公认的尺度或标准：劳动，将劳动者的劳动所得不折不扣地归还给劳动者的所有，这就是真正的公平。公平是有条件的，是指公平以一个社会的生产力为基础，承认这一点，就必须认识到公平与效率之间的统一性，公平不能脱离效率而孤立存在。要兼顾财富增长与人的发展。公平是历史的，是指公平不是一成不变的，是要与时俱进，随着时代的发展进步，人们对公平的认识会发生变化。公平是人类社会的终极目标，达到这一目标需要消灭私有制、实现公有制。在具体实现路径上，应把握几大原则：坚持以人为本；坚持生产资料占有平等和机会平等；坚持按劳分配；坚持社会调剂。

（三）亚当斯公平理论

亚当斯认为，公平包括两个层面：一个是绝对公平，另一个是相对公平。而人们尤其关注相对公平，因此，对相对公平侧重进行了重点论述。相对公平源于比较，即与他人、与自己的过去进行比较。当事人会根据自己的投入和所获，进行纵向和横向的比较。这一比较过程的核心是，当事人把自己的收获/投入比与他人的收获/投入比进行比较。最终得到一个比值，其计算公式为：比值 ＝ （当事人收获/当事人投入）／（他人收获/他人投入），并依据这个比值来确定是否达到了公平的状态。当比值为1时，当事人认为达到了公平的状态；当比值小于1时，当事人认为没有达到公平的状态；当比值大于1时，当事人心态复杂，会重新选择比较对象或估价标准，直到最终比值为1，产生公平感。如果达到了相对公平，则会心情舒畅，激励效果明显，效率明显提高；如果未达到相对公平，则会影响个人情绪和工作努力程度，工作效率下降，并且采取相应的应对措施，以达到公平的心理状态。

（四）其他社会公平理论

还有学者提出了程序公平理论和交互公平理论。程序公平理论的观点是：一旦成员认为组织决策的程序是公平的，那么，无论最终结果是否对自己有利，成员都会感觉到公平，达到公平的心理状态。因此，只要分配方案的制订、决策程序是公平的，那么，组织成员就会产生公平感。

交互公平理论认为，管理者和员工之间的互动关系会影响公平感，互动良好，则公平感强烈；反之，公平感则弱。总之，交互公平主要涉及人际沟通和信息交流。

第三节　研究方法与研究框架

一　研究方法

本书以马克思列宁主义和中国特色社会主义理论为指导，在充分学习领会党的十八大会议精神的前提下，综合运用文献调查法、实证分析法、案例分析法、问卷调查法和访谈法等方法进行分析研究。

（一）文献调查法

文献调查法是通过收集和分析现存的，以文字、图形、声音等形式存在的各种文献资料来探讨和分析各种社会行为、社会关系、社会结构及社会变迁的一种研究类型①。文献调查法与其他方法相比具有以下优点：

第一，文献调查超越了时间、空间限制，通过对古今中外文献进行调查，可以研究极其广泛的社会情况。这一优点是其他调查方法不具有的。

第二，文献调查主要是书面调查，如果收集的文献是真实的，那么它就能够获得比口头调查更准确、更可靠的信息，避免了口头调查

---

① 高燕、王毅杰编著：《社会科学研究方法》，中国物价出版社2002年版，第101页。

可能出现的种种记录误差。

第三，文献调查是一种间接的、非介入性调查。它只对各种文献进行调查和研究，而不被调查者接触，不介入被调查者的任何反应。这就避免了直接调查中经常发生的调查者与被调查者互动过程中可能产生的种种反应性误差。

第四，文献调查是一种非常方便、自由、安全的调查方法。文献调查受外界制约较少，只要找到了必要文献，就可以随时随地进行研究；即使出现了错误，还可以通过再次研究进行弥补，因而其安全系数较高。

第五，文献调查省时、省钱，效率高。文献调查是在前人和他人劳动成果基础上进行的调查，是获取知识的捷径。它不需要大量研究人员，不需要特殊设备，可以用比较少的人力、经费和时间，获得比其他调查方法更多的信息。因而，它是一种高效率的调查方法。文献调查法使本书在前人已有研究成果的基础上进行，对农民民主权益的内容、组织架构能较好地把握，使本书的研究方向、研究范围等也能得到较好的控制。

（二）实证分析法

实证分析法是认识客观现象，向人们提供实在、有用、确定、精确的知识的研究方法。其重点是研究现象本身"是什么"的问题。实证分析法试图超越或排斥价值判断，只揭示客观现象的内在构成因素及因素的普遍联系，归纳概括现象的本质及其运行规律。实证分析法的目的在于认识客观事实，研究现象自身的运动规律及内在逻辑。它对研究的现象所得出的结论具有客观性，并根据经验和事实进行检验。实证分析方法主要有以下四个步骤。

第一，确定所要研究的对象，分析研究对象的构成因素、相互关系以及影响因素，收集并分类相关的事实资料。

第二，设定假设条件。在研究的过程中，研究对象的行为是由其特征所决定的，试图把所有复杂因素都包括进去，显然是不现实也是不可能的。为此，必须对某一理论所使用的条件进行设定。当然，假设的条件有一些是不现实的，但没有假设条件则无法进行科学研究。

运用实证分析法研究问题，必须正确设定假设条件。

第三，提出理论假说。假说是对于现象进行客观研究所得出的暂时性结论，也就是未经过证明的结论。假说是对研究对象现象的经验性概括和总结，但它还不能说明其是否能成为具有普遍意义的理论。

第四，验证。在不同条件和不同时间的情况下对假说进行检验，用事实检验其正确与否。检验包括应用假说对现象的运动发展进行预测。本书使用实证分析法试图向读者清楚、准确地澄清农民民主权益的真正内涵以及农民民主权益保障的概况，并在此基础上对于我国农民民主权益的未来发展作出一个全新的展望。

（三）案例分析法

案例分析是对一个个案例作缜密的研究，广泛地收集个案的资料，彻底了解个案现状及发展历程，予以研究分析，确定问题的症结，进而提出矫正的建议，其重点是在个案发展的资料分析。案例分析法是一种经验主义的研究，它研究现实生活背景中的暂时现象，在这样一种研究情景中，现象本身和背景之间的界限不明显，研究者只能运用大量的事例证据来展开研究。它与实验分析法的区别是对所研究现象的背景不予控制，也不干预现象的变化进程。案例分析的步骤主要有五个。

第一，制订研究方案，即研究对象、研究目的与重点、研究步骤、研究内容与方法、研究预期成果。

第二，确定研究对象，进行案例现状评定。

第三，收集资料，诊断和因果分析。

第四，问题的矫正与指导。

第五，追踪研究和撰写案例研究报告。

本书运用案例研究法，选取国内有关农民民主权益保障的典型案例，在此基础上作了详细的分析研究，得出了我国农民民主权益保障普遍存在的问题和原因，并对此给出了意见和建议。

（四）问卷调查法

问卷调查法是社会科学研究中一种重要的方法。对我国农民民主权益保障进行问卷调查研究范围广、层次多，在调查时样本太大，结果的精确性难以保证。本书尽量利用既有的人力，克服抽样调查可能带来的偏差，在全国抽取部分省、直辖市进行调查，并对发放问卷的人员进行了事前培训，以减少人为因素对调查结果可能带来的影响。

（五）访谈法

访谈法是公共政策研究中的一种重要的资料收集方法。它包括结构访谈法、无结构访谈法和集体访谈法。访谈法是由访谈人员根据研究所确定的要求与目的，按照访谈提纲或问卷，通过个别访谈或集体交谈的方式，系统而有计划地收集资料的一种方法。本书在访谈时围绕访谈提纲进行自由交谈，这种访谈方法与田野调查法（田野调查法是继承"五四"以来，中国知识界身体力行怀着进行社会实验和改造的政治实践精神走出深院、走出书斋、走向田野进行实地的社会调查和实证分析，从而使自己的研究深深植根于中国的乡村大地和民主实践的土壤之上的一种研究方法）结合使用，使本书在研究过程中得到了许多不曾预料到的很有启发意义的资料。

二　研究框架

本书的研究框架大致如下图所示。

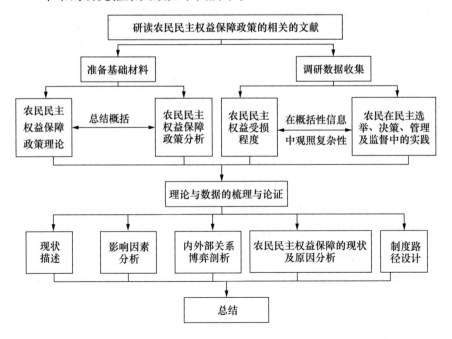

研究框架

第二章　农民享有民主权益的政策演变

"没有民主就没有社会主义，就没有社会主义的现代化。"① 邓小平同志对民主的深刻领悟直接道出了中国特色社会主义民主的本质特性。从新民主主义时期开始，中国的仁人志士就开始对中国的民主化进行了艰辛的探索。以毛泽东为代表的中国共产党人在带领群众进行革命斗争的同时，总结并发展了中国的基层民主制度。从陕甘宁边区普选中的"投豆选票"到现在农村的全面普选，农民在中国共产党的领导下，真正实现了规范、自由表达自己意愿的权利，开始"当家做主"的人格独立。农民享有民主权益的内容和形式也随着基层民主政治建设的发展而逐步实现多样化、制度化和法治化。

第一节　新民主主义革命时期的农民民主权益政策

在新民主主义革命时期，中国共产党人就在革命斗争的实践中制定了《中华苏维埃共和国选举细则》《中华苏维埃共和国选举委员会工作细则》《苏维埃暂行选举法》等一批关于选举的法令，确立了工农政权的选举制度。为了保障广大群众直接参与政治建设的民主权利和加强与群众的密切联系，建立了基层代表会议制度、代表召回制度等项制度，切实保障了基层民主选举。中国共产党人在选举制度的实践中"摸着石头过河"。1921年，随着中国共产党的成立，中国人民

_____

① 《邓小平文选》第二卷，人民出版社1991年版，第168页。

开始走上正确的革命历程，领导广大群众成立了农民协会（简称农会），将农民都集合在农民协会的组织中。实质上，这时的农村已经成为中国共产党领导下的基层政权的早期表现形式，是农村基层革命政权的雏形。从 1927 年开始，先后在十多个省创建了革命根据地和红色政权，在创建农村革命根据地和红色政权的过程中，也建立了相应的农村基层组织。特别是在中央革命苏区建立了正规的基层政权组织即乡村苏维埃。1937 年，在陕甘宁边区根据地进行了县、区、乡各级民意机关的选举；1939 年召开的边区第一届直接选举的参议员议会，制定了边区《选举条例》；1941 年，在我国民主选举的历史上首次开创了竞选活动，第二届边区参议会的参议员就是按"三三制"的原则竞选产生的①。根据陕甘宁边区竞选纲领的规定，民意机关的代表、村长、农救会主任、青救会主任、妇救会主任等都通过选举产生，边区基层政府开展了轰轰烈烈的竞选活动，建立人民群众广泛享有民主权利的制度框架②。这些实践为解放区进一步扩展边区，建立的保障人民民主权利制度框架奠定了良好基础，从而确立了范围更广、制度规定更细致的人民民主制度体系。比如，要求将选举与"发动人民彻底检查政府工作"结合起来；"在选举中，任何公民、任何抗日党派与民众团体都有依选举条例提出候选人的权利，有为自己或他人实行竞选的权利"；要求"研究选举经验，尤其是研究各地试选中关于检查工作的经验"，做好"调查、登记选民等技术工作的准备"③；要求"各政党及职业团体可以提出候选人名单，进行竞选活动"。抗战期间，"各边区政府在选举法规中，都辟有专章，明文允许团体和个人自由提出候选人并进行竞选活动，并强调在不妨碍选举秩序下不得加以干涉或阻止"④ 等。这一时期的研究成果较多，学术界主要研究选举的"三三制"特点，肯定竞选的积极意义，褒扬选举的

---

① 董清民：《邓小平的民主选举理论与实践探讨》，《社会主义研究》2001 年第 2 期。

② 董清民：《邓小平的民主选举理论与实践探讨》。

③ 韩延龙、常兆儒：《中国新民主主义革命时期根据地法制文献选编》，中国社会科学出版社 1981 年版，第 35—37 页。

④ 韩延龙、常兆儒：《中国新民主主义革命时期根据地法制文献选编》，第 57—59 页。

民主性。成国银对陕甘宁边区的第一次民主选举进行了史实考证，从中得出了宝贵的历史经验："人民不仅需要民主，而且能够行使民主权利。乡级选举是民主选举的基础。当年陕甘宁边区所进行的普遍、直接、平等、无记名投票的选举，是符合广大人民根本利益的最民主的选举方式。"① 另外，党的领导人还比较关注选举的民主形式，这体现在选举原则中。1937 年 5 月 12 日通过的《陕甘宁边区选举条例》第二条规定："采取普遍的、直接的、平等的、无记名的选举制，保证实现彻底的民主。"② 当然，党的领导人也注意到了选举的实质民主，如在选举方式上，就不能完全实行无记名投票，所以还是采取了抓阄、画圈法、投豆、画杠法、画点法、背箱子等变通的办法，这些措施适应了在经济文化十分落后的地区进行民主建设的需要，调动了人民群众的参政积极性。对于这个时期的选举，学者梁凤荣研究了谢觉哉的民主选举思想，认为"他提出了'选举是组织民主政治的头一件事，选举是人民对政府工作的大检阅'等观点，为边区民主选举制度建设做出了重大贡献"③。这个时期的农民民主权益政策具有以下特点：（1）在选举权与被选举权的划分上，以抗日为标准，凡拥护、赞成抗日的都有选举权和被选举权，凡阻碍、破坏抗日的都没有选举权和被选举权。（2）在候选人的提出和确定上，用竞选的办法，团结一切可以团结的政党团体，团结一切可以团结的人。只要不是汉奸卖国贼，任何政党、团体、个人，都有竞选的自由。（3）赋予群众提出候选人的权利。乡级选举时，可由群众提出候选人，一人提议十人赞成，就可以列入候选名单。这充分体现了共产党的群众路线的思想。在新民主主义革命时期，我们党处于十分艰苦的战争环境，正是依靠广大人民群众，通过基层民主政治建设，让人民群众在实际生活中感受到当家做主的好处，从而赢得了民心，广泛动员人民群众参与革命

---

① 成国银：《陕甘宁边区的第一次民主选举与经验》，《党史文苑》1994 年第 3 期。

② 韩延龙、常兆儒：《中国新民主主义革命时期根据地法制文献选编》，中国社会科学出版社 1981 年版，第 194—199 页。

③ 梁凤荣、谢觉哉：《对陕甘宁边区民主选举制度建设的贡献》，《河南大学学报》2003 年第 5 期。

斗争，为争取革命胜利奠定了最雄厚的群众基础。新民主主义时期的农民民主权益保障政策初具雏形，但处于初始阶段的特征决定了政策制定的范围只局限于选举权的保障方面，对其他民主权益的政策涉及较少。

第二节　新中国成立初期的农民民主权益政策

新中国成立后，我们党建立起社会主义制度，为基层民主政治建设创造了基本的制度环境，党的中心工作从武装斗争转变到和平建设。这个时期，新政权刚刚建立，各方面条件不成熟，党在政权组织形式方面没有即刻采取人民代表大会的形式，而是继续沿用解放战争后期的各界人民代表会议的形式，因此，选举制度也带有明显的过渡性特征[1]。早在 1940 年毛泽东在《新民主主义论》中认为，将来国家政权组织可以采取人民代表大会的形式，"由各级代表大会选举政府。但必须实行无男女、信仰、财产、教育等差别的真正普遍平等的选举制"[2]。新中国成立初期，由于各方面条件还不成熟，因此，国家政权组织形式在中央采取的是中国人民政治协商会议形式，地方采取的是各界人民代表会议形式，选举也就具有明显的过渡性特征。"新中国成立初期，我们党在农村发动农民进行土地改革，将基层政权建设与反封建剥削结合起来，强调选举权的人民性，即政治上的选举权只给人民，不给反动派。"[3] 毛泽东在《论人民民主专政》一文中指出："人民是什么？在中国，在现阶段，是工人阶级，农民阶级，城市小资产阶级和民族资产阶级。……选举权，只给人民，不给反动

---

[1] 李缦、吴继平：《1980 年代以来中国共产党政权选举史研究述评》，《党史研究与教学》2006 年第 3 期。

[2] 《毛泽东选集》第二卷，人民出版社 1991 年版，第 677 页。

[3] 唐娟：《论建国前后中共第一代领导集体普选理念的嬗变》，《贵阳市委党校学报》2004 年第 3 期。

派。"① 因此，阶级因素在选举中占有很重要的分量。党同时也强调"要实质民主不要形式民主"。农村基层政权建立在阶级阵线分明的基础之上，为巩固农村基层政权，加强农村民主政治建设，1950 年，政务院颁布了《乡（行政村）人民代表大会组织通则》和《乡（行政村）人民政府组织通则》。由于生活地域的差异及农村农民聚居状况不同，我国农村的基层政权体制南北方稍有差异。在北方，在县以下设区政权和村政权，实行区、村人民代表会议制度，选举产生区、村政府，对农村地区实施全面的行政管理。在南方，大多数省是在县以下设立区公所，作为县的派出机构，区公所下设乡政权，实行人民代表大会制度，选举产生乡人民政府，在村一级不设村政权。

我国在 1953—1954 年进行了首次全民普选。许多学者对此次选举总的特点进行了分析。如许崇德等认为，此时期的选举总的精神是体现选举的实质民主，"民主实质决定民主形式"②。因此，注重选举的实质这一精神贯穿于这次普选的始终。对此，蔡定剑将它归纳为七点："一是有限的普遍选举；二是有限的平等选举权；三是主要实行间接选举和不完全无记名投票；四是照顾少数民族的权利；五是代表候选人的提出基本上是组织提名；六是以居住地划分选区；七是选举工作由选举委员会组织。"③

新中国成立初期，我们党逐步建立了高度集中的计划经济体制，基层民主政治建设因此而受到制约，农民陷入了高度集权的体制性束缚之中。在人民公社时期，农民在摆脱传统小共同体束缚的同时，却大大强化了农民对大共同体即对国家的严重依赖，农民遭遇了有史以来最强大的国家权力的强力支配。废除了农民的土地私有产权，共和国宪法规定的公民的基本权力和自由也在计划经济体制中被瓦解，农民的民主权益保障更是无从谈起。从新中国成立初期到 20 世纪 70 年代末，我们党建立了以人民当家做主为理念的根本政治制度，但是，

① 《毛泽东选集》第四卷，人民出版社 1991 年版，第 1475 页。
② 许崇德、皮纯协：《选举制度问答》，群众出版社 1980 年版，第 28 页。
③ 蔡定剑：《中国选举状况的报告》，法律出版社 2002 年版，第 5—6、9、24、25、226 页。

由于权力过分集中的体制，特别是指导思想中"左"的错误思想影响，基层民主政治建设成效受到制约。尤其是在"文化大革命"时期，离开了党的领导和依法办事，基层民主演变为群众运动式的"大民主"，结果不仅没有真正实现和保障人民群众的民主权利，反而造成社会大动乱，给党、国家和人民都造成了严重的损失。基层民主政治建设的努力停留在民主运动的水平上，运动来则来，运动去则去，基层民主的实践成效受到极大的影响，这是我国发展基层民主需要吸取的深刻历史教训。这一时期的农民民主权益保障政策较新民主主义时期在内容和形式上已有较大扩充，除更进一步保障农民的选举制度外，也强调了农民民主监督的重要性，并不断创新，农民民主参与形式具有多样性。

第三节　改革开放时期至今的农民民主权益保障政策

自 1978 年以来，我国农村改革取得了突破性进展，以家庭联产承包责任制为基础的农村经营体制改革废除了集体经营、集体管理的生产队体制，极大地调动了广大农民的积极性和创造性，促进了农村经济的发展。改革开放以来，中国在经济领域逐步进行了由计划体制向市场体制的转轨。经济基础决定上层建筑，在政治体制改革方面，逐步废除人民公社和生产大队政社合一的行政命令型管理体制，在乡镇实行政社分开，建立乡镇人民政府；在农村废除生产大队和生产队，下放权力，建立村民自治组织——村民委员会，实行群众自治和基层民主的新体制。邓小平同志在党的十一届三中全会闭幕会上指出："我们要创造民主的条件"，"要切实保障工人农民个人的民主权利，包括民主选举、民主管理和民主监督"[①]。邓小平同志将发展基层民主与给予基层经济自主权结合起来，强调基层民主政治建设和经济

---

① 邓小平：《解放思想，实事求是，团结一致向前看》，《邓小平文选》第二卷，人民出版社 1994 年版，第 144、146 页。

建设之间的相互促进关系，形成了改革开放以来基层民主政治发展的基本方针。中国基层民主也在这一时期得到了迅速发展。经过几十年的探索和实践，目前中国农村形成了以民主选举、民主决策、民主管理、民主监督等为基本内容的村民自治和基层民主制度。着力推进基层民主政治的制度化、规范化和程序化，将基层民主发展的方向致力于民主制度建设。通过宪法的形式，确认城乡基层群众性自治组织的地位，并规定县乡基层人大代表直接选举，使基层民主政治建设有了明确的宪法依据。同时，全国人大及其常委会制定了《中华人民共和国村民委员会组织法》，并于1998年11月4日第九届全国人民代表大会常务委员会第五次会议通过，2010年10月28日第十一届全国人民代表大会常务委员会第十七次会议修订。修改后的《村民委员会组织法》着眼于规范程序、完善制度，主要从村民委员会成员的选举和罢免程序、民主议事制度、民主管理和民主监督制度等方面进行了进一步细化和完善，突出了法律的时代性、科学性和可操作性。党的十八大报告进一步提出，要完善基层民主的制度：在城乡社区治理、基层公共事务和公益事业中实行群众自我管理、自我服务、自我教育、自我监督，是人民依法直接行使民主权利的重要方式。要健全基层党组织领导的充满活力的基层群众自治机制，以扩大有序参与、推进信息公开、加强议事协商、强化权力监督为重点，拓宽范围和途径，丰富内容和形式，保障人民享有更多、更切实的民主权利，发挥基层各类组织协同作用，实现政府管理和基层民主有机结合。

经过长期的历史发展，尤其是改革开放以来的制度积累和广泛实践，我国基层民主政治建设的组织日益健全，内容不断丰富，形式更加多样。基层民主政治的框架体系基本形成，成为社会主义民主的基础性制度，既维护了人民群众的切身利益，又促进了党和国家的制度建设与政治稳定，真正将民主从宏大的口号变成实实在在的行动，探索出一条发展中国特色民主政治道路的有效途径。

第三章　农民民主权益保障政策的现状审视

第一节　农民民主选举保障政策现状分析

作为对社会价值进行权威性分配的公共政策，其制定需要以增进公共利益为目标取向，而规划主体的多元化是确保公共政策的公正性、科学性和民主性的内在要求。在中国，单一式政策规划主体的现象比较普遍，其优势在于它对有关问题有具体、详细的了解，可以从全局上对问题进行考量。但缺陷在于政府本身也有自利性和价值偏好，因而单纯的政府规划不能确保公正。而多元式规划主体虽然可能缺乏对有关问题的全面了解，但它们的参与可以对政府规划起到制约、补充作用，有利于克服各方的自利性，保障政策的公正性，也有利于汇聚各方智慧并反映各方利益需求，以保障政策规划的科学性和民主性。然而，由于执政过程的复杂性和国家力量的强势存在，在公共政策规划阶段中，农民常常因缺少公共表达机制而难以参与到政策过程中去表达自身合理诉求，同时，政府部门也因与农民沟通的渠道不畅通而难以了解农民的真实意愿，从而不可避免地出现政策偏差。我国现行的农民民主权益保障政策规划主体的单一化也导致国家层面的保障政策不符合农民切身利益而被搁置或执行阻滞，造成机会成本与人力资源的巨大浪费，这就需要在公共政策规划时注重农民参与的意义，保障农民民主权益的利益表达机制。

在我国，民主选举制度作为一项基本的民主制度受到法律的肯定和保护。《中华人民共和宪法》（以下简称《宪法》）第一百一十一条规定："城市和农村按居民居住地区设立的居民委员会或者村民委员会是基层群众性自治组织。居民委员会、村民委员会的主任、副主任和委员由居民选举。"《村民委员会组织法》第十一条规定："村民委员会主任、副主任和委员，由村民直接选举产生。"在地方上，全国几乎所有的省、自治区、直辖市都制定出台了村委会选举办法，一些市县还根据中央和省的选举办法制定出相应文件来完善村委会选举工作。在基层，全国大多数村庄制定了实施村委会选举的村民自治章程或村规民约。这些法律和文件的出台，一方面是为了保障村委会选举工作的顺利进行，另一方面也起到了维护村民的民主选举权益的重要作用。

2002 年，中共中央办公厅、国务院办公厅下发的《关于进一步做好村民委员会换届选举工作的通知》指出："由村民直接选举村民委员会，是法律赋予村民的一项基本民主权利，是基层民主的重要体现。搞好村民委员会换届选举，必须充分发扬民主，切实保障广大村民在选举各环节中的权利，使村民委员会的选举真正体现农民群众的意愿。"因此，本书选择结合村民委员会选举的具体实践来研究选举过程中的农民民主权益保障政策，调查农民民主权益的实际状况，分析相关政策对保护农民民主权益的作用效果，这对于进一步实现保障农民民主权益具有重要的理论价值与现实意义。

从 1987 年《中华人民共和国村委会组织法（试行）》颁布至今已有 20 多年，在这 20 多年里，《村民委员会组织法》经过进一步修改已日趋完善，1998 年《村民委员会组织法》正式颁布，这标志着我国村委会选举制度基本成熟。《村民委员会组织法》是我国农村村委会选举工作开展的基本依据。但是，在实践中，由于村委会选举是一个历时长、过程复杂而又烦琐的工作，而且每个地区的具体情况不一样，使《村民委员会组织法》对村民委员会选举工作只能进行原则上的规定，然后各省再根据《村民委员会组织法》结合各省的实际情况制定选举办法。《村民委员会组织法》第四十条规定："省、自治区、直辖市的人民代表大会常务委员会可以根据本法，结合本行政区域的实际情况，制定实施办法。"这样，使《村民委员会组织法》在实践中实行起来具有了一些地方特色。

《湖北省村民委员会选举办法》是湖北省人民代表大会常务委员会根据《村民委员会组织法》的基本原则，结合湖北省的实际情况制定的地方性法规。该选举办法 1999 年正式颁布，2002 年对部分条款进行了一次修改，湖北省现行的是 2002 年颁布的《湖北省村民委员会选举办法》。该选举办法实行这些年来，对湖北省村民委员会选举工作的顺利开展起到了重要的促进作用，村民对村民委员会选举工作有了更深的认识，农村的民主政治水平有一定程度的提高，农民的民主权益得到进一步的保障。但是，随着村委会选举工作的进一步发展，在选举中也出现一些新的矛盾和新的问题，现有的选举办法在解决这些问题时往往显得有些不足。因此，结合湖北省村委会选举的实践经验来研究现行的《湖北省村民委员会选举办法》，探索现有政策存在的问题并提出相应的优化措施，从而更好地保障农民的民主权益是本书研究的主要目的。

一 选举过程中的农民民主权益保障政策实证分析——以湖北省荆门市为例

湖北省 1985 年开始撤销人民公社、恢复乡镇政府、组建村民委员会的工作，到 1985 年年底，共建立了 3886 个乡，819 个镇，32582 个村民委员会。随着乡镇和村的不断发展与调整。到 2007 年，全省共设立 210 个乡，734 个镇，25722 个村委会[①]。1988 年，湖北省开始组织实施首届村委会选举，经过三年的实践探索，完成了首届村委会选举。1993 年，湖北省统一了选举届期，到目前为止，全省已完成了七届村委会换届选举。

纵观湖北省村委会选举工作历程，笔者认为，湖北省村委会换届选举发展至今，大致经历了萌芽期、探索期和发展期三个阶段（见表 3-1）。湖北省村委会选举发展的三个阶段与国家对村委会选举的政策密切相关。1982 年 12 月颁布的新宪法规定实行政社分开，建立村

① 湖北省统计局：《湖北统计年鉴》（2008），中国统计出版社 2008 年版，第 20 页。

委会制度，在宪法的指导下，湖北省开始组建村委会。这一时期，国家还没有出台关于村委会选举的相关法律，湖北省的村委会建设也处于萌芽期，各项制度还不太健全，因此，村委会换届选举工作迟迟未能开展。

表 3 – 1　　　　　　湖北省村委会换届选举工作发展历程

阶段	时间	选举届次	换届选举进程
萌芽期	1985—1987 年	—	组建村民委员会，但还未开始进行村委会选举
探索期	1988—1998 年	首届（1988）、第二届（1993）、第三届（1996）	1988 年开始着手进行村委会选举，经过三年完成首届村委会选举工作，1993 年统一全省村委会选举届期，并于 1993 年和 1996 年完成第二届和第三届村委会换届选举工作。1989 年，湖北省第七届人民代表大会常务委员会第九次会议通过《湖北省实施〈中华人民共和国村民委员会组织法（试行）〉办法》
发展期	1999—2008 年	第四届（1999）、第五届（2002）、第六届（2005）、第七届（2008）	完成四届村委会换届选举工作，村委会选举民主化程度逐渐提高，各项政策逐渐完善。1999 年 1 月 22 日，通过《湖北省村民委员会选举办法》，并编印了《湖北省村民委员会选举工作手册》；2001 年 3 月 30 日，通过《湖北实施〈中华人民共和国村委会组织法〉办法》；2002 年 8 月 2 日，通过了《关于修改〈湖北省村民委员会选举办法〉的决定》，而且成立了由省委主要负责同志任组长的省村民自治工作领导小组；2005 年 4 月，编写并出版了《湖北省村民委员会选举规程》

1987 年，《村民委员会组织法》颁布，使村委会选举工作有了法律依据。1988 年，在该法的指导下，湖北省开始筹划实施首届村委会选举工作。并于 1989 年 8 月 26 日湖北省第七届人民代表大会常务委

员会第九次会议通过了《湖北省实施〈中华人民共和国村民委员会组织法（试行）〉办法》，使湖北省村委会选举工作有了具体的法律指导。经过三年的摸索，湖北省 1991 年完成了首届村委会换届选举。1993 年，湖北省统一了选举届期，并组织实施了第二届村委会换届选举。

1998 年 11 月通过了《村民委员会组织法》，这预示着我国村委会选举将走上规范化轨道。从 1999 年开始，湖北省人大常委会结合该法制定了一系列村委会选举的地方性法规：1999 年 1 月 22 日，湖北省第九届人民代表大会常务委员会第七次会议通过《湖北省村民委员会选举办法》，并编印了《湖北省村民委员会选举工作手册》；2001 年 3 月 30 日，湖北省第九届人民代表大会常务委员会第二十四次会议通过《湖北省实施〈中华人民共和国村民委员会组织法〉办法》；2002 年 8 月 2 日，湖北省第九届人民代表大会常务委员会第三十四次会议通过了《关于修改〈湖北省村民委员会选举办法〉的决定》，而且成立了由省委主要负责同志任组长的省村民自治工作领导小组；2005 年 4 月，在第六届村委会换届选举开始前夕，省村民自治工作领导小组又组织编写并出版了《湖北省村民委员会选举规程》，用于指导具体选举工作。在这些法律和法规的指导下，湖北省从 1999 年开始到 2008 年，顺利地完成了第四届到第七届村委会换届选举。

截至 2008 年年底，湖北省已顺利完成了七届村委会换届选举工作。《湖北省村民委员会选举办法》是指导湖北省村委会选举的具体依据，也是选举过程中农民民主权益的重要保障。在实践中，《湖北省村民委员会选举办法》的实践效果如何呢？农民的民主权益是否得到有效的保护呢？为此，笔者将结合湖北省荆门市第七届村委会换届选举情况，对这一问题进行分析（以下资料均来自湖北省 2008 年度村委会换届选举工作总结）。

湖北省荆门市地处湖北中部，全市人口约 300 万，下辖 5 个县（市、区）：钟祥市、京山县、沙洋县、东宝区和掇刀区，共有 57 个乡（镇、街道），1396 个村委会，9929 个村民小组，村民总户数 482862 户，村民总人数 1811641 人。2008 年下半年，荆门市开始着手进行第七届村委会换届选举工作。

（一）选举过程中的制度保障

制度保障是保障农民民主权益的一个重要方式，在村委会选举过程中，对农民民主选举权益的制度保障主要体现在以下两个方面：一是选举过程中的政策保障；二是选举过程中的机构保障。

1. 政策保障

2008年村委会选举开始之际，为了确保选举工作的顺利开展，荆门市市委办、市政府办下发了《关于做好2008年全年村"两委"换届选举工作的通知》，对村委会选举工作提出了具体要求。在该通知的指导下，荆门市采取各种措施来保证选举工作的顺利开展，其主要措施有：首先，采用各种方式，宣传村委会选举的相关法律、法规。其次，组织大批人员进行选举培训，并下派大量干部下乡，指导村委会选举工作。据统计，在第七届村委会换届选举过程中，该市县级下派干部146人，乡级下派2985人。最后，建立并实行观察员制度，选择有一定政治素质和了解村民自治的学者、专家、离退休干部、大学生对村委会选举工作进行观察，保障选举顺利进行。这些政策和措施的推行，对于保证农民的知情权具有重要作用，而且还能在一定程度上保证选举工作的顺利开展。但是，在实际操作中，这些措施也存在一些局限与不足。荆门市虽然组织了大量的人力、物力、财力对村委会选举工作进行了宣传，也对很多选举相关人员进行了培训，但是，这些工作很多都流于形式，并没有起到实际的效果，很多农民对选举政策和法律仍然不清楚，对选举的程序也没有一个清晰的认识，在选举过程中，工作人员违规操作现象依然存在。

2. 机构保障

机构保障是指在村委会选举过程中成立一些专门的机构来保证选举工作公平、公正的开展。在荆门市第七届村委会选举开始之际，就成立了由各个部门负责人组成的全市村"两委"换届选举工作领导小组来负责研究部署全市的村委会换届选举工作；在市各下辖市、县成立换届选举突发应急处理领导小组，负责换届选举突发事件的处理和日常信访接待工作。此外，还成立观察督导小组，对村的换届选举工作进行观察和督导，同时，各地公安部门还抽调了大量警力负责维持选举现场的秩序。这些机构和人员的调配有效地解决了选举过程中出现的一些突发问题和事件，维持了选举工作的正常秩序，保障了选举工作有序地开展。

（二）选举过程中的执行保障

荆门市第七届村委会换届选举共涉及 54 个乡（镇、街道）、1396个村委会，到 2008 年 11 月底，完成村委会换届选举的村有 1383 个，占总数的 99.07%；未完成村委会换届选举的村有 13 个，占 0.93%。从参选情况来看，第七届村委会选举共有选民 1294513 人，登记选民1189905 人，选民登记率为 91.9%。参与提名候选人的选民有 776097人，参加正式选举的选民有 1022437 人，参选率为 89.65%（参选率＝参加投票的选民数/全体选民数×100%），其中，委托投票人数有 155676 人。

由此可以看出，在第七届村委会选举过程中，无论是选民登记率还是参选率都达到了一个很高的比例，这说明荆门市在选举动员工作上取得了一定的成效。同时，选民登记率和参选率是农民参与权实现程度的直接反映，农民参与权的一个重要方面就体现在农民能否参与、愿不愿意参与村委会选举，这是农民参与权的直接体现。荆门市在保障农民参与权方面有一些好的做法，如在选举过程中，京山县在选民登记环节上，针对当前外出务工人员多、选民流动性大等特点，采取建立外出打工人员档案，掌握联系电话、工作单位信息等，采取多种方式、做好选民登记工作，保证了外出务工人员的选举权，提高了选民的参选率。

从选举方式来看，荆门市在第七届村委会换届选举过程中，实行"两票制"与"一票制"相结合的选举方式，并积极推行了"一票制"选举试点工作。"一票制"是一种不设候选人，由选民根据自己的意愿选择自己信赖的干部的选举方式，经过一次性过半数选民参与投票选举，得票数超过投票人数的一半即可当选相应的职务，这是一种简化民主程序，真正实现直接民主的村委会选举方式。在上届选举中，荆门市东宝区率先试行"一票制"选举，大大缩短了选举的时间，使原本需要 40 多天的选举，只用 20 天就完成了，这大大提升了选举的效率。同时，这种选举方式也大大提高了村民选举的热情，因为村委会选举时间一般集中在秋季，而这段时间正是农民忙于收获的季节，如果选举要花费大量的时间和精力必然会引起农民的反感，而"一票制"简化了程序，缩短了选举时间，这正符合农民的利益。

荆门市在第七届村委会换届选举中推广了"一票制"选举方式，在选举前，市领导组织相关人员对"一票制"选举进行专题调研，探讨其可行性，组织培训人员进行"一票制"选举试点观摩，然后，在具备条件的村中大力推行"一票制"选举方式。据统计，在第七届村委会换届选举中，全市参与"一票制"选举的村有 232 个，占16.6%；"一票制"选举成功的村有 205 个，成功率达88.4%；"一票制"选举不成功的村有 27 个，占 11.6%。但是，在选举实践中，"一票制"选举推行过程中也暴露出了一些问题，如程序简化导致选举中的违规操作，有些干部、群众对"一票制"还不太了解，导致选举违规而无法正常完成。

为了方便广大选民，根据《湖北省村委会选举办法》第二十条规定：对因老、弱、病、残和因其他原因不便到选举大会会场或者投票站进行投票的选民，应当设立流动票箱投票。在投票过程中，荆门市在全市共设置流动票箱 47 个，这些流动票箱的设置帮助了这些不便到场的选民实现了自己的选举权，同时也提高了选举的参与度，保障选举的公平、公正。此外，荆门市在选举过程中实行村民选举监督委员会制度，监督换届选举各阶段、各环节的工作，确保选举工作依法进行，提高了选举的质量和效果。在此次进行村委会换届选举的 1396个村中，有 1378 个村成立了村民选举监督委员会，覆盖率达到了98.7%；未成立村民选举监督委员会的村 18 个，占 1.3%。选举监督委员会制度确实在很大程度上保证了选举工作的有序开展，但是，在选举监督委员会设立的过程中，也显现出一些不太合理的地方，有些地方的选举监督委员会成员直接由候选人或者候选人的近亲兼任，这种做法可能直接导致选举结果有失公正。

从选举的完成情况来看，在完成选举的 1383 个村中，一次性选举成功的村有 1278 个，占完成选举村委会总数的 92.4%；另行选举的有 101 个（另行选举是指由于在村民委员会换届选举中，出现一次投票中有两人得票相同，或当选人数不足法定人数的现象），占 7.3%；重新选举的有 4 个（重新选举是指由于选举工作机构或行为人的行为，选举未按法律、法规规定的程序进行，妨害了选民的选举权和被选举权，造成选举无效，经法定机关认定，必须进行重新组织的选举，重新选举需要重新登记选民），占 0.3%。这说明在选举过程中，不按程序进行选举的行为依然存在，在以后的工作中，依然需要加强对选举程序的监督。

在此次选举过程中，荆门市共接待来信来访 65 件，处理来信来访 64 件，可见，荆门市在选举过程中能够认真对待群众的来信来访，及时进行调查处理，妥善化解选举过程中的矛盾。一方面，荆门市在对待信访问题上采取积极的态度，能够以农民的利益为重，认真地处理选举过程中存在的矛盾；另一方面，荆门市在选举过程中共接待了 65 件来信来访，这说明荆门市在选举过程中可能还存在违法、违规操作，导致群众利益受害的行为。

（三）选举产生的村委会成员组成情况

通过此次村委会换届选举，荆门市共选出村委会成员 4975 人，比上届增加 19 人，其中，主任 1380 人，副主任 1524 人，委员 2071 人，平均职数 3.6 个，符合《湖北省村委会选举办法》中规定的村委会成员由主任、副主任、委员 3—7 人组成的要求。选举办法要求村委会成员由 3—7 人组成，一方面是为了保证村委会能够达到一定的规模，保证村委会能够正常运行，另一方面能够保证村委会维持在一个合适的规模上，避免机构臃肿、人浮于事。在新当选的村委会成员中，原村委会成员连选连任的有 3609 人，占 72.5%，其中，主任 966 人，副主任 1091 人，委员 1552 人。从图 3-1 中可以发现，村委会成员连选连任的比例非常高，造成该比例高的原因可能有以下几点：从积极的方面考虑，是由于连选连任人员个人素质高，在任期内表现出色，得到了村民的认可，使其可以再次当选。从消极的方面考虑，则可能存在两个原因：首先，连任人员利用个人权力和威望或者使用不法手段影响选举，使其连任成功；其次，缺乏候选人，村委会的职务对村民没有吸引力，村民不愿意投身于村委会的工作。其原因无论是后者中的哪一个，都会给村委会选举工作带来不利影响，给农民的民主权益造成侵害。

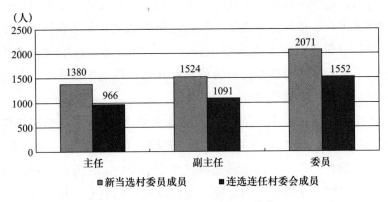

图 3 - 1　当选村委会成员构成情况

从妇女代表当选情况来看，新当选村委会女性成员有1419人，占28.5%，比上届提高了1个百分点。其中，女性主任有16人，副主任和委员1403人，从基数上来看，达到了《湖北省村委会选举办法》中提到的"村民委员会成员中，妇女至少应当有一个名额"的规定。湖北省《省委办公厅、省政府办公厅关于认真做好2008年全省村级组织换届选举工作的通知》中指出："在村民选举委员会成员、村民委员会成员候选人和村民代表中，妇女要占不低于30%的比例。"这些政策的规定都是为了保证妇女在选举过程中的民主权益，是制度的一大进步。

从图3-2中可以看出，从当选总人数来看，女性还远远低于男性；从当选主任中女性比例来看，女性仅占1.2%。这说明在村委会成员中，男性不仅有着绝对的人数优势，而且几乎占据了所有重要的职位。可见，在农村中，妇女的民主权益有待于进一步提高。

《湖北省委办公厅、省政府办公厅关于认真做好2008年全省村级组织换届选举工作的通知》指出："提倡村党组织成员和村民委员会成员'交叉任职'、村党组织书记和村民委员会主任'一肩挑'"。"交

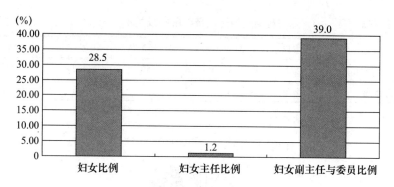

图 3 - 2　当选妇女代表情况

叉"任职能够有效地降低农村"两委"的任职人数，有效地控制基层组织的规模，降低行政成本，而且"两委"任职能够在一定程度上化解目前比较严重的"两委"矛盾，保障农村工作的正常开展。荆门市根据文件的精神，在第七届村委会换届选举过程中，积极倡导"一肩挑"和"交叉任职"。通过这次选举，村委会成员与村党组织成员交叉任职的有 3619 人，占 72.7%，比上届低 3.5 个百分点；书记、主任"一肩挑"的有 1208 人，占村委会主任总数的 87.5%，比上届低 1.2 个百分点。其中，党员共有 4215 人，占 84.7%，比上届高 4.4 个百分点。从荆门市第七届村委会中"两委"交叉任职的情况来看，其比例呈下降趋势，这说明"两委"交叉任职也会造成一些问题：首先，"两委"交叉任职可能带来监督难题；其次，"两委"交叉任职会由于精力有限而造成工作效率降低。

从表 3 - 2 和图 3 - 3 中可以看出，从新当选成员的年龄构成来看，年龄结构趋于合理，在新当选的村委会成员中，30 岁以下的有 277 人，占 5.5%；31—40 岁的有 1723 人，占 35.0%；41—50 岁的有 2553 人，占 51.0%；51 岁以上的有 422 人，占 8.5%。新当选的成员中有 86% 的人处于 31—50 岁这个年龄阶段。这说明在农村这个年龄阶段的人具有很高的政治参与热情，愿意投身于村委会的工作中。从投票的村民来看，村民不再把选举的目光集中在年长者的身上，而是倾向于选择兼具年轻人的思维与年长者的阅历的人作为村委会成员，这与我国倡导的干部队伍年轻化是相符的。

表 3 – 2　　　　　　　　　　村委会当选成员年龄构成情况

年龄	30 岁以下	31—40 岁	41—50 岁	51 岁以上	总计
人数（人）	277	1723	2553	422	4975
所占比例（%）	5.5	35.0	51.0	8.5	100.0

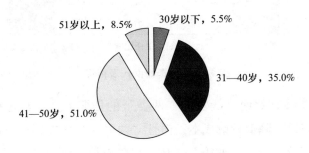

图 3 – 3　当选成员年龄构成

　　从表 3 – 3 和图 3 – 4 中可以看出，从新当选成员的学历水平来看，大专以上学历 545 人，占 10.9%；高中学历 2933 人，占 59.0%；初中学历 1493 人，占 30.0%；小学学历 4 人，占 0.1%；高中及以上学历 3478 人，占 69.9%，比上届提高 8 个百分点。经过分析，笔者发现，在当选的村委会主任中，具有大专以上学历的只有 152 人，仅占 11.0%；具有高中学历的有 914 人，占 66.2%。可见，村委会主任大多数只具有高中学历。村委会主任是村委会中最重要的组成人员，在村委会中处于决策层，其素质的高低直接影响到村委会决策的质量，直接关系到农民的切身利益。因此，虽然荆门市当选村委会成员整体学历水平较以往有一定的提高，但是，村委会主任这一重要职位的学历水平还有待于进一步提高。

表 3 – 3　　　　　　　　　　当选成员学历构成　　　　　　　　　单位：人、%

学历	主任	副主任和委员	成员总数	占当选总数的比例
大专以上	152	393	545	10.9
高中	914	2019	2933	59.0
初中	314	1179	1493	30.0
小学	0	4	4	0.1

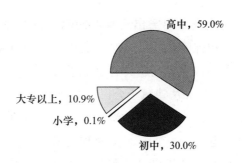

图 3 - 4　当选成员学历构成

综合以上情况，笔者发现，荆门市第七届村委会换届选举表现出以下三个方面的特点：第一，制度保障更加健全。村委会选举至今已进行了七届，在这个过程中，村委会选举得到了越来越多的关注，选举的程序、机构更加完善，选举相关文件也越来越规范，制度保障有了很大程度的提高。第二，选举过程更加民主、规范。在选举过程中，选民登记方式、选举方式以及选举过程中各种措施（如设置流动票箱等）的制定都结合选民的权益来考虑，充分体现出了选举过程的民主性和规范性。第三，村委会成员的整体素质进一步提高。从学历来看，村委会成员中，高中以上学历达 69.9%，比上届高出了 8 个百分点；从年龄来看，村委会成员中 86% 的人年龄处于 31—50 岁这个阶段；在新一届村委会成员中，党员占 84.7%。

二　农村流动人口选举权的缺失

农村流动人口是农村的重要组成部分，忽视这部分人的利益将直接威胁到农村社会的稳定和可持续发展。农村流动人口是伴随着我国改革开放的进程而出现的特殊群体。随着我国经济、政治、文化等各项事业的持续快速发展，农村流动人口的规模和数量也在不断地增加。2010 年第六次全国人口普查的结果显示，全国 31 个省、自治区、直辖市的人口中，居住地与户口登记地所在的乡镇街道不一致且离开户口登记地半年以上的人口为 2.61 亿，同 2000 年第五次全国人口普查相比，居住地与户口登记地所在的乡镇街道不一致且离开户口登记地半年以上的人口增加 1.16 亿，增长 81.03%。大量的农村流动人口进入到城市，已经成为城市社会的一个重要组成部分，他们在对我国的工业化和城市化建设做出突出贡献的同时，也产生了诸多的问题。农村流动人口选举权保障问题是这些问题中一个极其重要的方面，考察农村流动人口选举权保障问题具有重要意义。

选举权是国家宪法和法律赋予公民参与政治生活的一项基本权利，具有普遍性、平等性，关系到农村流动人口的切身利益。在宪法规定下，选举权已经成为衡量一个国家文明程度和民主程度的重要标志，公民通过行使这项权利选举自己的利益代表者，参与国家管理，实现其当家做主的权利。然而，在现行制度和体制下，我国农村流动人口选举权利的实现却遭遇了种种障碍，无法得到切实有效的保障，严重影响了我国社会主义民主建设的发展。

（一）农村流动人口选举权的保障政策概述

1. 农村流动人口的含义和范围

（1）农村流动人口的含义。目前，学术界对人口流动没有一个统一的概念界定，大部分是从某一个学科的角度进行阐述。例如，"从人口学的角度，认为常住地是否改变是判断流动人口的唯一标志，流动人口是暂时离开户口登记地而非迁徙的各种人口；从人口地理学的角度，认为流动人口是指在一定地理区域内发生短暂流动行为的那部分居民"①。从行政管理的角度，认为流动人口是没有该地的常住户口而停留在该地的人口。"从人口经济学的角度，认为流动人口是不改变常住户口而进入某一地区从事社会经济活动的人口"②。还有学者认为，"农村人口流动，指农村人口在一定时空中的移动或身份、社会地位的变化，并影响社会结构和运行的过程"③。"农村人口的流动主要是指农村大量的人口向城市转移的过程，人口来源主要是户籍所在地农村的农民。而对于当前的农村流动人口，学者使用了各种称呼和概念，如盲流、移民、流民、民工潮、农民工、农村外流人口、农村

---

① 王建民、胡琪：《中国流动人口》，上海财政大学出版社1996年版，第2页。

② 黄兰香：《长沙市城镇人口计划生育管理问题与对策研究》，《国防科学技术大学研究生报》2007年第5期。

③ 谢志平、李慧萍：《当代中国农村人口流动对选举制度的影响》，《东北财经大学学报》2003年第5期。

剩余劳动力流动、城市流动人口、城市外来人口等"①。

以上观点从不同的角度和不同的学科对农村流动人口的概念进行了分析，虽然各个概念强调的侧重点不同，但是，我们可以综合以上学者的研究，对农村流动人口的含义进行以下分析：农村流动人口的确定一般是按照时间和空间两个标准进行衡量，即以人口居住的时间和流动的空间作为参考。国际上一般认为，在本居住地居住时间达到一年或者半年以上的称为定居，即改变原来的常住地；而在本居住地居住时间未达到一年或者半年以上的称为暂居，即不改变原来的常住地，这些暂居者则为流动人口。

由于我国实行严格的户籍制度，所以，以户籍作为界定流动人口的标准。从时间来看，一个地区的流动人口主要是不改变户口登记常住地而去另一个居住地居住达到一定时间的人口，也就是处于"人户分离"的人口。从流动的空间来看，主要以乡镇行政范围为单元的户口管理制度，在农村主要是以跨越乡镇地域界线作为衡量的标准，在城市主要是以跨越城、近郊区地域范围作为衡量的标准。因此，农村流动人口的最大特点就是本人居住地和户口登记地的长期分离状态，即户口登记在农村，但由于各种原因又长期不在农村居住的人员。

本书研究的农村流动人口主要是指农村中长期离开户口登记地而由于各种各样的原因到其他地区从事活动或者居住的人员。目前，农村中的流动人口主要是以外出务工的农民为主。因此，本书研究的农村流动人口选举权的保障指的是农村外出务工人员中具有选民资格的公民选举权的保障。

（2）农村流动人口的范围。我国自20世纪80年代开始就有大规模的人口流动，之前的人口流动规模不大，80年代后期，人口流动主要是向沿海大中城市工商业比较发达的地区流动。随着改革开放的不断深入，我国由原来的计划经济体制向市场经济体制的转变，国家在关于身份的户口限制也逐渐被破除，社会流动进一步扩大。

农村流动人口的主要组成部分是农民工。农民工是随我国社会经

---

① 贾德裕：《现代化进程中的中国农民》，南京大学出版社1998年版。

济的发展而出现的一个特殊的社会群体。农民工实际上来源于农村，到城市生活和工作的人群，在户口上，他们是农村户口而非城市户口。他们为城市经济的发展做出了巨大的贡献，是城市经济发展的主力军。

农民工的出现是伴随着我国社会主义现代化建设步伐的，他们是农村剩余劳动力，大多数认为，在农村中从事农业生产，不如到大城市找工作，这样比在农村中耕种几亩地要强。随着社会经济的发展，第二代农民工越来越占据着大多数。第二代农民工主要是指"80后"和"90后"农村劳动力，也叫"新生代农民工"。他们同以往的劳动力有所不同，受教育程度比较高，从学校毕业后直接进城打工，对农业、农村、农民等并不熟悉。同时，他们又渴望融入城市，享受现代城市的文明。第二代农民工虽然户籍在农村，但是，他们并不熟悉农业的生产，所以，他们基本上是在城市生活和工作的，他们也渴望能够留在城市，对城市充满向往，他们来源于农村又不愿意回到农村。作为社会弱势群体的一部分，农民工存在诸多的问题，我国政府也一直高度重视农民工问题，出台了很多的政策保护农民工的权益。

从当前我国农村人口流动的走向看，除结婚外，很少有村民是从自己所在的村到别的村落定居，大部分农村流动人口仍然是从乡村涌向大中城市，由农业向非农业转变。从流动的地区看，是从不发达的西北、西南以及中部地区的省份向东部沿海经济发展比较快的地区流动。

总体而言，我国流动人口的主体仍然是以当前进城务工的农民工为主，据2005年的数据统计，1.4亿流动人口中，有1.2亿人为农民工。"2000年全国外出劳动力（包括以前外出未归劳动力）占农村劳动力总数的比重为20.9%，其中69%是男性，74%是18—40岁的青年"①；"从外出人员的流向来看，在全国外出劳动力中，跨省区流动的人数占40.5%，跨县区流动的占19.5%，在县内打工的人数占40%"②。根据国家统计局监测调查结果，2010年，我国农民工总数

---

① 胡英：《中国农村流动人口新特征》，《中国国情国力》2001年第9期。
② 唐鸣等：《村委会选举法律问题研究》，中国社会科学出版社2004年版，第235页。

达 2.42 亿人，其中外出就业的有 1.53 亿人，本地非农就业的有 0.89 亿人。由此可见，农民工的数量在不断地扩大，已经成为农村流动人口的主力军。农村流动人口的范围包括以下五类（见图 3 - 5）。

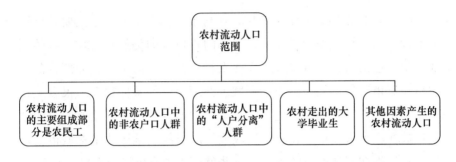

图 3 - 5　农村流动人口的范围

（1）农村流动人口中的非农户口人群。非农户口人群实际上是指在人口普查中，户口由于多方面的原因已经迁移出本人所在地或者由原先的农业户口通过某种途径转变为非农业户口，但是，本人仍然留在原先户口登记地从事生产和生活的人群。这些人在当前的农村流动人口中也占据一部分，主要包括到城市中购买房屋而相关手续长期未办的人员；上级部门对村干部的奖励转变为非农户口的人员；政府部门因征用农民土地而转变为非农业户口的失地农民；在一些城乡交界的农村，部分土地被征用，土地被征用的部分村民的户口转为城镇户口，但仍有一部分土地归原集体所有，作为原集体中的一分子，要求参与原村镇选举的人群；办理农转非的农村民办教师；想方设法通过各种途径办理非农业户口的人群等①。

（2）农村流动人口中的"人户分离"人群。农村流动人口中"人户分离"主要是指在同一个县市内，本人居住地和户口登记地不一致的人群，往往是户口登记在某个乡镇，而居住和工作在另一个乡镇。在农村中，这些人群主要包括：由于婚姻，婚后居住和工作不在原地，而在配偶所在的村或者乡镇，但是户口暂时还未迁入或者不愿

---

① 徐增阳：《谁来保障亿万流动农民的选举权》，《中国国情国力》2001 年第 1 期。

迁入的人群；城郊农村中，户口在但是由于种种原因而人不在本村的空挂户；户口是农业户口，但是已离开户口登记地，拥有固定工作，并享受城镇职工统筹待遇的人群；在户口登记地以外的乡镇企业有稳定工作的人群等。

（3）农村走出的大学毕业生。农村走出的大学毕业生主要是指毕业后没有回原籍工作的毕业生，他们的户口有的仍然在农村，有的则随入学而迁出农村。这些毕业生回农村原籍工作的很少，大部分都希望留在城市工作，但是，由于在城市办理落户的条件很多，很多工作单位不接受户口办理，加之大学生不断跳槽等原因，导致他们只能把户口放在城市人才市场托管，形成大量的农村大学毕业生在城市工作但是户口不在工作城市的现象，这些就构成了农村流动人口。

（4）其他因素产生的农村流动人口。其他因素产生的农村流动人口主要包括：农村中在监狱服刑的犯罪分子、劳教人员和戒毒中心关在戒毒所强制戒毒的人员；因工作调动、学习培训、投亲靠友、退休离职、与家属随迁的农村人口，随着社会经济的发展，这些因素产生的农村流动人口也在逐年增加。

2. 选举权的概念

选举权和被选举权是国家法律法规赋予公民的一项基本的政治权利，根据《中华人民共和国宪法》第三十四条规定："中华人民共和国年满十八周岁的公民，不分民族、种族、性别、职业、家庭出身、宗教信仰、教育程度、财产状况、居住期限，都有选举权和被选举权；但是依照法律被剥夺政治权利的人除外。"选举分为直接选举和间接选举或者等额选举和差额选举。也就是说，只要年满18周岁，没有被剥夺政治权利的人，都应当具有选举权和被选举权。

目前，我国存在三种类型的民主选举，并有相应的法律和法规加以调整，充分体现了我国公民民主选举的广泛性。第一种是各级人大代表的选举，适用于《全国人大代表与地方各级人大代表选举法》及相应的配套法规。第二种是人大代表选举产生一定的国家机关公职人员，该选举主要适用宪法的相关条款及《全国人民代表大会组织法》《地方各级人民代表大会和地方各级人民政府组织法》等相关法律法规。第三种是指我国农村和城市中的自治组织的选举，农村中如村民选举产生村委会等，适用于《村民委员会组织法》及相关地方性村委会选举法规；在城市由城市居民直接选举产生城市居民委员会，适用于我国《居民委员会组织法》及相关法律法规。在农村中，村民是基于其村民身份进行的选举；在城市中，居民是基于其城市居民的身份进行的选举。除此之外的其他选民均不构成该类选举的主体。

农村流动人口作为国家公民，同样享有宪法和法律规定的选举权和被选举权利。在农村，他们可以享有选举村民委员会的权利；在城市，他们可以参加城市的选举。因此，本书讨论的农村流动人口选举权既包括农村中投票选举产生村委会和成员，也包括农村流动人口在城市中享受的选举权。

（二）农村流动人口选举权保障的现存问题

1. 政策的价值诉求：公共政策本身

（1）现行户籍制度与选举权保障的"错位"。

①我国现行户籍制度产生的过程及意义。户籍制度是国家为了实现其职能而对住户和人口进行管理的制度。本书研究的户籍制度主要是新中国成立之后的户籍制度。

我国现行的户籍制度构建于20世纪50年代，是在计划经济体制和当时物质极其匮乏的环境下形成的。1951年7月，公安部颁布《城市户口管理暂行条例》，这是新中国成立以后最早的一个户籍法规，至此，全国城市的户口管理制度基本上得到了统一。1955年6月，国务院发布《关于建立经常户口登记制度的指示》，该指示规定全国无论城市还是乡村，都要建立户口登记制度，表明统一的户口登记制度在全国城乡形成，开始了对户口迁移进行严格限制。1958年1月，国务院颁布了《中华人民共和国户口登记条例》，该条例对户籍制度进行了系统规定，至此，适合于全国城乡统一的户籍制度正式形成。为限制城市人口规模，1977年11月，国务院批转《公安部关于处理户口迁移的规定》，为控制城市人口规模，该规定强调严格限制农村人口转入城市，第一次正式提出严格控制"农转非"，并在随后的文件中严格量化"农转非"的比例。

家庭联产承包责任制实施以来，大量束缚在农村的劳动力得到了解放，这对当时的户口管理造成了极大的冲击。为此，1984 年国家放宽了对人口流动的限制，对人口实行《暂住证》《寄住证》和《旅客住宿登记证》相结合的户口登记管理办法。1985 年公安部发布《关于城镇暂住人口管理的暂行规定》与《中华人民共和国居民身份证条例》；20 世纪 90 年代又出台了《关于农民取得过渡性的蓝印户口的规定》；2001 年国家以 3 万多个小城镇为重点进行户籍制度改革，同时，《关于推进小城镇户籍管理制度改革的意见》得以实施。当前我国户籍制度改革不断加快，截至 2007 年，已有 12 个省、自治区、直辖市相继开始取消农业户口和非农业户口"二元户口"的尝试，继续放宽对户口迁移的限制。

综观我国户籍制度的产生过程，说明国家在随着社会经济的发展，不断地对户籍制度进行改革和完善，以期解决当前户籍制度的弊端。表 3 - 4 描述了自新中国成立以后户籍制度改革的具体历程。

表 3 - 4　　　　1949 年新中国成立以后户籍制度改革的具体历程

阶段	相关政策	内容说明
初步形成 （1950— 1956 年）	《关于特种人口管理的暂行办法（草案）》（1950 年，公安部）、《城市户口管理暂行条例》（1951 年，公安部）、《为准备普选进行全国人口调查登记的指示》《全国人口调查登记办法》（1953 年，政务院）和《关于建立经常户口登记制度的指示》（1955 年，国务院）	这期间主要以政治目的为主：维护社会治安，了解人口数量，并没有体现太多的经济管理职能
正式确立 （1957— 1958 年）	《关于各地执行劝止农民盲目流入城市和紧缩城市人口工作中发生的问题及解决意见的报告》（1957 年，公安部）、《关于防止农民盲目流入城市的通知》（1957 年，国务院）、《中华人民共和国户口登记条例》（1958 年，国务院）	我国传统户籍制度正式形成。主要功能：进行人口的社会控制，限制人口自由迁移，它以法律的形式对户籍制度进行了全面规定，形成城乡分治的二元结构

续表

阶段	相关政策	内容说明
继续强化 （1959— 1978 年）	《关于制止农村劳动力流动的指示》（1959年，国务院）、《关于制止农村劳动力盲目外流的紧急通知》（1959 年，国务院）	户籍制度管理呈现浓重的社会控制色彩，严格限制户口迁移，农业与非农业户口区分更为明确
局部改革 （1979 年至今）	《关于农民进入城镇落户的通知》（1984年，国务院）	规定：凡是在城镇务工、经商、从事服务业的农民，在城镇有固定住所，准落常住户口，统计为非农业户口，口粮自理
	《关于城镇暂住人口管理的暂行规定》（1985 年，公安部）	对流动人口实行《暂住证》《寄住证》的管理，允许农村人口在城镇居留
	《中华人民共和国居民身份证条例》（1985年，全国人大常委会）	居民身份证开始使用，虽然允许农民进城，但身份仍然是农民，不能和城市居民一样享受同样的福利待遇
	《关于推进小城镇户籍管理制度改革的意见》（1992 年，公安部）	"蓝印户口"制度在我国开始实行
	《小城镇户籍改革试点方案》（1995 年，国务院）	对农村人口进入小城镇并落户的条件进行了规定
	《关于解决当前户口管理工作中几个突出问题的意见》（1998 年，国务院）	提出"四条意见"，分别对婴儿的落户、夫妻分居的户口、60 岁以上老人的户口和在城市投资、办实业、购买商品房的公民以及直系家属的落户条件等作了详细规定
	《关于推进小城镇户籍管理制度改革的意见》（2001 年，国务院）	全面推进小城镇户籍制度改革。进入 21 世纪，户籍制度改革步伐加快，截至 2007 年，已有 12 个省、自治区、直辖市尝试取消农业与非农业户口的划分

资料来源：根据《南方周末》2002 年 3 月 7 日第 6 版整理得到。

当前，这种户籍制度的形成有其重要的社会背景和重大的历史意义。首先，现行户籍制度的形成与当时国家实行的计划经济体制是不可分割的。计划经济的一大特色就是对一切资源按照国家制订的计划进行分配，这种户籍制度将资源优先分配给城市和工业发展，对国家的整体发展做出了巨大的贡献。其次，户籍制度对控制城镇人口的过快增长和维护社会稳定起到了很大的作用。户籍制度长期严格限制农村人口向城镇的转移，这对防止庞大的农村人口涌入城市造成城市人口的急剧上升和维护当时的社会稳定起到重大作用。最后，有助于为政府提供人口资料服务和人口的统计。户籍制度的实施，有助于国家方便进行人口统计和普查，及时了解全国人口的具体数量和规模，对国家实行计划生育政策起到了很好的指导意义。

②户籍制度影响农村流动人口选举权保障的实现。尽管现行的城乡二元户籍制度对当时的社会经济的发展起到了巨大的促进作用，但是，随着时代的发展，这种户籍制度的弊端也越来越显现出来，一个重要的方面就是阻碍农村流动人口选举权的实现。

根据我国宪法的规定，选举权对任何公民都是平等的权利，不能因为公民的外出流动而受到影响。我国当前选举法规定，公民选举实行"一次登记，长期有效"的原则，离开户口所在地不能享有公民的选举权与被选举权，也就是说，离开户籍所在地进行选举就不能实现。就当前我国社会经济发展现状而言，农村大量的剩余劳动力转移到城市，形成了大规模的"民工潮"，因为没有城市户口，不能在所在城市进行选举。又因为他们长期居留在城市，户籍所在地的选举对他们的影响也比较小。农村选举期间，返回原籍参加选举需要耗费时间和金钱，甚至可能失业，因此，很少有人去参加户籍所在地的选举。

农村流动人口受到城市的影响较大，他们中有很大一部分人希望能参与城市选举，选举出自己的利益代表，但因为户籍制度的限制而丧失选举权。这样使有权利参加户口所在地的选举对他们没有吸引力，对他们有吸引力的所在地的选举，他们却没有权利参加。现行户籍制度不改革，农村流动人口就不能平等地享有选举权，致使他们无法行使政治参与权。这势必影响国家政治民主建设基础的扩大和以村民自治为基础的基层民主的建设和发展。

（2）选举制度的不合理。

①农村流动人口的选区划分不合理。选区是指具有选举资格的选民直接选举产生代表的基本区域单位，划分选区的依据是以一定数量的人口为基础的。我国选举法对选区的划分进行过多次更改。1953年选举法规定按照人们的居住状况划分选区，这种规定没有对人们的流动状况进行严格限制，也就是说，那时候的流动人口是按照他们居住地所在的选区参加选举的。1979年选举法对此进行了修改，规定选民选区按照人们的生产单位、事业单位、工作单位和居住状况进行划分。这时候的选举法对选区的划分已经是建立在区别城市和乡村二元结构治理的户籍制度基础上了。1986年选举法关于选区又进行了修改，重新强调了按照居住状况划分选区的原则。同时规定选区也可以按照生产单位、事业单位和工作单位划分，这一规定沿用至今。

我国当前直接选举中规定，选区的划分是采取以工作单位和居住状况相结合的原则。也就是说，有工作单位一般在本单位的选区参加选举，没有工作单位的则应在户口所在地的选区参加选举。而在农村中，工作单位和居住是在一起的，所以，农村人口按照户口所在地参加选举。即农民只有在自己的户口所在地才有选举权。这显然与当前的农村流动人口状况不符，很少有流动人口为了乡村选举而返回乡村。

②农村流动人口选民登记和选民资格难以界定。当前我国对流动人口的选民登记仍然是以户籍登记为主要方式，这些选民是经过选区委员会根据流动人口的户口资料主动登记为选民，这部分工作需要花费大量的人力、财力和时间，但现实的情况是流动人口往往通过委托投票参加选举，他们的选举权利没有得到真正的行使；而非本地户籍的外来人口，由于种种原因，他们基本上不会回原籍所在地去参加选举，虽然最近一些沿海的省份允许非本地户口的外来人员通过一些证明材料（如户口所在地开具的户口证明、选民资格证明、电话、手机短信、信函等）参加本地的选民登记，但是，由于受到选举利益的相

关性和其他一些原因，现实中这样做的人比较少，导致他们的选举权没有得到有效的保障。

在选民资格方面，由于一些省份的选举日不同，有些省份比较早，有些相对比较晚，这就使一些流动人口在本省进行了选举之后，流动到选举日晚于本省的省份，他们是不是可以再一次进行选举呢？这就涉及"二次选举"了。由于我们无法核实其在户口所在地的选举情况，难以进行选民资格的审查，一些省份就对流动人口的选举抱着冷漠的态度，加上选民登记的困难，就更加使流动人口的选举权被"架空"了。

③代表候选人的产生和候选人的介绍不科学。在代表候选人的产生方面，很多村只是作了抽象的规定，规定只要满足某些条件就可以作为候选人。比如：严格贯彻执行国家的法律法规和政策，不搞封建迷信活动；清正廉洁，能够联系广大的村民，积极反映村民意见，不搞宗族派性；作风严谨，办事公道，政治觉悟高，热心为村民服务；身体健康，年富力强，具有积极的创造性，有一定的文化水平和组织、管理能力等。这些规定过于笼统、宏观，在实践中，是不容易操作的。在候选人的介绍方面，一些乡村只进行概括性介绍，很多村民对候选人根本就不大了解，所以，这些都需要在选举法中进行修改和完善。

④缺乏独立有效的监督结构。在我国当前的选举制度中，选举机构同时也是选举的监督机构，也就是说，同一个机构分别行使两个不同的职能。在选举的时候，既要履行选举的重要职能，又要履行对选举的监督职能，实行的是自我监督，并且选举机构中的大部分成员又是候选人，这就为一些选举人员利用这种制度上的漏洞进行不正当的竞争提供了一个良好的契机。这难免会让我们对选举结果的公正性产生怀疑。现实中，对选举违法行为的揭发大部分来自村民和媒体，作为监督结构履行监督职能的选举结构很少进行自发揭露，它们也不可能进行自我监督，这种自我监督的制度设计，让很多村民失去对选举结果公正性的信任。这导致很多村民认为选举没有多大的实质意义，认为选举只是走走形式，结果早就已经被确定了。

2. 政策资源：选举经费与政策客体的选举意识

（1）参与乡村选举的经费缺乏。根据我国选举法规定，全国人民代表大会和地方各级人民代表大会的选举经费全部由国家财政负担。换句话说，就是国家和地方在进行换届选举而发生的各项费用全部由国家财政开支。但我国的选举经费一般是下发到流动人口户口所在地的选举机构，与户口所在地的参选选民费用一样。我国选举法规定选举经费仅仅是用在选民登记、选民资格的确定、投票和点票方面，而流动人口要是回户籍所在地参加选举，不谈其他开支，光是路费就是一笔不小的开支，如果采用信函等形式费用也不少。因此，流动人口的选举经费是比较匮乏的，加上一些地方的财政有限，即使有意让流动人口参与选举，受财政限制，也只能对流动人口的选举采取放弃的态度。

（2）农民对选举缺乏足够认识，所占比例很大。农村流动人口对选举重要性认识的不足，导致农村流动人口在选举中"实际投票率"过低和大量的委托投票行为的出现。

①农村流动人口"实际投票率"过低。当前由于种种原因，我国广大的流动人口对乡村选举的意义和重要性认识不足，他们常年在外生活工作，认为选举和他们没有太大的关系，所以，直接影响他们选举的积极性和主动性。

实践中，多数人认为选举和自己利益关系不大，只是尽一点公民责任而已。实际上，很少有流动人口亲自参与乡村的选举，他们大部分都是委托投票。而"实际投票率"是指流动人口参与投票的数量与流动人口的总人数之比，这其中不包括委托投票的流动人口。所以，亲自回到户口所在地的流动人口参与乡村选举投票的非常少。

②农村流动人口大量的不规范委托投票行为。由于受到经费限制等原因，每当户口所在地进行选举时，农村流动人口就会委托他人进行选举。这在一定程度上既保证了自己间接地参与了乡村的选举，又避免了自己亲自回去参与选举所带来的种种利益损失。但这也带来了种种弊端，尤其是对一些想操纵选举的人来说提供了一个契机。他们有的甚至拿委托投票作为弄虚作假的幌子，一个人可以接受多个人的

委托，让事先准备好的候选人当选。在点票过程中，根本就没有把委托投票的选民数字单独予以公布，也没有将委托选举的结果反馈给委托人，这就使对参选率的统计存在一定的不真实性，再高的投票率也不能准确真实地反映选举人的意愿。这与我国宪法的"初衷"是相违背的。

本书结合导师的国家社会科学基金项目"农民权益保障政策研究"，设计了相关的调查问卷，并随机选择了湖北、河南、广西等地的几个乡村进行了抽样调查，发放问卷和深入访谈，现对这些问卷进行汇总，从中可以反映一些情况。我们发放了5500份问卷，有效回收4589份，问卷回收率达到83.4%。为了具体了解村民对乡村选举重要性的认识程度。在问卷中，我们设计了这样两个问题：一是"您是否了解《中华人民共和国村民委员会组织法》?"备选答案有两个："是"和"不是"。二是"您觉得农民的选举权重要吗?"备选答案有四个："不重要""一般""比较重要""非常重要"。我们运用SPSS17.0分析工具，根据被调查的不同职业对该两个问题的看法，制作了交叉表。表3-5和表3-6就是不同职业对上述两个问题的反映情况。

表3-5　　　　　　　　农民对《村民委员会组织法》的了解情况

	频率	百分比（%）	有效百分比（%）	累计百分比（%）
是	1532	54.8	54.8	54.8
否	1265	45.2	45.2	100.0
合计	2797	100.0	100.0	

表3-6　　　　　　　　　农民对选举权重要性的认识

	频率	百分比（%）	有效百分比（%）	累计百分比（%）
不重要	165	5.9	5.9	6.9
一般	792	28.3	28.3	35.2
比较重要	1018	36.4	36.4	70.6
非常重要	822	29.4	29.4	100.0
合计	2797	100.0	100.0	

从表 3 - 5 和表 3 - 6 中可以看出，农民总数是 2797 人。农民了解《村民委员会组织法》的有 1532 人，占 54.8%；不了解《村民委员会组织法》的有 1265 人，占 45.2%，比重还是比较大的。在对选举权重要性的问题上，农民认为"不重要"的有 165 人，占 5.9%；认为"一般"的有 792 人，占 28.3%；认为"比较重要"的有 1018 人，占 36.4%；认为"非常重要"的有 822 人，占 29.4%。通过对以上两个表的分析，可以得出在所调查的 2797 名农民中，虽然大多数的农民主观上认为选举权很重要，对《村民委员会组织法》也有一定的了解。但是，总的来说，目前农村中仍然有很多人对选举缺乏足够的认识，流动在外的农村流动人口就更多了。《村民委员会组织法》作为我国农村换届选举主要法律依据，村民在选举时理应对该法律有足够的认识，这样，才能够更好地行使自己的选举权。所以，表 3 - 5 和表 3 - 6 从总体上还是反映了农民选举权益意识的淡薄。

3. 执行者属性：政策执行主体行为

（1）乡镇基层政府的干预。我国《村民委员会组织法》规定："村民委员会协助乡、民族乡、镇的人民政府开展工作。"但是，在实践中，一些乡镇政府通过行政事务的下达干预乡村选举的工作，这显然与我国宪法规定的在我国农村实行村民民主自治制度是相违背的。

"在当前一些乡村地区的选举中，部分当职的村干部面临着可能不被当选的压力，又要面临着当选之后需要完成乡镇党委和政府规定的各种硬性指标与任务，在这样的情况下，那些没有乡镇党委和政府支持的大部分候选人就很难成功当选或者选择主动放弃，剩下的候选人，则基本上都是内定的。"[①]

在这种背景下，想有所作为的候选人不一定能够当选村干部，有很高积极性的村民也很难选择自己希望的候选人当选，更不用说农村中的流动人口了。

（2）候选人的不正当竞争。当前，在基层的民主选举中存在很多

---

① 金太军、杨嵘均：《村委会选举中的行政侵权及其救济》，《中国行政管理》2006 年第 4 期。

的失范行为，主要表现为：在选举前通过送礼、摆酒席或者许诺一些好处等进行拉票，选举中通过诱导、威胁等手段让选民对指定的候选人进行投票或者不按照选举法规定的正常程序进行选举。其中，"贿选"和"暗箱"操作是这些失范行为中比较严重和突出的。我国《村民委员会组织法》第十七条规定，在乡村选举中若发生"贿选"行为，有关机关应当负责调查并依法处理。

在选举中，一些候选人为了能够当选，利用农村人口对乡村选举程序不了解的情况以及广大的农村流动人口委托而产生的委托投票，与选举工作人员串通一气，对选举进行"暗箱"操作。

4. 执行方式：政策执行主体与目标对象

（1）选举委员会和选举领导小组通知渠道不畅。为充分保证选民选举权益的实现，我国选举法规定，在每次选举之前，选举领导小组必须认真通知到每个选民，让每个选民有参加选举的知情权，充分了解选举的相关事宜。知情权是指人们知悉、获取信息的自由与权利，包括从官方或非官方知悉、获取相关信息。

在当前的一些乡村选举中，部分选举领导小组并没有将选举时间、地点等与选举相关的事宜通知到每个选民，尤其是农村流动人口。将选举事宜通知到农村流动人口是需要一定的人力和资金的，农村选举经费缺乏，再加上农村流动人口流动的不确定性，使这项工作也不便于进行开展。这就导致很多农村流动人口很少得知乡村选举的事情，丧失知情权。

（2）农村流动人口政治参与边缘化。政治参与也称为"参与政治"，它是民主政治的核心概念之一。王浦劬教授认为，政治参与是普通公民通过各种合法方式参与政治生活，并影响政治体系的构成、运行方式、运行规则和政策过程的行为。美国政治学家亨廷顿把政治参与界定为"平民试图影响政府决策的活动"[1]。

在当今我国社会主义民主政治建设进程中，受现行制度、体制及农村流动人口自身等多方面因素影响，农村流动人口对宪法赋予自己

---

① ［美］亨廷顿、纳尔逊：《难以抉择：发展中国家的政治参与》，华夏出版社1987年版。

的政治权利是漠然的，甚至在维护自己的正当权益受到阻碍的时候出现非制度化参与。美国制度学派创始人道格拉斯·C.诺斯认为，制度变迁决定了社会演进的方式，制度是"理解历史的关键"[①]。可见，公民政治参与的非制度化主要还是当前制度的不规范和不合理。虽然国家和各级地方政府也相继出台了一系列的保障农村流动人口选举权益的政策和法规，但是，农村流动人口的政治参与却逐渐趋向边缘化、冷漠化，这对我国基层民主政治建设的发展是不利的，严重影响我国基层民主政治的健康发展。

农村流动人口政治参与边缘化的表现主要有以下三个方面。

第一，在农村很少享有政治参与权。首先，农村流动人口实际参与村委会选举的比例比较低。这也是前面阐述的农村流动人口在乡村选举中"实际投票率"低的问题。其次，农村流动人口难以通过有效的方式和途径表达自己的真实意愿。户籍制度的限定和回乡参选要付出一定的成本，如往返的交通费用、误工的收入损失等，因此，很多农村流动人口主动选择放弃回户籍所在地参加村民自治选举等政治权利。最后，农村流动人口的政治参与的动机具有"狭隘性"，大多参与的目的是个人利益。在我们调查的几个乡村，通过访谈也充分证明了这一点。

第二，在城市无法享有政治参与权。由于我国一直实行严格的户籍制度，农村流动人口只能在自己的户籍所在地参加选举，这样，很多流动在城市的农村人口不能和市民一样参加城市的选举，不能选举自己的利益代表，失去了话语权。

第三，非制度化政治参与呈上升趋势。公民政治参与可分为制度化参与和非制度化参与两种模式。"制度参与的低效与非制度参与的扩增是我国现阶段城市流动人口政治参与面临的主要困境。"[②] 非制度化参与是公民"突破现存制度规范的行为，也是社会正常参与渠道之

---

① ［美］道格拉斯·C.诺斯：《制度、制度变迁与经济绩效》，上海三联书店1994年版，第3页。

② 方江山：《非制度政治参与——以转型期中国农民为对象分析》，人民出版社2000年版，第35页。

外发生的活动"①。农村流动人口通过制度化的政治参与途径比较少，更多的是通过非制度化的渠道参与到政治之中，实现自己的政治权益。随着农村流动人口维权意识的加强，很多农村流动人口通过集体化的行动来维护自身的权益。

5. 系统环境：公共政策的环境

（1）大姓宗族的干扰。村落宗族势力是我国农村生活的一个重要层面，很多农村中有大姓宗族和其他一些小姓宗族，在乡村选举的时候大姓宗族往往占据绝对优势，容易形成对选举的垄断，从村民的心理因素出发，村民在选举的时候也经常会倾向于选举同姓的候选人，小姓家族的人往往无力竞争而不积极参加选举。农村宗族势力的存在干扰了乡村选举，目前农村各地还不同程度地存在宗族、宗派、宗教势力，一些村民不可避免地受这些势力的影响，从而在一定程度上对我国基层民主政治建设的健康发展起到干扰的作用。

表3-7和图3-6是本书调查收集的关于大姓宗族在村中的作用和发言权情况。从表3-7和图3-10中可以看出，大姓宗族在村中的作用还是很大的。表3-7中，4589个样本中有2528人认为大姓宗族影响全村公共事务，占55.1%；认为大姓宗族解决家庭内部成员的纠纷有2061人，占44.9%。在图3-10中可以明显地看到，近2300人认为，大姓家族在村里的发言权是比较大的。其图3-10和表3-7反映了当前在我国一些农村大姓宗族在村中的状况，大姓宗族的存在必然会对乡村选举带来一定的影响，选民在进行投票选举的时候不可避免地会受到他们的干扰。

表3-7　　　　　　　　大姓家族在村里的作用之体现

	频率	百分比（%）	有效百分比（%）	累计百分比（%）
影响全村公共事务	2528	55.1	55.1	55.1
解决家族内部成员的纠纷	2061	44.9	44.9	100.0
合计	4589	100.0	100.0	

---

① 方江山：《非制度政治参与——以转型期中国农民为对象分析》，人民出版社2000年版，第38页。

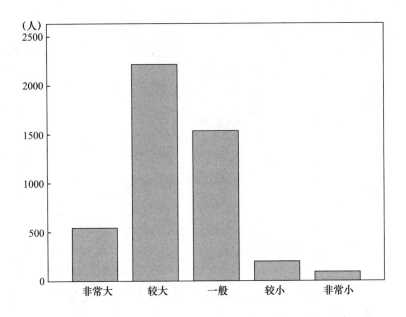

图3-6 大姓家族在村里的发言权情况

（2）农村黑恶势力的破坏。农村黑恶势力在一些农村的存在严重妨碍了整个和谐社会主义新农村的建设，他们通过威胁、贿赂等手段，逼迫、引诱国家党政机关干部及工作人员参与其组织的非法活动，进入到基层政权。近些年来，随着乡村治理环境的不断改善，农村黑恶势力逐渐减少，但是，也不可否认在一些地区仍然还存在。他们对乡村的选举直接进行干扰，影响选举结果，他们的目的就是暗中参与社会利益的再分配，以期在政治权力的保护下短时间内聚敛大量的不义之财。农村黑恶势力对基层民主政治的发展起到恶劣的影响，必须采取严厉的手段加以肃清，为社会主义新农村的建设扫除障碍。

图3-7是笔者对被调查者关于村级选举拉票现象回答的统计，图中显示，被调查者中将近有2300人认为，村级选举中存在很多的拉票现象，说明村级选举中存在严重的不正当竞争现象。一些人为了让某人当选，千方百计地通过各种手段拉拢选民，让选民按照其要求进行拉票。这是与我国选举法相违背的做法，是不符合法律规定的。

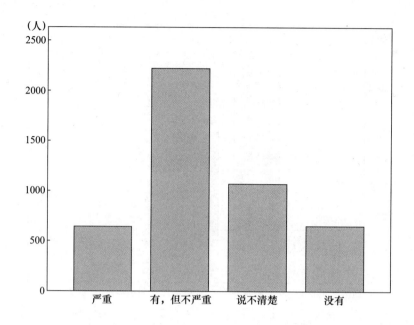

图 3 - 7　被调查者对村级选举拉票现象的看法

（3）乡村精英的诱导。目前学术界对"乡村精英"的概念界定有很多。"乡村精英指的是那些具有特殊才能，在某一方面或某一活动领域具有杰出才能的社区成员，他们往往是在权力、声望和财富等方面占有较大优势的个体和群体。"① 该定义主要是以在乡村中所占的资源与资源的重要性为标准。另有学者认为，"在农村社会影响比较大的人物"②。还有学者认为，"在小群体的交往实践中，那些比其他成员能调动更多社会资源、获得更多权威性价值分配如安全、尊重、影响力的人，就可成为精英"③。以上学者的观点都有一定的道理，但是，随着社会的发展，乡村社会的精英成员日趋复杂，以单一的标准很难进行界定。笔者认为，新形势下，乡村精英的范畴应该很大，占据更多资源、对乡村具有突出贡献、拥有一定权威的人都可以称为乡

---

① 李婵：《农村社区精英研究综述》，《中共济南市委党校学报》2004 年第 3 期。

② 贺雪峰：《村庄精英与社区记忆：理解村庄性质的二维框架》，《社会科学辑刊》2000 年第 4 期。

③ 仝志辉：《农民选举参与中的精英动员》，《社会学研究》2002 年第 1 期。

村精英阶层。乡村精英是农村中的一个特殊的群体，他们较其他村民有更高的文化素质，对当前实施的村民自治有更清楚的了解。在现实中，普通村民由于受到自身能力和占有资源的影响，他们参与乡村选举的积极性不高。而乡村精英阶层掌握更多的资源，他们可以利用这些资源和社会资本去影响乡村选举，他们往往在选举中比普通村民有更多的竞争力，而且他们的优势地位容易让能力有限的村民产生依附感和心理压力，从而影响村民的选举行为。

村中高收入人群是属于乡村精英阶层的组成部分，通过收集的4589份有效问卷中可以看到，有近1/2的被调查者认为，村中高收入的能人在村里的发言权是较大的。高收入的人群在村中发言权之所以较大，有多方面的原因，他们可能对乡村经济建设进行投资，或者对乡村选举给予一定的经济资助，或者对家庭贫困的学生给予助学补助等，对于村干部和村民而言，他们是希望这些高收入的能人能为乡村带来经济效益，帮助乡村走上更加富裕的道路。所以，他们对村民的投票行为也会产生很大的影响。

三　农民工在流入地的政治参与研究

政治参与程度是评价一个国家民主建设程度的重要指标，政治权利实现也是保证其他权利实现的基础。因此，无论对于国家政治制度的完善和个人权利的实现，政治参与都具有十分重要的意义。然而，由于"二元制"户籍制度和相关参与制度的影响，许多在城市工作的农民工从"理性人"思考的角度，权衡利益得失，最后放弃了政治参与的权利。根据对武汉市部分农民工问卷调查和访谈发现，农民工放弃自己回到家乡实现选举权和被选举权的原因主要是制度设计对于在城市工作的农民工来说是不合理的，他们没有足够的休息时间和财力资源投入与自己没有直接联系的事情中，更没有任何动力使他们去实现自己的选举权和被选举权。社会公平理论认为，全社会公民应该在政治参与和经济收益方面都得到平等的待遇，然而，这种权利的丧失却违背了该理论。

但是，随着农民工在城市工作和时间的流逝，这个群体渐渐地融入城市氛围之中，他们在工作和生活中开始遇到各种各样与自己的权利保障相关的问题，他们开始用自己的方式去争取这些权利。但是，由于制度原因、经济原因、社会氛围原因等多方面的因素，他们经常会采取极端的、非制度化方式维护自己的权利。这种非制度方式与制度化方式相比表现出了成本低、效能高等特点，但却给社会的和谐发展带来了一些不好的影响。

多中心治理理论认为，在对社会公共治理时或者为全社会范围提供公共物品时，应改变传统的以政府为中心的提供方式，而是应该多主体、多方式地提供公共产品和公共服务。这个理论让我们突破了制度化参与和非制度化参与的固定模式，它为我们提供了多渠道、多方式的政治参与的思路，如网络参与、社区参与等，更是为农民工在流入地实现政治权利提供了有效的方案。

当然，这种多中心治理理论指导下的政治参与模式的建立需要以政策和制度的转变为前提条件。本书试图从分析现状入手，找出造成目前这种制度化参与萎缩、非制度参与激增的主要原因，并针对这些原因提出可行的对策，以达到加大农民工在流入地政治参与程度的目的，从而推进我国民主进程的发展。

"公民参与政治一般具有相应的制度保障，以公民政治参与与制度的关系为标准，政治参与可分为制度化参与和非制度化参与。"① 在研究政治参与现象时，我们通常是以这种制度化参与和非制度化参与作为分水岭进行进一步研究的。本书也试图从这两个方面去观察和研究目前农民工在流入地政治参与的实际情况及其效能。

农民工之所以从农民变为工人离开生他养他的土地，是为了寻求更好的经济效益。来到城市的他们由于缺乏知识和技能，往往从事的是累、脏、苦的体力劳动，并且他们通常比城市人的平均工时更长。所以，在分析政治参与问题时，我们完全应该将政治参与的时间成本纳入研究视野之中，从"经济人"的角度去换位思考农民工在政治参与时所要衡量的时间因素。

---

① 方江山：《非制度政治参与——以转型期中国农民为分析对象》，人民出版社 2000 年版，第 35 页。

有关调查显示，农民工每周工作时间少则 40 小时，多则达到 75 小时以上，工作在服务业的农民工工作时间则会更长，由于工作特殊，节假日很难有正常休息的情况。一位在饭店做厨师的农民工说，他们没有节假日，每天工作时间在 13 个小时以上，最忙时要工作 16 个小时①。社会公平理论虽没有明确指出，城市市民和农民工的工资收入标准和劳动休息待遇应该是平等的，但我们应充分意识到社会公平理论的两层含义：既包括经济收入上的平等，又包括政治权利上的平等。显然，农民工目前在城市的生活和工作中这两方面的平等都还没有体现出这种"公平"。

笔者为了了解农民工在城市工作和生活中能否有效地行使自己的政治权利，以及是否享受到了和普通城市市民相等政治待遇等问题，进行了一些调查。调查对象中，有大部分为通信工程的工人，他们的工资多是以时间作为工资计算单位的，即每月工资按照每月出勤的天数作为计算标准。大多数工人为了多拿工资会自动要求加班，如果工头接不到活而让他们休息时，他们会变得十分焦急，他们说："我们是来赚钱的，不是来休息的，什么时候能有活做呀？"由此可见，来到城市的农民工并不是来享受城市的生活的，而是为了明确的经济目标来拼搏的。

"对大多数人来说，政治参与只是他实现其他目的的手段。如果个人能通过移居城市，获得地位较高的职业或者改善的经济福利方式实现这些目标，那么这些方式在一定程度上成为他们政治参与的代替物。"② 亨廷顿的这个理论说明农民工来到城市的最主要目的是实现经济收入的增加，是他们在城市里从事任何事情的根本动机，利益是人们参与政治的基本动因。人们在行动之前就会考虑行动的结果是不是值得的，如果他们认为是值得的，他们才会参与这个行动，并希望付出最小的成本得到最大的收益。因此，要分析影响政治参与的因素，研究政治参与的经济成本因素是不可缺失的。

---

① 艾丽颖：《农民工城市政治参与制约因素及对策研究》，浙江师范大学出版社 2006 年版，第 68—89 页。

② ［美］塞缪尔·亨廷顿、J. 纳尔逊：《难以抉择》，华夏出版社 1989 年版，第 56—65 页。

本书试图从参与现状、时间成本分析和经济成本分析三个角度分别对制度化参与方式、非制度化参与方式和网络政治背景下的多中心治理参与方式进行研究，并试图发现相互之间的差别。

（一）农民工在流入地制度化参与方式及时间—经济成本分析

1. 制度化参与方式参与现状

农民工在流入地制度化参与是指农民工在进入城市工作和生活后，为实现自己的政治权利和保障自己的合法利益，运用法律和法规中允许的方式来影响政府政策制定和政府行为的过程。制度化参与分为投票、选举、结社、意见表达等基本形式。

农民工这一阶层从 20 世纪 80 年代末 90 年代初在我国出现，已经存在了 20 余年的时间。随着这一阶层人数的不断增长以及全社会范围内经济的发展和科技的进步，农民工在流入地的制度化政治参与有了明显的变化。

（1）参与热情高。对于是否愿意和普通城市市民一样，参与城市管理这一问题，本书通过问卷的形式对武汉市某区 116 位农民工进行了研究，调查表明，农民工对于在流入地政治参与抱有极高的热情。当问到"是否希望在武汉市参与城市管理，实现自己的政治权利"时，16 位农民工表示"非常希望"，占 14%；88 位农民工表示"希望"，占 76%；8 位农民工表示"无所谓"，占 7%；4 位农民工表示"不希望"，仅占 3%。回答情况如表 3 – 8 所示。

表 3 – 8 　　　　"是否希望在武汉市参与城市管理，实现自己的
政治权利"回答情况

	人数（人）	百分数（%）
非常希望	16	14
希望	88	76
无所谓	8	7
不希望	4	3

与以前学者对于这一问题的调查研究相比，希望参与政治管理，实现自己政治权利的意愿呈现出进一步加强的趋势。2005 年关于农民

工政治参与的主动性调查数据显示，145 名被调查对象中，只有 24 人出于利益动机认为参加选举是自愿的、非常有必要的，仅占调查总人数的 16.6%[①]。虽然这种数据的差异与调查对象的年龄、职业、区域都有一定关系，但这种比例上的绝对增长，依然说明农民工政治参与意识正在不断觉醒，他们希望自己能够真正参与政治管理。

自 20 世纪 90 年代初农民工来到城市工作以来，他们的亲缘、地缘、业缘等关系都已发生了巨大的改变。城市的工作和生活已让他们与那片土地相分离，与亲人的相聚也是以天为单位来计算的。有一些农民工已在城市安家，子女也是在城市长大，在很大程度上，他们对于城市的感情比对生他养他的那片土地的感情更加深厚。与他们息息相关的衣、食、住、行等方面，都与城市发生着不可割裂的联系。农民工在城市的生活经历和思维方式都在工作过程中悄然改变着，他们意识到在城市中政治参与的重要性，这种认识激发了农民工政治意识的觉醒。

（2）加入组织意愿强。本次笔者对政治参与的组织化问题也在问卷中显示，农民工愿意以组织化形式参与政治管理：愿意加入工会和社区自治组织的人数为 64 人，占 55%；愿意参加老乡会的为 4 人，仅占 3%；愿意以网络形式参与和其他形式参与政治管理的人数为 48人，占 41%。可见，他们已渐渐意识到，自己之所以处于弱势群体的地位，很大一部原因是因为组织性差。

随着农民工群体在城市中的不断发展，他们与城市之间的关系越来越紧密，与他们利益直接相关的不仅仅是劳资纠纷，还有许多与他们及家庭有密切联系的权益问题，如子女入学问题、住房问题、劳动保障问题等，都迫切需要除政府之外的其他组织来维护这些权益。

在湖南、广东两地 1256 农民工的调查中发现，只有 21.5% 的农民工所在单位成立了党、团组织；农民工所在单位或社区成立工会的比例只有 16.2%[②]。同时，农民工在流入地进行政治参与时，具有明

---

① 邓秀华：《长沙、广州两市农民工政治参与问卷调查分析》，《政治学研究》2009 年第 2 期。

② 邓秀华：《长沙、广州两市农民工政治参与问卷调查分析》。

显的短暂性和利益驱动性的特征。他们往往会因为发生了与自身利益密切相联的事情时才积极地加入到组织中，这种加入多是与经济利益等短期行为相关的，一旦利益得到满足，他们就从组织中撤出，因此呈现出短暂性的特点。

多中心治理理论强调改革过去以政府为中心或者政府作为公共产品的唯一提供者。将多中心理论运用于政治参与模式中，应该是跳出制度化参与和非制度化参与的固有模式，充分利用我们所有的资源，建立一个多中心的、多参与渠道、多参与方式的民主的政治参与模式。近几年来，已有部分地区的政府注意到这一现象，并从政府政策制定过程中改善这种状况。有一些社会基层组织在农民工的政治参与中已开始发挥积极的作用，"如泉州市已建立了乡镇（街道）工会—村（社区）工会—新经济组织工会的组织模式"①。实践证明，这种"小三级"工会组织结构在维护农民工权益方面已经发挥出一定的作用。这种"小三级"的工会模式，是一种跳出了传统的以政府为中心的供给的新的政治参与方式拓展的思路，它已初步体现出多主体、多方式的多中心治理理念的思想。

（3）政治效能低。政治效能感是公民对自己政治参与行为影响力的主观评价，是预测政治参与的重要指标之一。用弗鲁姆的期望价值理论去推理，我们能看到，农民工对政治参与的政治效能评价越高，就越会积极主动地去参与；反之亦然。然而，由于政府管理中信息开放程度还不高，政务公开的程度也有限，加大了农民工获得相关政治信息的难度。农民工作为生活在城市的弱势群体，文化水平和网络技能也较低，获得相关信息就难上加难了。"政治参与要求接收关于政治的一般的和特殊的信息，那些获取这种信息的人，即在效应和心理上更多介入的人，就更有可能参与政治。反之，那些没有得到这种信息的人，则无动于衷，缺乏心理上的介入。因此，也就很少有可能参与政治。"②

---

① 刘明农：《民工政治参与现状与发展》，《怀化学院学报》2009 年第 12 期。
② ［美］安东尼·奥罗姆：《政治学》，上海人民出版社 1989 年版，第 293 页。

当问到对于自己提出的意见或建议是否能对政策的制定起到一定的作用时，只有少数农民工认为自己的投票在投票选举中是有意义或者是起作用的，大多数农民工认为不起作用。21.4%的农民工认为，自己的意见、看法对单位或政府的决策有一定的影响作用；38.1%的农民工认为，自己的意见是没有影响作用的。可见，农民工对于自己在单位或政府中的政治参与的政治效能评价不高①。效能感的低认同使农民工又失去了政治参与的一个动力。

2. 制度化参与时间成本分析

农民工制度化参与实现自己的政治权利的首要形式就是村民自治选举制度。但这种制度对于已来到城市工作的农民工来说，却是形同虚设的。他们不会为了"与自己关系不大"的选举而误工。以本书的调研对象为例，其中离家最远的是上文曾提到过的小李，家住内蒙古赤峰，如回家乡参加选举，在路上要耗时近一周；离家乡最近的是小熊，家乡是仙桃，回老家也需要约半天的时间，来回则需一天的时间。经过访谈发现，农民工如果休息时，他们最愿意做的事就是在租住房内好好地睡上一觉，因为他们做的都是体力劳动，每天的睡眠都不足。

以制度化参与方式维护自己的切身利益，时间成本更是需要考虑的因素。以农民工讨薪事件为例，农民工在讨薪时必须通过劳动部门来处理，法院不会对这类案件直接立案处理，而是先交给劳动仲裁部门，经劳动仲裁调解无效后，才能进入法律诉讼程序。先撇开劳动仲裁或者法律诉讼的效果，仅考虑时间成本，就已经让许多农民工望而却步了。国家相关部门在制定政策时也做了极大努力：2006 年 8 月 31 日，最高人民法院公布了《关于审理劳动争议案件适用法律若干问题的解释》。将农民工讨薪要遵循"劳动仲裁再经过一审甚至二审"的法律程序，变为当时立案，将期限由一至两年缩短到了 3 个月内。但这种时间跨度对于大多数农民工来说仍然是难以接受的。

由此可见，时间成本是农民工制度化参与的一个不利因素，农民

①　邓秀化：《长沙、广州两地农民工政治参与问卷调查分析》，《政治学研究》2009 年第 2 期。

工不愿意将原本能在城市拼搏赚钱的时间，用到政治效能并不高的政治参与中。

3. 制度化参与经济成本分析

试计算农民工通过制度化政治参与的渠道去实现选举权和被选举权的经济成本，总体来说，包括这样几个方面的开销：因请假而产生的误工费用，往返于城市与乡村之间的路途开支、路上的吃喝费用。以本次调查中离家最近的小熊为例，他如果要回到户籍所在地参与选举，需要花费100元，约占他每月工资总额的10%；如以离户籍所在地最远的小李参与选举来计算，这笔花销则更大。对于收入本来就不高的农民工阶层来说，最为理性的做法就是放弃自己的选举权；被选举权亦然。

农民工如果遇到欠薪这种利益受到侵犯的事件要在现有制度框架内加以解决，最为直接的办法就是司法维权。依相关司法程序规定，走完所有司法程序，农民工要支付的各类费用合计起来约有920元，这其中还不包括住宿、交通、吃饭等开支；累计耗时11—21天，按武汉市目前最低工资标准计算，误工费将是600元左右①。各种费用明细见图3-8。

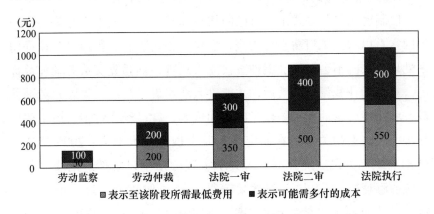

图 3-8 农民工维权累计费用柱状图

资料来源：佟丽华、肖卫东：《中国农民工维权成本调查报告》，http：//www. acla. org. cn/pages/2005-9-29/s31553. html. 2005-9-29。

①　佟丽华、肖卫东：《中国农民工维权成本调查报告》，http：//www. acla. org. cn/pages/2005-9-29/s31553. html. 2005-9-29。

从上面我们看到，用制度化方式去维护由于程序较多，随之而来的各项费用也较多。除此之外，农民工心有疑虑的是，有时即使是农民工胜诉，也难以执行，农民工最终仍然无法维护自己的利益。他们往往在经过理性的成本分析之后，决定改用其他方式来实现自己的利益诉求。

（二）农民工在流入地非制度化参与方式及时间—经济成本分析

1. 非制度化参与方式现状

正如"马太效应"所揭示的客观规律那样：在贫富两个群体中，富人掌握着更多的政治知识和政治技能，而作为弱势群体的农民工在城市中，要么保持沉默，要么就以某些极端的方式去表达自己的利益诉求。所以，农民工在流入地采取非制度化参与方式是符合规律的。

非制度化参与是以政治参与为手段的参与方式，通常在农民工的制度化参与得不到满足或者通过制度化参与无法维护农民工的法定权利时，农民工往往会采取这种方式来实现自己的目标。有关数据显示，农民工在流入地的政治权力在很大程度上存在空白区域，他们在打工单位无权参与政治活动。在农民工密集度高的浙江、福建、广东地区，虽然有60%以上的单位都成立了工会，但入会率却只有50%，而且大多数工会的成立都只是流于形式，基本没有起到维护农民工权益的作用①。

从现实情况来看，非制度参与表现为非法游行、越级上访、自杀威胁、暴力对抗等形式。总结这几种政治表达方式的共同点，我们能看到，这种非制度化参与形式都是农民工受到个体利益的驱使或者自身利益受到了损害时而采取的行动，都具有极端化和非理性的特征；从行为结果来看，都有参与效果差和政治效能低的特征。

据不完全统计，仅在2005年一年里，就有1000多起3000多人以上的罢工或游行事件在深圳发生。徐昕教授对网上的"自杀威胁"类型事件进行统计，"共找到了82起，并且呈现出递增的趋势"②。

① 赵东辉、吴克：《政府"缺位"，帮会"补位"》，《瞭望》2003年第24期。
② 徐昕：《为权利而自杀——转型农民工的"以死抗争"》，《中国制度变迁的案例研究》第6集，2008年，第258页。

虽然这一数据不能说完全代表了中国农民工政治参与的全部情况，但至少可以做一佐证。农民工希望通过自杀威胁的行为来引起报纸、网络等媒体的注意，从而让政府部门以最快的速度介入管理，并解决利益问题的手段。非法游行、越级上访、暴力对抗等其他形式，也是作为一种手段来解决利益纠纷。

农民工在城市待得越久，越感觉到，要维护自己的利益，通过自身的抗争给企业或者给企业主施加压力是很难实现的。只能用一些极端的方式将这些问题反映给社会、反映给政府，即将问题"外部化"和"严重化"，引起社会和政府有关人员的关注，才有可能尽快地实现自己的利益。于是，非制度化参与形式成为他们在城市的首选。

2. 非制度化参与方式时间成本分析

在分析这个问题时，我们先来看一个农民工在深圳通过非制度化方式维权的案例。"2008 年 12 月 17 日 10 点 40 分左右，60 名农民工因为欠薪问题将 4 名领班押到南油大道上，造成了大面积的交通拥堵，同时也引起了社会各界广泛的关注。11 点 10 分，劳动管理部门和警察就出现在了事发现场进行调解，并与工人代表前往所在公司了解情况，但总经理迟迟没有露面。直到下午 18 时，经理才露面，答应付清所欠工资。"①

这次非制度化的讨薪行动一共花费了近 7 小时，就使农民工得到了一个满意的答复。与经过改革后的劳动诉讼制度相比较，讨薪时间缩短了至少两个月。而且我们看到，采取这种非制度化的维权方式在时间安排上也极其灵活性。农民工可以在人员容易聚在一起时再来展开这种行动。

3. 非制度化参与方式经济成本分析

非法游行、越级上访、自杀威胁、暴力对抗等方式，是由农民工按照自觉自愿原则组织起来的，与制度化参与方式相比，他们在安排经济支出时有着极大的自主性。例如，非法游行，所需成本很低，如

---

① 《深圳 60 名外来工扣押工头堵路讨薪》，搜狐新闻 http//www. cctv. com/news/socie-ty/2008 - 12 - 17/100950. shtml. 2008 - 12 - 17。

果没有特别策划，可以不需要任何直接成本；如果希望通过标语、横幅等引起社会或媒体的关注，则要购置一些相关物品。但这种支出与制度化参与相比，也是相当有限的。

如果仅从直接支出来衡量非制度化参与的支出和收入，农民工是愿意采取这种方式来维护自己的利益。但将非制度化参与方式作为研究对象时，我们应看到非制度参与还有一些潜在的经济成本：自杀威胁的初衷是以某些极端的方式去引起社会和媒体的关注，但有时会因为没有做好防范措施而造成人员的伤亡，由于这种情况引起的伤亡损失是无法用具体的金钱来表示的；非法游行和暴力对抗等行为，有时会因为触犯了法律底线，监察部门会对参与人员做出刑拘甚至是判刑的处罚，这种处罚带来的损失更是无法用经济指标来衡量的。但是，农民工在采取非制度政治参与维护自己利益时，往往不会估算这一类隐性损失。

（三）网络政治背景下的多中心治理参与方式及时间—经济成本分析

1. 网络政治背景下的多中心治理参与方式

随着时代和科技的发展，网络已经使人们的生产方式、生活方式及思维方式发生了急剧的变化，同时也成为一种力量推动经济、文化和政治的发展。自 1994 年中国接入计算机联网以来，人们的社会生活各个方面都发生了很大的变化。中国互联网信息中心发布的《第23 次中国互联网发展状况统计报告》显示，截至 2008 年年底，我国网民数达到 2.98 亿，互联网普及率以 22.6% 的比例首次超过 21.9%的全球平均水平；宽带网民数达到 2.7 亿，国家 CN 域名数达 1357.2万，三项指标继续稳居世界第一位。这种发展让网络政治成为一种不可回避的现象，进入政策研究的视野。"目前有 70% 左右的政府网站提供了 10 项以上的功能项目数，提供了政务新闻、政府公告、机构职能、机构章程及会议信息的政府门户网站分别达到了 89.2%、77.49%、75.5%、51.93%、53.92%。"① 网络政治时代的到来，赋

————————
① 王长胜、许晓平：《中国电子政务发展报告》，社会科学文献出版社 2009 年版，第22 页。

予了政治参与许多的内涵和特征，改变着人们对传统政治参与的理解，改变着政治参与的参与方式和运作方法。网络政治参与被越来越多的学者认可为一种新的政治参与方式。也正是这种信息的共享和便利的交流方式为多中心治理提供了物质承载基础。

网络政治参与是指"网络时代，发生在网络空间，目标指向现实社会政治体系，并以网络为载体和途径参与社会政治生活的一切行为，特指利用互联网进行网络选举、网络对话和讨论、与政党及政界人士和政府进行政治接触以及网络政治动员等一系列政治参与活动"①。

在我国已有越来越多的人参与到网络政治中，他们通过网络来发表自己对政府事务或政策的意见和建议，我国政府相关部门也给予了网络政治参与以积极的鼓励。但这种以利用现代化设备及一定计算机操作水平为基础的政治参与方式，大多数农民工还是不被接受的，他们中一些年龄较大的农民工甚至从没接触过计算机和网络。

当然，有一些年纪较轻又有一定文化知识的农民工，他们对计算机和网络并不陌生。笔者曾对调查做了抽样性访谈，小李1984年出生内蒙古，是一名具有大专文化水平的技术工人，在武汉某通信工程公司工作已有4年时间。他说如果平时不加班时，下班后最大的娱乐就是到租住地附近的网吧消磨时间，有时是浏览网页，有时则是与其他工友一起玩联机游戏。当问及他在上网时会不会浏览政府网页或者通过邮箱向政府相关部门反映自己生活和工作中的问题时，他表示从来没有，也从未想过要去通过网络关心政府事务。像小李这样的"新生代"农民工，在被调查对象中并不少见。

从"新生代"农民工的特点来看，他们出生于20世纪八九十年代，而且大多数接受过初中以上的教育，所以，网络对于他们来说并不陌生，但由于农民工整体政治参与意识的淡薄，他们并没有意识到网络参与能给他们带来什么。

2. 以网络政治参与为中心的参与方式时间成本分析

网络之所以能够迅速地在全球得以发展，其中最大的一个原因就

---

① 李斌：《网络参政》，中国社会科学出版社2009年版，第33页。

是它突破了时间、空间的限制，为参与主体带来了便捷、高效信息渠道和参与途径。农民工作为城市中的一个弱势群体，在使用这一工具时，可能还没大多数城市人应用得自如，但是，随着新一代农民工的出现和成长，这种方式也在慢慢地被这一群体所了解和接受。

由于了解政治信息时不受时间的限制，农民工如果想在网络了解信息，可以以自己的生活和工作时间为中心，随意支配上网浏览相关政治信息的时间。网络把国家变成了小家，所有信息的传递就像面对面地交流，光与电的速度使人们高效地浏览政府网页，与农民工息息相关的政策法规出台，也不需要再印发各类纸质文件宣传，只用轻点鼠标就可以实现。由于在网络上发表自己的观点具有匿名性和虚拟性的特征，农民工在对某事发表意见或看法时少了很多顾虑，从而使政治参与的效能不断提高。

网络政治参与形式在形成像政治论坛这种"虚拟组织"时，也不再依赖人为组织手段，更多的是靠人们自己通过网络来行使政治权利，使直接民主程度大大提高。随着"新生血液"不断充实到农民工阶层中，越来越多的年轻农民工掌握了基本的计算机使用方法，必然会让未来的政治参与形式有一个根本性的革新。

3. 以网络政治参与为中心的参与方式经济成本分析

网络政治参与的主要形式有电子论坛、政治博客和电子投票等方式。在本次调查中，116名农民工中，有49名是35岁以下的，他们在工休时有80%以上的人有上网的习惯，他们多在租住地附近的网吧上网，上网的费用约为2元/小时。在有效地掌握网络政治参与技巧的前提下，仅从他们上网的习惯来分析，年纪较轻的农民工是完全能够接受网络政治参与这一形式的。

四　农民工在流入地政治参与方式的比较分析

从农民工在流入地参与现状的研究中，我们无法去评价制度化参与方式、非制度化参与方式及网络政治参与方式的优劣，只能通过比较分析的方法加以研究。

从表3-9中我们可以看到，我们无法简单地说哪种参与方式是最好的，制度化政治参与、非制度化政治参与和网络政治参与都有着各自的优势和劣势。只能有效地运用各种参与方式的长处，实现优势互补的多中心的政治参与模型。

表 3 - 9　　　　农民工在流入地不同参与方式的
经济成本、时间成本和政治效能比较

	制度化参与	非制度化参与	网络参与
经济成本	程序多、成本高	成本由农民工自己掌握，可高可低	成本低，仅需支付上网费用，但要求硬件支持
时间成本	时间长	时间短，能极快地引起社会各界的注意	可自由安排，弹性较大
政治效能	能有效地保障选举权和被选举权，但维护权益效能较低	显性的效能高，但带来许多隐性的成本支出	目前还不高，但随着电子政务的不断发展，会提高

制度化参与是法律框架内的参与方式，它受宪法和相关法律的保护，特别是在实现农民工的选举权和被选举权上，是其他政治参与方式所无法替代的。但在用制度化参与方式维护农民工权益时，却因为程序复杂、耗时长、花费大等原因，常常不被农民工采用。特别在经历了漫长的等待和精力、财力的消耗后，得到了来自法律机关的公正裁决，但依然无法执行。如有些恶意拖欠农民工工资，又有转移财物倾向的企业，监察部门无权对企业资金进行调查，这个时候只有法院有权介入。而走司法程序只能在劳动仲裁下达处罚书 30 天后才能向法院提出上诉，这就为拖欠工资的企业提供了机会逃逸，农民工被拖欠的工资有可能再次成为泡影。这种制度规定和流程使制度化参与的效能变低。

对于农民工来说，非制度参与最大的优点是在经济成本和时间成本上都具有极大的弹性，他们可以根据自己的收入情况来决定在非制度参与中金钱的投入量，也可根据自己的时间情况来安排非制度参与的进程。除此之外，能极快地引起社会各界和媒体的关注是他们愿意采用非制度化政治参与最为重要的原因，因为引起社会各界及媒体的注意，是农民工达到维护权益的捷径。但在调查和研究非制度化参与中，我们发现，有一些隐性成本是不能直接观察到的，但却让农民工付出了沉重的代价。如因自杀式威胁造成的人员伤亡，因非法组织游行等行为而刑拘等都应计入投入成本，而这种成本不是单用金钱就能衡量的。

网络参与在我国目前还是一种较新的参与方式，无论从经济成本还是时间成本去比较，都是比较低的，而且随着新生代农民工的人数不断增多，利用网络参与政治的技术也会越来越被农民工所接受；同时，如果农民工在网络飞速发展的时代，没有掌握到参与和使用的基本技巧，则会使他们的弱势地位变得更加突出。网络参与还受到一些制约，如网络的覆盖率、电子政务的发展程度等。虽然我国已有许多通过网络成功地表达意见的案例，如孙志刚案等，但我们仍不能完全评价网络参与的价值。网络参与还受到文化程度的影响。文化程度高的人，文字表达能力也相对较强，他能够清楚地表达自己的政治意图和想法，也更容易得到他人的认同。无疑当网络政治时代来临时，农民工再一次面对着知识的挑战。

五　农民利益表达机制的阙如

利益表达作为公共政策制定的基础，在公共政策规划中具有重大意义。由于政策系统的开始就需要有利益表达，而作为社会公民组成部分的弱势群体利益表达的数量和质量又是直接影响公共政策输出的公平性和科学性，因此，利益表达机制的构建是为了有利于弱势群体进行利益表达。就现阶段而言，影响弱势群体参与政策制定最主要的因素就是没有利益表达机制或者利益表达机制不够完善。在这种条件下，公共权力机关由于缺乏完备的社会信息和缜密的思考，在制定政策时，很可能难以积极地采纳和回应弱势群体的利益诉求，直接对公共政策目标的确定、政策的制定与执行等造成很大影响。在中国，农民作为社会最大的弱势群体，为了保障他们的利益，其利益表达机制建设已成为学术界和政府关注的焦点。所谓的利益表达机制，是指利益表达主体为了维护自身的利益，通过一定的渠道和一定的方式向利益表达客体提出意见和诉求的一种相关体系和制度。利益表达主体是利益表达机制的主体性要素，利益表达客体是利益表达主体所要进行利益表达所指向的对象，而载体则是利益表达主体所要进行利益诉求的途径和中介传递组织，在中国，包括人大机关、村民自治组织、信访机构以及大众传媒等。利益表达主体包括社会各个阶层，表达客体则包括政府、执政党以及社会各级公共权力组织机构。在现代社会，利益表达已成为公民不可剥夺的政治权力，是公民政治参与的重要形式之一，当利益表达主体受到利益损害或者是自己生存与发展受到限制时，为了保护自己的权益和改善生存发展条件，利益表达主体则需要行使利益表达的权利。

利益表达是一种政治过程，这个过程以达到影响政治系统的公共政策输出为目的。换言之，就是通过一定的渠道和方式向政策制定者表达自身的利益需求，使政策制定者在研究公共政策时将其需求考虑其中，最终的政策结果是有利于个人或者群体发展的。

在这里，利益表达的方式一般分为两种：一是制度内的利益表达即制度化利益表达，二是制度外的利益表达即非制度化利益表达，这种区分方式就是是否按法律规定的途径来区分的。制度化利益表达，是指利益表达主体所进行的利益表达在合法体制框架内的，是按照权力机关所规定的途径进行表达并且具有严格的程序，这种行为方式的表达是受到法律规定和限制的。非制度化利益表达，是指利益表达主体所进行的利益表达没有按照法律规定的途径进行表达而采取的其他方式表达诉求。在定义非制度化利益表达时，可以注意到并没有解释为没有在合法体制内的利益表达，因为非制度化利益表达可分为违法和不违法，而这种界限具有很大的随意性和突发性，没有特定的内容限制。

之所以会出现两种利益表达的方式，是因为当人们的合法权利不能通过制度化渠道得到有效的维护时，他们会选择非制度化渠道来进行表达，有的甚至是采取非法渠道来进行表达，如故意挑起社会矛盾造成动乱等。因此，制度化利益表达具有很重要的意义，它关系着一个国家的社会稳定，是政府决策者的警世钟，是社会安定的缓冲器。

农民作为中国社会最大的弱势群体，其利益表达关系到整个国家的社会稳定。农民的利益表达，指的是农民为了维护自身的利益，通过一定的渠道和方式将自己的意愿、观点、思想等传达给政策决策者以及政策决策机构的政治过程。农民利益表达关系到农村政治生活的民主化程度，关系到涉农政策的制度化、科学化和民主化，关系到农村乃至整个国家政治生活的和谐①。因此，农民利益表达机制的建设具有十分重大的现实意义，它是社会利益多元化的必然产物，是政府积累资源的合法途径，是政府科学民主决策的基本前提，是政府服务于人民的基本体现。

（一）现阶段农民利益表达机制的进步

现阶段，农民利益表达正处于不断提高的阶段，所取得的进步十分明显。第一，农民参与政治活动程度明显提升。我国《宪法》赋予了我国农民政治参与权、知情权、选举权与被选举权、监督权等政治权利，在中国农村还是具有绝大多数的农民积极参与正常的选举活动，选举能够代表他们群体的人大代表参与国家的政治生活，表达农民的各种利益诉求，成为他们利益的传声筒，这也似乎成为当前实现农民利益表达最为直接和有效的途径。第二，乡村自治的能力有所提升。伴随着村民自治的思想广泛传播，农村民主选举、民主决策、民主监督的核心内容也随着不断地深入发展。农民开始开展选举、商议、监督等村民自治的活动，把分散的农民在某种程度上重新组织起来加以管理，为9亿农民提供了一种贴近自身的民主实践方式。

以上是从1998年《村民委员会组织法》开始，对于农民利益表达的进步在宏观上的总结。就最近来说，最值得一提的进步就是城乡选举比例的变化。

2010年3月15日，十一届全国人大三次会议上表决通过了2009年制定的《选举法（修正案）》草案，该修正案的通过表示以后城乡按照"四比一"的比例选举人大代表的规定修改为"一比一"，农村居民和城市居民将迎来同票同权的新局面。

---

① 李慧勇、马慧吉：《和谐新农村建设中农民利益表达机制探析》，《西北农林科技大学学报》2009年第6期。

在此次新选举法通过之前，我国一直采用旧选举法，即我国的选举法规定农民选举一个人大代表的人数是城市人的 4 倍。也就是说，4 个农民的权利才相当于 1 个城市人的权利。这一点充分说明在政策制定中，关于农民民主权利的法律法规是不完善的，农民代表的人数比例明显偏低。在一个农民占有绝大多数人口的国家，农民权益的表达权利却与其人口基数是不相符的，与城市居民的权利存在法律制度上的不平等，这是在法律制度上的一种歧视，农民与城里人享受着不同的待遇，农民的民主权益才会日益被边缘化。如果一个阶级或者阶层在社会成员构成占据着多数，而由于投票价值上的不平等规定，使他们在代表他们表达利益的代议机关中的代表人数居于少数，就不能够充分地表达自己的意志、维护自己的利益。

"一比一"的修订，预示着中国农民在利益表达上享有更加充分的表达权，跟城镇居民一样，享有同等的选举权，每个人所表达的政治偏好都应该得到同等的重视。城乡按照相同人口比例选举人大代表，有利于将"扩大人民民主，保证人民当家做主"更好地落实，有利于保障广大农民群众依法享有平等的选举权、知情权、参与权、监督权等在内的民主权利，有利于统筹城乡民主政治建设。

（二）现阶段农民利益表达机制存在的问题

就农民的民主权益、土地权益和享受公共产品的权益保障问题，课题组在 2011 年分别赴湖北省孝感市孝南区、湖北省安陆市、河南省平顶山市宝丰县、河南省许昌市等地进行调研，总计发出调研问卷 5500 份，回收有效问卷 4589 份，回收率 83.4%。

本次调查持续时间从 2011 年 3 月到 2012 年 3 月，由于农村主要青壮年普遍外出打工和农村的一些传统的旧习惯使然，会造成某些区域存在样本年龄或性别分布不均的状况，但是，在某种程度上说，这也体现了农民表达权的一个客观现状。本书对村民基本状况的调查结果显示，各变量的众数选项分别为：性别为男性；年龄为 31—40 岁；政治面貌为群众；文化程度为初中及以下；个人年收入为 1 万—3 万元。调查对象的具体分布情况详见表 3 - 10。

表 3 - 10　　　　　　　　　　调查对象基本情况的一般性描述

变量名	变量值	分布（%）
年龄	①18—30 岁	19.8（910）
	②31—40 岁	41.3（1899）
	③41—50 岁	24.4（1118）
	④51—60 岁	9.3（429）
	⑤61 岁及以上	5.1（233）
性别	①男	56.0（2568）
	②女	44.0（2019）
政治面貌	①群众	57.5（2638）
	②团员	15.1（694）
	③党员	26.5（1214）
	④民主党派成员	0.9（43）
文化程度	①初中及以下	41.1（1883）
	②高中或中专	37.5（1721）
	③本科或专科	20.3（931）
	④硕士	1.0（48）
	⑤博士	0.1（5）
个人年收入	①无收入	8.0（368）
	②1 万元以下	37.2（1709）
	③1 万—3 万元	43.1（1975）
	④4 万—6 万元	9.3（426）
	⑤7 万元以上	2.4（110）

注：系统缺失 1 人，故实际样本 4588 份。下同。

在农民民主权益保障状况的问卷中，我们可以发现农民在民主权益保障中利益表达机制出现的问题，绝大部分是由于利益表达不充分所造成的，而造成这些不充分的原因包括农民自身存在的问题、利益表达渠道问题、利益表达方式问题以及政府行为存在的问题。

1. 农民自身存在的问题

第一，受教育程度问题。从问卷调查上可以发现，农民群体普遍文化素质不高，确切地说，留守在农村的农民文化素质不高（见

表3－11）。在4588份问卷中，在文化程度上，有41.0%选择的是初中及以下，37.5%选择的是高中或中专，这两个文化水平占绝大多数即78.5%。正是由于农民文化水平普遍偏低，法治意识和权利意识不强，存在较强的参与无效感，从而缺乏政治参与的积极性和主动性。

表3－11 受调查者是否了解《村民委员会组织法》的 χ^2 检验

	检验数值	自由度	显著性概率（双尾）
Pearsonχ^2	1042.624[aa]	30	0.000
似然比	273.429	30	0.000
线性和线性组合	0.365	1	0.590
有效案例中的样本数	4588		

注：27单元格（64.3%）的期望计数少于5，最小期望计数为0.00。

第二，民主参与意识低。傅广宛在《公共政策制定与公民的关注度——来自武汉的调研报告》中，整理的相关数据，各种学历对公共政策制定过程的关注情况如图3－9和图3－10所示。

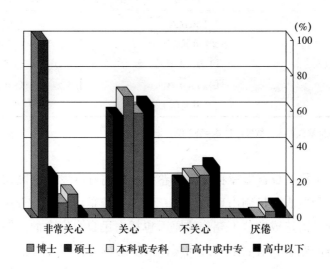

图3－9 各种学历对公共政策制定过程的关注情况

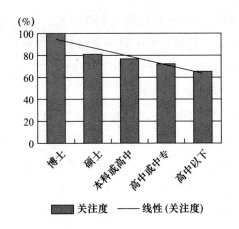

图 3 - 10 学历与关注度之间的关系

从图 3 - 9 和图 3 - 10 可以在地看出，学历与关注度之间存在正相关关系，关注度是随着学历层次的降低而降低的，而中国农民学历的平均水平基本上在高中以下，所以，这种受教育程度是直接影响农民是否积极参与农村公共事务决策。列宁说过："不识字就不能有政治，不识字就只能有流言蜚语，传闻偏见，而没有政治。"[①]

在调查问卷中，关于村民自治在我国实施的标志性法规《村民委员会组织法》有高达 63.96% 的农民不知道，在剩下知道这部法规的人群中，只有 23.42% 的农民清楚其中的内容，12.62% 的农民了解一点。

由表 3 - 11 可以看出，Pearson χ^2 等于 1042.624，自由度为 30，显著性概率 p = 0.000 < 0.005，说明显著性较高，表明不同受教育程度的被调查对象对是否了解《村民委员会组织法》的差异性比较显著，受教育程度直接或者间接影响着农民对于《村民委员会组织法》的了解情况。

通过调查可以得出以下两点结论：一是在农村农民受教育文化程度普遍偏低，在 4589 份受调查者中绝大多数人的文化水平集中在初中及以下或者是高中；二是受教育程度偏低的农民对于村民选举的整体热

---

① 《列宁全集》第 33 卷，人民出版社 1985 年版，第 85 页。

衷度不高，在人数上占有绝对优势的初中及以下文化程度的被访者有1728名，在1728名中的被访者中对于选举的热衷度在一般、不感兴趣以及非常不感兴趣中的比例为38.1%、21.8%、12.0%，这种呈现出来的政治冷漠度的比例高达71.9%。

第三，年龄与性别问题。在问卷中我们发现64.8%的男性调查者在年龄层上分布在31—50岁，这说明35岁以下的青壮年农民都进城务工，而没有留在农村。另外一点，在被调查者为女性的问卷上，我们发现63.2%女性农民在"是否了解该村民主现状"的相关问题上选择的是不了解或者是不知道，说明留守在农村的女性占有相当大部分，她们对民主的关注度没有男性高。例如，在"您是否了解《村民委员会组织法》"中，性别为女性的被调查人中有51.8%的人选择"否"；在"村民对选举感兴趣吗"的问题中，性别为女性的被访者有38.8%的人选择"一般"，有28.1%的人选择"不感兴趣"，有13.9%的人选择"非常不感兴趣"；在"您觉得选举权重要吗"的问题中，有超过40%的女性被访者选择"一般"以及"不重要"等。在性别上，农村妇女的民主意识明显低于农村男性，她们是农民这个弱势群体中的弱势群体。受性别歧视的观念影响，农村妇女不可能与农村男性享有相同的政治权利，当然另外一点，她们主要的精力投入还是在家庭上，不会过多干涉村务政务。

第四，收入的问题。收入的差距也会影响到民主决策（见表3-12）。在问卷中，我们可以发现，年收入3万元以上的农民民主意识较高，完成的问卷质量也较高。

表3-12　　　　　　　　村民对是否选举感兴趣的 χ^2 检验

	检验数值	自由度	显著性概率（双尾）
Pearsonχ^2	712.516[a]	56	0.000
似然比	259.102	56	0.000
线性和线性组合	24.880	1	0.000
有效案例中的样本数	4588		

注：a.38单元格（52.8%）的期望计数少于5，最小期望计数为0.00。

　　由表 3 – 14 可以看出，Pearsonχ² 值等于 712.516，自由度为 56，显著性概率 p = 0.000 < 0.005，说明显著性较高，表明村民的不同年收入对是否对选举感兴趣的差异性比较显著，农民的经济收入是直接影响着农民的民主意识以及政治参与度的。

　　另外，在"您认为收入高的能人在村里的发言权"问题上，52.28% 的人选择较大，这也说明了收入差距成为影响村务决策的主要因素之一（见图 3 – 11）。

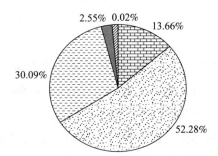

□非常大　□较大　□一般　■较小　▨非常小　■缺失

图 3 – 11　收入高的能人在村里的发言权情况

　　第五，组织问题。农民组织化程度低，利益表达能力受限。在问卷调查中，农民反映情况比较多的是当出现问题或者对政策不理解时，往往采取个人解决或者觉得"没人可找""不知道找何人"，而不是将问题集中起来由代表来反映。在利益表达方面，农民对于村务治理更趋于只关心与自己利益相关的事情，如果治理与自己利益没有很直接的利害关系，他们往往会采取消极的回应态度（见表 3 – 13）。

表 3 – 13　　　　　　　不同政治面貌村民对于村务治理关注程度

政治面貌	我只关心和自己利益相关的事务，其他事务很少关注						
	完全不符合（%）	比较不符合（%）	有点不符合（%）	中立（%）	有点符合（%）	比较符合（%）	完全符合（%）
群众	11.4	7.9	17.5	27.2	24.6	7.9	3.5
团员	30.8	0	7.7	23.1	15.4	7.7	15.4

续表

政治面貌	我只关心和自己利益相关的事务，其他事务很少关注						
	完全不符合（%）	比较不符合（%）	有点不符合（%）	中立（%）	有点符合（%）	比较符合（%）	完全符合（%）
党员	9.5	9.5	19.0	47.6	14.3	0	0
民主党派成员	0	0	0	0	0	0	0

注：因为计算过程中采取四舍五入的方法，所以，表中百分比之和有时不等于100%。下同。

通过表3-13我们可以看出，党员更加关注村务治理，而作为群众和团员更关注与自身利益相关的事务，对于其他村务给予很少关注。表3-13显示出群众和团员只关心和自己利益相关的事务所占比例分别为36.0%、38.5%，而在农村中政治面貌为群众和团员的人数又占有绝大多数，所以农民对于村务治理只关心与自己利益相关的事情已成为一种普遍现象，这种利益的分散性导致无法形成强有有力的组织代表。

2. 农民利益表达渠道问题

在中国，所谓的制度化的表达渠道是指官方认可的制度化和程序化表达渠道，具有合法性和常规性，主要包括人民代表大会、人民政协、村民自治委员会、信访、媒体等。但是，在现实生活中，农民集体事件时有发生，农民采取非制度化表达方式似乎成为趋势，这就说明制度化表达渠道并不畅通，不能将农民的利益表达出来，农民的民主权益得不到相关保障。

通过对某市农民民主权益的相关调研可以发现，农民在该市的人大代表和政协中的代表很少，真正能代表农民的几乎没有，能够成为农民代表也往往是富农或者优秀农村企业家代表。从利益取向来说，他们根本就无法代表基层农民的声音，人大代表中的农民代表数量不足制约了农民利益表达。在2003年的《农民报道》中曾报道过，在公布的全国政协委员名单中，只有68人是农民委员，占3%，其中真正的农民仅 1 人。农民在中国的最高权力机关里占有的人大代表席位比例如下："1993—1998 年，在全体 2978 名代表中占 9.4%；1998—2003 年，在全体 2979 名代表中的比例少于 9%。"① 这种情况说明在中国的最高发言机构中，农民代表十分有限，没有在利益表达中占有比例的优势。

　　除上述像人大代表大会这样的制度化渠道外，其他制度化渠道也存在问题。村民委员会名义上是代表农民说话的机构，可是，由于其严重缺乏独立性而不得不依附乡镇政府，其职能已演化成为乡镇政府的下属机构或者派出机构，很难代表农民说话。在问卷调查中，关于"农民的民主权益受到侵犯时，您会选择何种方式解决"的问题上，有 42% 的被访者选择私下解决，20.4% 选择默默忍受，而只有 6% 的被访者会选择向村委会反映（见图 3 - 12），这个结果在某种程度上说明农民对于基层政府或者村民委员会这样的组织是缺乏信任感的，对于问题的解决宁愿选择沉默。

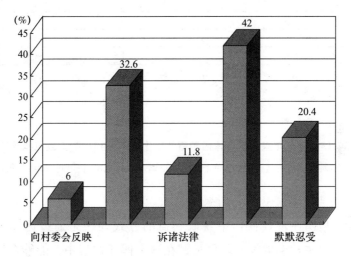

图 3 - 12　农民的民主权益受到侵犯会选择何种方式解决

　　我国正处于社会转型期的深刻变革时期，农民利益结构不断调整，因此，埋藏在农村社会的深层次矛盾开始凸显出来，农村问题不

---

① 淮生：《中国农民生存状态的简易备忘录》，中国报道网站，2004 年 10 月 20 日。

断增多，信访部门缺乏行政执法权，农民反映的问题只能向平行的相关职能部门反映，不能做出强制性的行政措施。

根据陈映芳《贫困群体利益表达渠道调查》中的问卷调查结果（见图3－13），我们可以发现，大部分被访者在遇到合法利益受到侵害或不公平待遇时，有65.6%的人不会选择找任何政府领导或部门，而是选择忍耐或一般性的途径表达自身利益，其中，依靠政协委员、民主党派以及人大代表的百分比几乎为零，因为受访者表示政府对于弱势群体的利益表达的反馈性比较低，利益表达难以取得理想的效果。可见，体制内的利益表达还存在一定的局限性，渠道还存在阻碍。

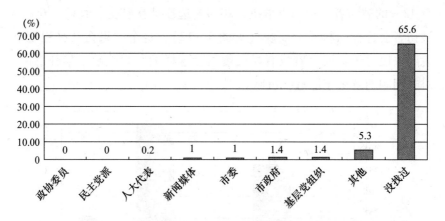

图 3 – 13　近五年来弱势群体因矛盾纠纷上的问题找过的人或机构的比例

资料来源：陈映芳：《贫困群体利益表达渠道调查》，《战略与管理》2003 年第 6 期。

3. 农民利益表达方式问题

利益集团在现代社会中获取利益的方式往往是通过博弈来实现的，这是民主社会的表现。可是，在这个博弈过程中，能够在这场游戏中占有优势地位的利益集团往往是有充分的资源支撑和良好的组织支持，正是因为具有这样的优势，才能影响到公共政策的制定和形成，而农民作为弱势群体的代表之一，他们缺乏组织支持和资源供给，那么注定他们在这场博弈中难以实现利益表达和利益维护的目的。

利益表达最有效的方式就是通过行政组织或者社团组织进行利益表达，组织化程度越高的组织其利益表达的力度和有效性就更高。而在中国，农民群体是最大的弱势群体代表，但是，没有一个真正意义上的公共组织能够代表他们的利益并为其提供必要帮助，这必然会导致农民的政治表达和政治参与得不到有效的体现。农民群体在自身利益表达过程中遇到很多问题，表达渠道不畅通，制度化表达渠道严重受阻，因而他们不得不采取施加性的集体行为，例如，静坐、集体围堵和冲击基层政府、非法游行示威、聚众闹事等非理性甚至是违法的手段进行利益维护。

近几年来，群体事件频繁发生，从 1993 年的 8700 起发展到 2003 年的 6 万起，而农民的群体性事件一般是围绕土地征用等相关利益占有问题而引起的，有的是利益主体对政府行为的公开不满，有的是组织和煽动相关利益损害关系人对阻碍自己利益的人员加以暴力围殴，这种利益表达方式已呈现出非常态性，严重影响着我国社会的稳定，而且不加以指正方向，利益表达方式会走入歧途，造成弱势群体错误的示范作用，同时被不法分子所利用而影响到真正利益表达的实现。

4. 政府行为存在的问题

在问卷中，我们发现，农民对于基层政府、村委会以及村干部在一定程度有不信任感。在"村干部是如何产生的"问题中，有19.8%的农民选择"乡（镇）政府征求部分村民的意见，直接任命的"；在"村里日常事务是如何决定的"问题中，有35.7%的农民选择"村干部征求少部分人的意见，未经多数村民认可就决定的"；在"您的民主权益受到侵犯时，您会选择何种方式解决"的问题中，有43.7%的农民选择"私下解决"而没有选择"向村干部反映"；在"村的重大事务如何做出决定"的问题中，有37.2%的农民选择"村干部"而没有选择"村民集体""村民代表"。

农民对政府的不信任感，说明政府行为是存在问题的，缺乏执行性和回应性。在利益渠道畅通的时候，农民的意见和观点也可能真实无误地反映到政府等公共政策执行主体，但是，某些政府官员却将他们的利益诉求视为是损害领导和政府形象与破坏社会安定团结的，因此，对这些反馈的信息视而不见，或者不加调查、片面地下定论，或者歪曲事实造成信息的失真等，这些行为直接造成的结果就是许多正当的利益表达无法得到政府部门的反馈。

政府行为存在的问题在很大程度上是由于我国现阶段精英决策模式造成的，它堵塞了像农民这样的弱势群体参与政治影响决策的渠道。

5. 大众传播媒介存在的问题

大众传媒是信息传送者与信息接收者之间用以承载、运输信息的工具，一般包括书籍、报纸、广播、电视、网络等，是公共信息和社会舆论传播的载体和媒介。公共政策是一个政策信息不断输入、转换和输出的过程，政策系统运行的动力之源在于持续的信息输入和信息反馈，而大众传播媒介以其传播速度快、辐射范围广、渗透力强等特点，通过新闻报道、新闻言论等方式广泛地宣传各种观点，成为政府输入、转换和输出政策消息最有效的媒介。

在我国公共政策执行过程中，大众传媒其功能一般认为有下达、上传和横送。下达就是将中央和国家的各项政策传达给地方，使下属及基层群众了解，以便政策的贯彻执行。上传是将基层群众的声音传达到上级和中央。而横送则是指同级、同阶层间的横向传播。群众的声音代表了人民群众的意愿和要求与公共政策在实施过程中的效果反馈。正是大众传播媒介这样的下达、上传和横送，从而形成和引导了公共舆论，实现对政府公共权力的参与和监督。

在受调查地区的农村，我们走访农户人家发现，电视覆盖最为普遍，每家至少有一台电视机。在王俊哲的《大众传媒与农民政治参与——以河南省 Y 村委个案》中，我们可以发现，农民在与大众传媒的接触上，电视的使用率是最高的（见图 3－14），了解新闻的渠道与接触的内容主要还是通过电视媒介。但是，作为现代社会最突出的大众传媒工具的网络，在农村的使用就没有那么广泛，互联网对于农民来说似乎更多的是一种符号，互联网的普及还有待于发展。

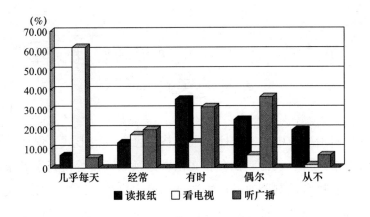

图 3 - 14　农民大众传媒使用频度

资料来源：王俊哲：《大众传媒与农民政治参与——以河南省 Y 村委个案》，工作论文。

　　大众传播媒体存在的最突出问题还是在于它们的偏好性，最直接的一点就是对于农民群体的报道是建立在利益导向基础上的，而不是基于社会正义和良知。虽然现阶段出现大量的新闻报道是关于帮农民工讨薪、维护其合法权益和关心子女健康问题等，但可以发现，很少是关于农民对于政策和政府的利益表达问题，因为这些问题都牵扯着很直接的利益关系，很多事件虽然进行过采访，但是最终都无法通过主流媒体播出，这是一个最普遍的现象。

　　另一个问题是：某些媒体在新闻报道中会在不自觉中妖魔化农民同胞的形象，在整个社会中营造贫穷、没有教养、素质低下、可怜、没有文化、低人一等的形象符号。例如，在近期微博上传的一张照片中，在上海的地铁里，几位农民工宁愿坐在地上也不愿坐在空座位上，因为他们都觉得自己比较脏，弄脏座位怕别人责怪。这就是一种不平等，这种社会环境下造成的自卑，很大程度上是与大众主流传播媒体造成的，而恰恰正是这种自卑导致他们不敢表达、不愿表达，自我认知度降低严重阻碍了农民的利益表达。

第二节 农民民主决策与管理保障
政策的实践与绩效

村民自治这一中国特色社会主义基层民主政治形式，保障了广大农民在基层经济、政治、社会和文化事务领域直接行使当家做主的民主权利，村民自治制度通过民主选举、民主决策、民主管理和民主监督制度建设，改变了过去农村政社合一、单一行政命令式的传统治理方式，建立了一种依法自治和直接民主的农村新型管理方式。随着乡村治理的不断发展，实践经验告诉我们：仅仅依靠村委会民主选举并不能真正保障农民的民主权益，我们所需要的是保障农民完整的自治权。换言之，我们不仅要保障农民充分的选举权，也要保障农民充分的民主决策、民主管理、民主监督权利。只有对村委会的决策、管理等行为进行制约与监督，让农民在村级公共事务中积极发挥主动性，才能保障村级公共权力机构——村委会的行为不会背离村民的意志，减少对村民选举的非法干预，减少不对选民负责的胡作非为，使之真正能保障农民的民主权益。在 2004 年下发的《中共中央办公厅、国务院办公厅关于健全和完善村务公开和民主管理制度的意见》中，提出"进一步健全村务公开制度，保障农民的知情权；进一步规范民主决策机制，保障农民群众的决策权；进一步完善民主管理制度，保障农民群众的参与权；进一步强化村务管理的监督制约机制，保障农民群众的监督权"①。这进一步强调了保障农民民主决策、民主管理权利的重要性。然而，在十多年的实践过程中，农民民主决策、民主管理的绩效如何？从既有的研究成果来看，对民主选举的研究成果颇丰，对民主决策与管理的社会经济效益研究较少。本章试着梳理农民民主决策与管理的实践形式及绩效、对农民参与民主决策与管理的幅度与

① 全国村务公开协调小组办公室：《健全和完善村务公开和民主管理制度学习读本》，中国青年出版社 2004 年版，第 2—8 页。

深度来探究村民自治对解决农村社会实际问题的作用及在我国农村的适应概况。

一 农民民主决策与管理的实践形式及绩效分析

党中央和国务院在《关于健全和完善村务公开和民主管理制度的意见》中指出，村级民主决策的基本组织形式是村民会议和村民代表会议。该意见规定：召开村民会议，应当由本村18周岁以上村民的过半数参加，或者有本村2/3以上的户的代表参加，所作决定应当经到会人员的过半数通过。涉及村民利益的事项，原则上要遵循以下决策程序：由村党组织、村民委员会、村集体经济组织、1/10以上村民联名或1/5以上村民代表联名提出议案；由村党组织统一受理议案，并召集村党组织和村民委员会联席会议，研究提出具体意见或建议；由村民委员会召集村民会议或村民代表会议讨论决定；由村党组织、村民委员会组织实施村民民主决策事项。对提交村民会议或村民代表会议讨论决定的事项，会前要向村民或村民代表公告，广泛征求意见；会后要及时公布表决结果；对决定事项的实施情况要及时公布，自觉接受群众监督。涉及村民利益的重大事项，必须按照决策程序，提请村民会议或村民代表会议讨论决定。

对农民民主决策与管理的程序规定从制度上保障了农民的自治权。从乡村社会政治发展的角度来看，农民自治权的确立的确改变了乡村的社会关系，在一定程度上推动了乡村社会政治的发展。从民主决策角度来看，以村民代表会议为核心的各项村务民主决策机制，不仅增强了村务决策的民主性和科学性，而且减少了决策的失误率，使村庄决策更有利于农民的切身利益。农民因具有在村庄共同体内的主人翁地位，他们就会从关心本村发展的角度关心村庄的事务，也会有利于促进村庄的经济发展，提高村民自身的生活收入水平。因为民主选举时，村干部的产生方式发生了重大改变，相应改变的还有民主决策的形式，不再是过去的"一言堂"、小圈子拍板，而是由行政命令式向服务型、共同商议型转变，使村级公共事务真正能落实，满足村民的需求。当前，农民民主决策与管理的实践形式分为精英主导型民主决策、代议制民主决策和协商型民主决策。其中，精英主导型民主决策因不符合农民全体的共同利益，在实践中很难获得认同。

例如，湖北随州曾都区南郊办事处瓜园村村干部为了发展经济，在没有经过民主决策后的几年之内，上了三个大项目：一是引进市区一家电瓷厂，耗资 70 多万元；二是兴办油毡厂；三是斥资 300 万元兴建占地 20 亩，集饮食、休闲和娱乐于一体的娱乐城。最后导致所有项目均以失败而告终，给村集体造成 500 多万元的损失，甚至无法支付"农村合作基金"，只好向村民借钱。村民对此意见很大，认为村干部遇事不同村民商量，乱花老百姓的钱，是"一群败家子"，干群关系严重恶化①。这种精英主导型的决策方式极大地损害了农民的利益及对村干部的信任。实践证明，只有获得村民认可的决策，才能被采纳并付诸实施，否则将造成极大的资源浪费。

相比较而言，协商型民主决策形式因符合广大农民的共同利益而得到了村民的一致同意和好评。广西壮族自治区天竽县把荷乡吉兰村，1999 年第二届村委会换届时当选的村委会班子上任后，响应村民想提高收入，共同致富的强烈需求，在搞好粮食生产的同时，大搞农业综合开发，发动群众种植朝天椒、生姜等。到当年 11 月底，全村人均收入为 1435 元，比上年同期增长 312 元②。在一些村集体经济发达的地方，村民收入的增长速度和幅度更为明显。这种民主决策与管理制度的实践方式与良好结果也带动了群众共同参与，群策群力，集思广益，既发挥了全体村民的智慧，又增强了决策的科学性，从而推动了农村社会经济的发展。

如湖南临澧县新安镇龙凤村村委会原计划兴办一个化工厂，在征求村民意见时，遇到反对意见，村民强烈要求办化工厂不符合村里的实际情况，应利用本地资源兴办水泥厂。在得到村民的反馈后，村委会经过考察论证，村民意见得到采纳并通过。在筹建水泥厂的过程中，由于村民的配合，村民代表发动村民集资 152 万元，办起了一家

---

① 李强彬：《协商民主：民主决策的逻辑及其实现》，《浙江学刊》2013 年第 3 期。
② 《1999 年度农村基层民主政治建设资料汇编》，乡镇论坛杂志社 2000 年版，第 542 页。

年产 4.4 万吨的水泥厂，当年投产，当年受益①。

代议制民主决策形式也是协商型民主决策形式的有益补充，村民将决策权交给村代表，然后由村代表递交村民代表会议共同商讨，也极大地弥补了精英决策民主形式的弊端。村务决策权从核心精英手中转移到党员会议和村民代表会议，这是一个自然选择的结果。既然小范围的精英决策不能"做好主"，既然还没有实行直接民主决策，那么，唯一的选择就是扩大代理人规模，继续实行委托—代理决策制②。这三种民主决策形式随着改革的进一步深入，将得到持续的发展与完善。农民在积极发挥创造力的同时也在不断地完善民主决策的方式与内容。

二　农民在村级公共事务上参与程度的实证分析

农民在村级公共事务上的参与，不仅包括选举，民主参与的逻辑内涵还应包括选举之后对公共事务治理和公共权威监督的参与。农民政治参与程度是衡量农村基层民主发展的重要指标。农民政治参与强调对村内公共事项和公共利益维护的参与，通过探讨和协商解决公共问题。同时，农民参与基层自治的态度和积极性也直接决定着基层民主自治的成效，关系到我国基层民主自治能不能有效地建立起来并制度化，真正发挥民主制度的优越性。然而，目前的状况却是：大部分村民对基层自治持冷漠和淡然态度，不积极参与民主选举、民主管理、民主决策和民主监督（以下简称"四个民主"）的具体实施，使得村民自治的"四个民主"名存实亡，这极大地压缩了基层民主政治发展的空间。为了更好地了解农民参与村务治理的具体情况，笔者随导师组于 2009—2011 年对湖北省宜昌市、河南平顶山市、浙江省温州市龙湾区就农民民主权益保障问题进行了问卷调查。这次问卷调查，共发出问卷 1058 份，收回有效问卷 986 份。在"您认为村民参与村务治理的情况如何"中，44.3% 的村民认为，参与日常村务管理热情高；同时也有 31.3% 的村民认为，只关心与自己利益相关的事

---

① 白钢、赵寿星：《选举与治理》，中国社会科学出版社 2001 年版，第 236—237 页。
② 李强彬：《协商民主：民主决策的逻辑及其实现》，《浙江学刊》2013 年第 3 期。

情。由此可见，有将近一半的村民对参与村务治理有很高的热情，这也为提高村民参与村务治理的比例提供了数据支持。这同时也表明，村民参与民主治理的积极性有待于进一步提高，还要积极培育相关配套制度。在"您认为村的重大事务如何做出决定时"，有32.5%的村民认为，应该由村集体来共同决定；有22.9%的村民认为，可以由村干部来决定；有35.7%的村民认为，可以由村民代表决定。数据表明：村民代表会议是村民最认可的民主决策方式，村民愿意通过参与村民代表会议来对村级事务做出表决，这项制度的完善有助于增强村民的权利意识，增强村民参与村务治理的积极性。

调查结果表明，目前村民参与村级公共事务治理的主要途径是村民代表会议，而在"村民代表会议的举行情况"中，有59.9%的村民表示每年都举行，有32.8%的村民表示两三年举行一次，还有5.8%的村民表示从来没有举行过。这说明村民参与村级公共事务的渠道有限、频率较低，还有进一步提升空间。

为了更好地了解村民参与村级公共事务治理的情况，我们选举"村干部的产生方式""村集体日常事务是如何产生""村民参与村务治理"为因变量、自变量和中介变量，采用温宗麟等（2004）提出的中介效应检验程序，检验村干部的产生方式（M）在村集体日常事务是如何产生（X）和村民参与村务治理（Y）的情况之间的中介作用。为了简单明确起见，本书在论述中介效应的检验程序时，只考虑一个自变量、一个中介变量的情形。考虑自变量 X 对因变量 Y 的影响，如果 X 通过影响变量 M 来影响 Y，则称 M 为中介变量。假设所有变量都已经中心化（均值为零），可用下列方程来描述变量之间的关系：

$$Y = cX + e_1 \tag{3.1}$$

$$M = aX + e_2 \tag{3.2}$$

$$Y = c'X + bM + e_3 \tag{3.3}$$

假设 Y 与 X 显著相关，意味着回归系数 c 显著（H_0：$c = 0$ 的假设被拒绝），在此前提下，考虑中介变量 M。怎样确定 M 真正起到了中介变量的作用，或者说中介效应显著呢？本书采用依次检验回归系数的方法。如果下面两个条件成立，则中介效应显著：（1）自变量显著影响因变量；（2）在因果链中任一变量，当控制了它前面的变量后，显著影响它的后继变量。

将"村民参与村务治理的情况如何"作为因变量，将"村里日常事务如何决定"作为自变量，进行线性关系的分析，得到 $p < 0.001$，则说明两者显著。再将"村干部是如何产生的"作为因变量，将"村里日常事务如何决定"作为自变量，进行线性分析，得到 $p < 0.001$，说明两者非常显著。再将"村里日常事务如何决定""村干部是如何产生"同时作为自变量，对比"村民参与村务治理的情况如何"进行线性分析，同样得到 $p < 0.001$，由此拒绝原假设，中介效应显著。可以得知，从村干部的产生方式中，我们可以管窥村民在日常集体事务中是如何进行民主决策的，进而可以了解村民参与村务治理的情况。基本的逻辑是：村干部的产生方式影响村里日常事务处理方式，进而影响村务的治理效果。三者之间呈现显著的正相关关系（见表3–14至表3–16）。

表3–14 村民参与村务的效果与村日常事务决定方式的相关关系

模型		非标准相关系数		标准相关系数	t	显著性概率（双尾）
		B	标准差	β		
1	常数项	0.849	0.028		29.948	0.000
	10. 村里日常集体事务如何决定	0.705	0.018	0.476	38.685	0.000

注：a. 因变量：12. 村民参与村务治理的情况如何。

表3–15 村干部的产生方式与村日常事务处理方式的相关关系

模型		非标准相关系数		标准相关系数	t	显著性概率（双尾）
		B	标准差	β		
1	常数项	0.623	0.015		40.277	0.000
	10. 村里日常集体事务如何决定	0.428	0.010	0.516	43.064	0.000

注：a. 因变量：9. 村干部是如何产生的。

表 3 – 16　　　村民参与村务的效果与村干部产生方式的相关关系

模型		非标准相关系数		标准相关系数	t	显著性概率
		B	标准差	β		（双尾）
1	常数项	0.747	0.032		23.052	0.000
	10. 村里日常集体事务如何决定	0.635	0.021	0.429	29.964	0.000
	9. 村干部是如何产生的	0.163	0.026	0.091	6.393	0.000

注：a. 因变量：12. 村民参与村务治理的情况如何。

三　村务公开制度的有限推进

村务公开制度的确立，使民主管理和民主监督的内容更为具体和明确，这一制度与村民代表会议制度有机结合，提高了村级治理的制度化水平。村务公开就是把事关村民利益的重要事项、重大决策等向全体村民公开，让村民对村委会的行为进行监督，从而在一定程度上有效地化解了农村社会的各种矛盾。通过村务公开，将一些影响干群关系的一些热点问题公之于众，增加了基层村务管理的透明度，加强了村民对农村公共事务的监督。1994 年 12 月 8 日，民政部发布《全国农村村民自治示范活动指导纲要（试行）》，把"建立村务公开制度和村民监督机制，实行民主监督"作为村级治理的目标和任务提出来，村务公开制度正式在全国农村普遍推行。但村务公开制度毕竟还处于实践探索阶段，其公开的幅度与深度还有待于进一步加强。由于经济社会的发展，农民收入的增加已成为村干部的工作重心，因为只有帮助农民致富，农民得到实实在在的利益，才会支持村干部的工作。在目前的村务公开内容之中，村级财务公开无疑是最敏感的区域，也是当前农民最为关心的问题。但是，由于村级财务管理缺乏透明度，村民对村级公共收入、公共预算和公共开支缺乏经常的、有效的和制度化的参与渠道，导致村民的制约和监督不够，从而很难保证乡村公共开支的合理性和科学性，造成财务管理混乱、干部与群众关系紧张。本书资料来源于对湖北、河南、山东及广西等省区村民自治改革的调查，同时参考有关部门的相关调查。其中包括 2009—2011

年对湖北省宜昌市、河南平顶山市、浙江省温州市龙湾区就农民民主权益保障问题进行的问卷调查。这次问卷调查，共发出问卷1058份，收回有效问卷986份。在"您认为村务公开的最大功效是什么"中，有将近32.8%的村民认为，提高了村民的民主意识；有将近30.6%的村民认为，改善了干群关系；有将近28.9%的村民认为，推进了村民自治的发展。在对相关问题的回答"您认为完善村务公开制度是否必要时"，有将近93.2%的村民认为有必要。

由此可以认为，村务公开制度在村民心中的认可度非常高，这一制度在公民中的知晓度也比较高，这一制度的实施有利于农民民主权益保障的知情权，同时有利于推进村民自治的发展。在对问题"您认为当前村务公开存在的最主要问题时"的回答上，有将近42.7%的村民认为是"重形式轻实效"；有将近17.8%的村民认为是村务公开制度缺乏配套制度保障；有将近15.5%的村民认为村干部缺乏民主管理动力。由此得知，目前的村务公开制度存在较大问题，需要改进与完善。在对问题"您认为村务公开最应该公开哪些内容时？"的回答上，有将近48.2%的村民认为应该公开村委财务支出明细，有将近19%的村民认为公开土地使用情况。

这表明财务支出公开的程度与土地利用情况是村民所关注的重要方面。综观以上统计结果表明：现有的村务公开制度存在诸多问题。在对以上各省村级村务公开的专项调查中，村民普遍反映"当前村级组织财政负债较重，经费紧张，运转困难，对管理村级公共事务方面显得心有余而力不足"。从调查来看，当前乡村财政困难及矛盾不仅在于村级财政来源少，也在于财务管理混乱。财务管理缺乏透明度，村民缺少有效的、制度化的参与渠道导致对村级财务的监督力度不够，这些都为村务公开制度的有效推进提出了难题。如何有效地破解这一难题，还需要着力进行村民自治、村务公开及民主管理的实践创新，促进村务公开和乡村民主的发展。

四 农民自由结社的政策及社会文化环境探析

民主制度需要有健全的社会文化环境为基础，而不仅仅需要完备的制度设计，再好的制度也要有适应其生长的土壤。民主选举的过程不仅要有正确的规则与程序，还需要有与之相应的公民文化及政治社会文化环境。我国是一个有着悠久封建历史文化的国家，按照我国传统的史学研究认为：从战国时期（公元前 475 年）到 1912 年辛亥革命推翻清王朝成立中华民国止，我国的封建历史长达将近 2400 年。民主对于一个有着两千多年封建历史的传统社会而言，农民能够适应其中的艰难性与复杂性可想而知。但广大农民以"摸着石头过河"的探索精神，努力在寻找一种适应我国国情的民主之路并开了先河，为我国的政治体制改革迈出了重要的一步。政治参与是民主政治的重要内容和显著标志，农民的政治参与情况影响着我国民主政治的发展，是衡量基层民主发展状况的尺度。虽然我国农民可以通过村委会的选举与自治参与村务的自我管理，但村委会毕竟不是正式的政府，其所能够参与的公共资源分配层次很低，数量和质量也有限，而重大的公共资源分配是在各级政府实现的，农民能够获得的利益有限，所以，农民通过这种制度性参与政治所得到的利益是有局限的。另外，在选举权利方面，乡镇与县的人大代表是由人民直接选举产生的，但是，目前此种选举仍然受到既有体制因素的限制，还没有形成一种能反映社会多元利益格局的政治代表机制。新制度经济学派认为，政治是一个类似于市场复杂的交易活动。"政治活动的主体与经济活动中的主体一样，都可看作一个理性的经济人，都在追求个人利益最大化。"农民认为，即使自己付出时间和经济成本也不会得到自己想要的回报，政治参与并不一定能保障自己的相关权益，所以普遍的表现为政治冷漠，这也是民主参与政策执行阻滞的一个重要原因。制度是一种资源，对这种资源的有效利用在很大程度上取决于对它的认识程度。农民由于文化素质普遍较低，对制度体系内相关政治参与的法律、法规和参与程序缺乏足够的了解，对自己的权利缺乏明确的认识，所以，不能进行正确的政治选择和价值判断。加之长期以来，对农民的宣传一直是义务方面多于权利方面，这就造成农民制度内政治参与的局限，他们很难意识到并有效地通过制度化的渠道实现其利益要求。这也是农民非制度政治参与行为的重要原因。农民作为弱势群体，由于缺乏组织的有效保护，使农民在与其他利益群体博弈时常常处于不利地位。经验表明，农民的组织化程度越高，自身发展的能力就越强，化解矛盾的能力也越强，农民就越能在弱势地位的改变中获得更多的权益。因此，要通过大力发展农村社区性合作经济组织、专业性合作经济组织、股份合作制经济组织，将农民有效地组织起来，建立互助、互济机制，改变农民在经济社会中的弱势地位，切实有效地维护农民自身权益。

改革开放后，我国农村的民间组织得到了迅速发展，山西永济市综合农协就在此方面走在了前列。自 1998 年设立，历经 15 年发展的山西运城地区永济市的蒲韩乡村社区农民合作组织，至今已经发展成为一个不输于日本、韩国、中国台湾本土的综合农协。缘起于 1998年在蒲州镇寨子村建立的"科技服务中心"，2000 年又建立了"妇女文化活动中心"，在当地党政主要负责人的大力支持下，2004 年，经民政部门登记注册为社团，正式设立了"永济市蒲州镇农民协会"。2007 年更名为"果品协会"。由于业务范围超越蒲州，跨蒲州和韩阳两个乡镇，所以，自取了"蒲韩乡村社区"的名字。农民口头禅还是称其为"协会"[1]。协会横跨蒲州、韩阳两个乡镇共 24 个行政村和 19个自然村，会员 4000 多户，服务的农民群众超过 2.5 万人，占两乡镇总人口的一半。协会以农民土地入股方式推动土地流转，形成有机农作物机械化规模生产，并通过产后与各类公司进行规模化销售合作实现了以较低成本与城市进行交换，使协会会员连续三年实现户均收入增长 20%，协会已经成为当地小农户共同致富、共享公共利益，维系社区基本社会秩序的组织者、分配者和管理者，越来越多类似"专业协会"的组织正对农村经济政治文化生活发挥着重要的影响。

第三节　农民民主权益保障政策中民主监督制度执行阻滞的实证分析

民主选举制度、民主管理制度、民主决策制度和民主监督制度作

---

[1]　杨团：《综合农协纵横谈（四）他们成功组织起来了，山西永济蒲韩乡村社区的综合农协实践》，《南方周末》2013 年 3 月 29 日。

为《村民委员会组织法》的四大板块。自 1978 年村民自治制度建设以来，以上四大制度得到了不断发展和完善，尤其是民主选举制度，从民主选举的形式、程序、监督等方面都做到了不断的改革与创新，并且得到民众的不断认可；民主管理逐步实现公开化、信息化；民主决策也在不断提高民主程度；民主监督程序也在不断完善。但是，相比前三大制度而言，民主监督制度在成文条例、执行过程及监督反馈中存在诸多问题。作为村民自治的民主监督制度也是我国基层政治制度的重要组成部分，民主监督是一种重要的政治权力，政治监督机构是政治机构的重要组成部分，政治监督活动也是政治活动的重要内容之一，因此，监督是民主的重要内涵，完善监督制度，充分发挥监督职能和作用也是发展现代民主政治的必然要求之一。在村民自治过程中，迫切需要实现民主监督科学化、规范化和程序化。随着现代化进程的推进，我国民主管理、民主决策也正全面铺展开来，而民主监督制度作为村民自治制度的重要组成部分，且具有制约保障功能的制度，在村民自治中却受到不同程度的忽视，这里面有制度层面的问题、有法规层面的问题、有体制层面的问题、有文化层面的问题，等等，这些问题都不是一蹴而就可以得到完全解决的，而本书主要以制度执行过程为视角，采用治理理论分析民主监督制度在执行中的问题，相信对农民权益保障政策研究有所贡献。

一 民主监督制度的相关概念和理论基础

(一) 民主监督

监督，在《辞海》中的解释为督察军事。《后汉书·荀彧传》："古之遣将，上设监督之重，下建副二之任。"监督是为督察军事而设的官职，以保证军令通畅，后来泛指"组织或个人为了达到一定的目标，实现个人的或公共的利益，对被监督者的权力行为所实施的监察、督促、评价、督导、控制等法律行为"①。

监督最早被用于社会生产中的记事或契约活动中，后被引用到公共治理中来。中华人民共和国成立以来，我国国家体制为建设人民民

---

① 高安举：《村民监督制度的完善》，博士学位论文，山东大学，2008 年。

主专政的社会主义国家，民主监督既是一种政治思想和学说，也是一种政治事件；既可以看成政治体系链条中的一个不可或缺的环节，也可以看成某个特定监督主体的政治行为；既可以是某个组织或结构的一种职能，也可以是一种制度形式。民主监督在中国现实政治生活中，被广泛用于以下几种情况：作为人民政协三项职能之一的民主监督；作为村民自治重要环节的民主监督；作为社会主义政治生活的民主监督，本书我们研究作为村民自治重要环节的民主监督。

作为村民自治重要环节的民主监督是指村民委员会由村民直接选举产生，代表全体村民行使管理公共事务、公共事业等权利的群众自治性组织，应当对村民会议负责，接受村民会议监督。卢福营认为，民主监督作为村民自治不可或缺的环节，按其本意，是村民群众依据党和国家的方针政策、法律以及村民自治章程、村规民约，按一定的程序，运用多种方式，对民主选举、民主决策、民主管理活动进行检查、审核、监察和督促的活动。民主监督是村民作为村民自治的主体拥有对行使村级公共权力的"代理者"村级权力组织在进行民主选举、民主决策、民主管理过程中的一切活动进行的检查、审核、监察和督促的行为过程。

（二）民主监督制度

诺斯认为，"制度是个社会的游戏规则，更规范地讲，它们是为人们的相互关系而人为设定的一些制约"。作为村民自治制度的一个重要组成部分，民主监督制度是指将村民在村民自治过程中，通过法定程序，对民主选举、民主决策、民主管理活动进行检查、审查、监督和督促的基层民主法律制度。民主监督制度通过对监督主体、监督对象、监督行为、监督内容和监督方式做出明确规范，是保证监督程序法制化，防止村委会行使权力腐败化的有效机制。

二　我国农村民主监督的指导思想与制度演进

（一）我国民主监督理论的指导思想

1. 马克思、恩格斯、列宁关于民主监督思想的理论

马克思、恩格斯在批判和汲取前人的思想成果，从巴黎公社政权创建，实现人民当家做主的成功经验中，总结出关于民主监督的重要

理论。他们认为，要想实现人民当家做主，防止政权腐败的根本保证之一就是实现人民民主监督的权利。其主要思想包括以下几个方面：

（1）普选公社委员，使人民掌握真正的监督权。巴黎公社成立后，铲除了国家机器，建立议行合一的国家机关，加强对国家机关工作的勤务员进行监督，以真正的责任制代替虚伪的责任制，体现了人民当家做主的原则。

（2）人民掌握监督罢免权。恩格斯指出："监督罢免权是一项独立的权力，首先，由人民选举出国家行政、司法和国民教育方面等机关的工作人员，为人民服务，同时人民拥有罢免这些人的权利。其次，被选举出的公务员不享有特殊津贴，和其他工人享有同等工资待遇。"①

（3）多种形式的公民监督更有利于政权巩固。在巴黎公社成立后，建立了一些组织，便于实行群众监督，并定期召开选民大会，及时公开政务，加强对公社活动监督。还加强舆论监督，通过报刊等各种舆论工具进行监督。马克思高度赞扬这种做法，他说："公社并不像一些旧政府那样，自以为永远不会犯错误。公社公布自己言论和行动，它把自己的一切缺点都告诉民众就是为得到群众监督，及时修正错误。"②

马克思、恩格斯在总结巴黎公社经验时指出："巴黎公社建立的人民直接选举制度、监督罢免制度、公社委员薪金制度等都体现了民主监督思想。"③ 正如马克思所指出的，它已经"表明通过人民自己实现的人民管理的发展方向"④，它的一些基本原则和具体措施至今仍闪耀着历史光辉，对于我们在村民自治过程中的民主监督都有着重要的指导意义。

列宁的监督理论，在继承和发扬马克思、恩格斯监督理论的基础上，带有更多制度化、可操作性的探索色彩，探索出一条苏维埃式的民主监督之路。

第一，深化民主监督理论。列宁在十月革命胜利前夕认为，"苏

---

① 《马克思恩格斯文选》第三卷，人民出版社1995年版，第196页。
② 刘伟：《论列宁的民主监督思想》，博士学位论文，中共中央党校，1997年。
③ 《马克思恩格斯文选》第三卷，人民出版社1995年版，第197页。
④ 《马克思恩格斯文选》第三卷，第197页。

维埃政权和巴黎公社是一样的政权性质，是属于大多数人的政权"①，要保证苏维埃政权的共产主义特性，无疑要让工农群众直接参与国家管理中。列宁提出了一种典型的直接民主模式，但是，随着苏维埃政权实践的展开，列宁逐渐认识到，在俄国实现直接民主还不具备一定的主客观条件。正如他自己所说那样，"不是每一个粗工和厨娘都能参与国家的管理"②，必须选举出无产阶级中的先进代表来代表无产阶级进行管理，加强人民群众对管理者的监督。由此开始了国家民主管理制度的建立，列宁认为，民主监督是民主政治中不可或缺的一环，要维持社会主义社会的正常运转，就必须加强民主监督制度的建设，以此保证民主监督的良性运转。因此，列宁一再强调，建立多层级的民主监督机制，既要加强党内监督，更要加强党外监督、人民监督，克服官僚主义，建设廉洁政府。

第二，建立健全社会主义民主监督制度。列宁建设的社会主义民主监督制度已经具备相当完善的体系，既有上下监督，又有平行监督；既有群众监督，又有专门机构监督；既有俄共党内监督，又有党外监督的全方位监督。在党内监督方面，建立监察委员会和同级党委会，加强对政治局决策监督，列宁特别强调对高级干部的监督，防止集权力于一身，出现专政。同时，改组工农检察院，建立行政监察机关。注重对监督机构干部专业业务知识的培训，提高监察水平，还强调保障监察干部的职业稳定、薪资丰厚、经费充足，使其无后顾之忧，保证监察的公正性。最后，还要求加强司法监督，建设检察机关。列宁主张法律面前人人平等，建立监督法制，保证监察机关在实行法律监督时具有法律权威作保障，同时使监察权与行政权、审判权相分离，更具有独立性。

第三，加强舆论监督。列宁认为，报刊是一种很好的舆论监督媒介，它应该用来揭露经济生活中的各种毛病，让群众了解国家发展中存在的问题，扩大群众参与面，积极参与国家重大问题的决策，从而

---

① 《列宁选集》第三卷，人民出版社 1995 年版，第 19 页。
② 《列宁全集》第 32 卷，人民出版社 1995 年版，第 306 页。

使相关部门的决策更加民主化。列宁还认为，应该为报刊创造必要的物质条件，报刊应该是多层级的，既包括党内报刊，也应该是某些团体的公民报刊，他要求，报刊切记报喜不报忧。为了增加报刊的效能，列宁不仅直接过问报刊披露事件的真实性，还要求相关部门及时处理问题并公开政务。列宁认为，"公开报道这方面的情况，本身就是一个重大改革，它能够吸引广大人民群众主动地参加、解决这些与他们最有切身关系的问题"①。

2. 以上理论对我国农村民主监督的指导意义

（1）我国村民自治形式为农村直接民主监督创造了条件。邓小平曾指出："把权力下放给基层和人民，在农村就是下放给农民，这就是最大的民主。"② 我国农村实行的村民自治形式与巴黎公社政权形式存在很大的相似性，巴黎公社成立之后，由人民"直接普选公社委员"，同时，"人民掌握监督罢免权"，并"建立多种形式的监督组织"，实现群众监督，通过召开选民大会、及时公开政务等方式，加强群众对政权的直接监督。我国村民自治模式与其不谋而合，村民自治是我国在农村推行的一项基本村级政治制度，村民通过民主选举，产生村委会，对村内事务实行民主决策、民主管理，村民通过建立监督组织，监督村委会行为，当村委出现违背村民利益的行为时，村民集体拥有直接罢免权，以此实现村庄的良性运转。因此，在我国农村，村民自治为村民进行民主监督创造了环境，使直接民主有了实现的可能。

（2）我国农村民主监督制度的不断完善为农村民主监督提供了法律、制度保障。列宁、邓小平关于民主监督思想，都强调了建立健全民主监督制度的重要性和必要性。我国农村民主监督制度建设经历了一段漫长的发展过程，在马克思列宁主义、毛泽东思想、邓小平理论指导下，我党历届领导人都十分注重农村民主监督方面的制度建设。江泽民在十五大报告中指出："城乡基层政权机关和基层群众性自治组织，都要健全民主选举制度，实行政务和财务公开，让群众参与讨论和决定基层公共事

① 《列宁全集》第 34 卷，人民出版社 1995 年版，第 6 页。
② 《邓小平文选》第三卷，人民出版社 1993 年版，第 32 页。

务和公益事业，对干部实行民主监督。"① 在党的十七大报告中，胡锦涛指出："完善制约和监督机制，保证人民赋予的权力始终用来为人民谋利益、确保权力正确行使，必须让权力在阳光下运行。要坚持用制度管权、管事、管人，建立健全决策权、执行权、监督权既相互制约又相互协调的权力结构和运行机制。"② 我党关于基层民主监督思想一脉相承，也为民主监督制度的不断完善提供了理论依据，促进民主监督制度的不断演进。

（二）我国民主监督制度演进

1. 新中国成立初期的我国民主监督状况

新中国成立初期，我国农村民主监督主要以人民公社组织为主要探索形式，在人民公社管理中，结合实践颁布了《农村人民公社工作条例》《人民公社管理六十条》和《关于民主办社几个事项的通知》，在这些条例清晰地规定了公社成员有权利和义务参与公社管理，希望广大农民积极参与对公社的监督，包括监督公社定期财务收支出状况，并实行民主评议，遇到重大事宜决策时，应该让公社成员参与讨论，实行民主决策，防止独断专权。这种基层民主形式是我国民主监督制度探索的初期阶段，虽然没有完备的制度体系、规范的执行程序规定，但在一定程度上起到了缓和管理者与被管理者之间的矛盾，调整了群众与干部之间的关系，对我国民主制度的形成起到了良好的开端作用。

2. "文化大革命"时期的民主监督状况

"文化大革命"时期的民主监督作用被无限地放大，表现以"大鸣、大放、大字报、大辩论"为特征的"大民主"，这一时期，没有使民主监督合法化、规范化、制度化，而是片面地领会民主监督精神，这使民主监督环节在整个国家民主治理中未能发挥保障作用，反而扰乱了社会秩序，但是，为我国改革开放后的民主监督制度的形成

---

① 江泽民：《高举邓小平理论伟大旗帜　把建设有中国特色社会主义事业全面推向二十一世纪——江泽民在中国共产党第十五次全国代表大会上的报告》，人民出版社1997年版，第27页。

② 胡锦涛：《高举中国特色社会主义伟大旗帜　为夺取全面建设小康社会新胜利而奋斗——在中国共产党第十七次全国代表大会上的报告》，人民出版社2007年版，第34页。

留下了宝贵经验和教训。

  3. 改革开放至今我国民主监督制度的改革与创新

  民主监督制度的确立是伴随着村民自治制度的确立而得到不断完善与创新的。经济基础决定上层建筑，家庭联产承包责任制的创立为村民自治制度的确立打下了经济基础。1980 年，广西壮族自治区屏宜州市南乡合寨村产生了我国第一个由村民选举产生的村委会，实行自我管理。这一事件引起了强烈的轰动，广西壮族自治区其他农村也开始选举村委会，实行自我管理，这正是我国村民自治走向制度化、组织化的开端。

  1982—1987 年，是我国村民自治制度得以推广的重要阶段。第一个村委会的建立引起了国家的高度重视，国家相关部门通过调查组的实地调查，肯定了这一做法。1982 年，把村民自治制度作为一项政治制度正式纳入我国宪法体系并将"村民委员会"这一组织形式写进了我国宪法条文，正式确立了村民委员会是群众性自治组织的法律地位。1987 年颁布的《村民委员会组织法》是我国有史以来第一部关于保障村民民主权利、在农村实行村民自治的专门法律，这一法律的颁布试行，标志着村民自治步入法制化建设阶段。

  随着村民自治不断制度化、法制化，村民自治内容也不断被细化。在 1992 年民政部与司法部等部委召开的"章丘会议"上，总结了"依法建制，以制治村，民主管理"的经验，丰富了村民自治的内容，将村民自治活动概括为四个民主："民主选举、民主决策、民主管理和民主监督"。1994 年 12 月，民政部发布了《全国农村村民自治示范活动指导纲要（试行）》，将村务公开在法律上进行了规定，要求"建立村务公开制度和村民监督机制，实行民主监督"。1998 年 11 月 4 日，全国人大常委会对《村民委员会组织法》进行了修订，通过了《村民委员会组织法》，并对四个民主做出了具体规定，特别补充了村务公开制度等具体的民主监督制度。2004 年 7 月 11 日，中共中央办公厅、国务院办公厅又下发了《关于健全和完善村务公开和民主管理制度的意见》。

  近期，民政部和国务院法制办在总结《村民委员会组织法》实施经验和不足的基础上，并就征求意见稿广泛地征求了全国人大常委会法工委、中央组织部、中办法规室、国务院法制办以及中央国家机关有关涉农部门的意见，特别是深入听取了县、乡、村基层干部群众的意见，并根据所提意见，对征求意见稿进行了修改，形成了《村民委员会组织法（修订草案）》。修订草案于 2009 年 12 月 22 日提请全国人大常委会审议，并在网上公布，向社会公开征集意见。修订草案在总结地方立法经验的基础上，以民主选举、民主决策、民主管理和民主监督为顺序，共分为六章，这就使村民自治各个环节的制度设计一目了然。修订后的《村民委员会组织法》已由十一届全国人大常委会第十七次会议于 2010 年 10 月 28 日通过，并颁布实施。

依据近年来各地在村级民主管理和民主监督方面的成功经验，修订草案从增加村务监督机构、完善民主评议内容、增加村务档案制度、完善村委会成员任期和离任审计制度四个方面完善了民主监督制度。在党的领导下，农村民主监督正在朝更深和更广的方向发展。

三　我国农村民主监督的制度安排和执行体系

（一）民主监督制度安排

新制度主义认为，制度的重要性在于其任命政治行动主体并使其合法化，为他们提供一致的行为准则、实际观念、评估标准、情感关系以及为目标而行动的能力。2010 年 10 月 28 日，十一届全国人大常委会第十七次会议修订通过的最新《村民委员会组织法》作为民主监督制度的实施依据，其总则明确提出，制定此法的目的是："为了保障农村村民实行自治，由村民依法办理自己的事情，发展农村基层民主，维护村民的合法权益，促进社会主义新农村建设，根据宪法，制定此法。"《村民委员会组织法》规定，村级民主监督制度主要是以村务公开制度、民主评议制度、村委会离任审计制度、建立村务档案为核心内容，建立村级监督委员会或者其他形式的监督组织为依托，作为村民自治内容的重要组成部分，共同管理村级事务的制度。各省根据规定结合本省具体情况制定本省《村民委员会组织法》，从目前各省份政务公报信息中统计（见表 3 - 17）看，有江西、陕西、河南、河北、内蒙古等省份通过人大常委会重新修订并颁布最新修订的《村民委员会组织法》和实施日期，其他省份仍是根据 1998 年颁布的

《村民委员会组织法》制订各省份的实施办法①。

表 3 - 17　　　　　　部分省份召开人大常委会最新修订的
《村民委员会组织法》以及实施日期

省份	日期	会议	实施日期
江西	2011 年 9 月 29 日	江西省十一届人大常委会第二十七次会议通过	2011 年 9 月 29 日
陕西	2011 年 5 月 20 日	陕西省十一届人大常委会第二十三次会议修订	2011 年 5 月 20 日
河南	2011 年 7 月 29 日	河南省十一届人大常委会第二十二次会议通过	2011 年 9 月 1 日
河北	2011 年 9 月 29 日	河北省十一届人大常委会第二十六次会议修订	2011 年 11 月 1 日
内蒙古	2011 年 7 月 28 日	内蒙古自治区十一届人大常委会第二十三次会议第二次修订	2011 年 10 月 1 日

（二）民主监督制度执行体系

政策执行是由若干执行机构和执行人员等要素构成的一个整体系统。在整个政策执行系统中，每个组成要素即各执行机构和各执行人员之间存在相互依赖、相互制约的关系，其中每一个要素功能的发挥都有赖于和其他要素的适应配合，任何一个要素的不合理和不协调都有可能影响整个系统功能的发挥。在民主监督制度执行中，首先，需要配备制度执行过程中所需的资源包括人力、物力、组织、设备。其次，需要组织间有效的沟通，确认组织间及执行人员对政策的目标、考核标准、执行技术和程序的熟悉程度，以保证执行的上下统一性。再次，执行机构的特性也会影响制度的运行，为保证执行活动的畅

----

① 《中国国情》，中国网，http：//search1.china.com.cn。

通，除制度化的运作程序之外，主管部门可以采取规范、激励和制裁方式强化执行人员的意向。最后，政策执行过程中，容易受到社会环境的影响，这些因素与执行机关的特性及政策的执行绩效具有直接关系。例如，舆论、目标群体、经济状况等因素。

1. 民主监督制度执行的资源

（1）人力：党组织的引导。在农村，民主监督制度执行的前提是各级党委会对该项制度的重视，这样，才有利于制度的贯彻实施。首先是乡镇党委要及时有效地以文件或者会议形式将这项制度对各行政村党委做以指导说明，然后引起各个村党委的重视。乡镇党委应充当引导督察的角色，督促并检查各个行政村是否将民主监督制度规定的各项任务落到实处，并及时进行检查、反馈。对做得好的村加以鼓励，对未落实的村提出批评或其他惩罚措施，使其加以完善。

（2）物力：村集体资金保障。制度的实施需要一定的经济基础作为保障资金。"仅有执行政策的权威和主要工作人员的承诺是不够的，充足的装备、物资设备以及其他的支持设施也是必需的。"[1] 民主监督制度的实施是在村民自治过程中体现出来的，虽然监督是出于村民自身的权利，但监督工作并不是每个村民都有能力和精力胜任的，比如，成立监督小组、理财小组等机构需要具备相应专业知识的人员，对于这些人员，我们需要相应的报酬以补贴误工费，所以，要保障这项制度的运转，就需要有村集体资金加以保障。对于农村经济发展状况良好、拥有集体产业的农村，村集体资金比较富裕，可以聘请专业人员担任监督一职；对于没有集体产业的农村，需要镇政府对该村工作人员的工资作适当的补助。因此，对于民主监督制度的运行需要一定的物质做保障。

（3）组织：民主监督是农民对村委会行使农村公共权力的监督，因此，农民是监督主体，村委会及其成员成为被监督对象。村委会作为权力的代理者，村民要对其监督，必须要建立与其权力对等、具有制衡作用的监督组织。"建立必要的组织机构是政策执行的保障机制，组织是公共政策执行的主要力量和责任承担者。组织发挥力量的好坏

---

[1]　宁骚：《公共政策学》，高等教育出版社2003年版，第375页。

直接决定政策目标的实现方式。"① 因此，村民代表小组、村民监督小组、村民理财小组就成为监督村委会的组织，应独立于村委会，并不受其管制，以此保证对村委会的监督。

（4）设备：村委会提供场地。为加强村民对村委会的监督，单独一项制度或者形式上的监督组织是远远不够的，应当为监督组织成立相应的办公场地，这样，才能让这项制度有了实施的场地，村民才会有权利声张的场所，否则制度和组织将流于形式。从调研对象得知，几乎所有被调研的村都没有设立专门的办公场地，部分村挂靠在村委会，部分村完全没有设立相关监督组织。

2. 组织间的沟通与执行活动

（1）执行人员对民主监督制度的熟悉度。执行人员是执行组织的主要元素，执行人员的利益、心理、素质、知识、能力直接关系到制度执行系统的有效运行。对于国家重大制度的宣传、颁布，要求各级执行人员首先必须认真学习和深刻理解相关制度，对该制度所涉及的各方利益有所了解，同时执行人员必须要站在客观公正的立场上执行制度，防止在制度执行中出现象征性执行、附加式执行、残缺式执行、替代式执行、观望式执行、照搬式执行、规避式执行等现象，不能只为追求个人或者部门利益最大化，造成制度执行过程中出现偏差。

（2）县、乡镇政府指导民主监督制度具体实施过程。新修订的《村民委员会组织法》明确规定，"乡、民族乡、镇的人民政府对村民委员会的工作给予指导、支持和帮助，但是不得干预依法属于村民自治范围内的事项"。在民主监督制度执行过程中，乡镇政府应当做好制度的宣传工作、试验工作及推广工作，制度宣传是制度实施过程的一个重要环节。制度的执行活动是需要许多人员共同协商完成的，因此，一项制度的执行是通过主体与客体之间复杂的互动过程来完成的。所以，加大对民主监督效力的宣传，使村民了解这项制度的意义、目标、方式、步骤等，积极加入到民主监督的行列中，促进民主监督制度的更好实施。首先，应选取试点。在经济发展较好、民主化

---

① 宁骚：《公共政策学》，高等教育出版社 2003 年版，第 375 页。

程度高的地区，全面投入民主监督制度的实施，获取经验。其次，再进一步在整个地区全面开展。最后，在整个执行过程中，上级部门及村民、村监督组织，应加强对制度执行过程的监测，对于突发状况，及时调整方案，根据地方具体情况对制度进行调整，使整个制度执行起来具有层次性和相继性，更便于操作实施。

（3）考核标准的完备度。制度实施好坏、成果如何，需要一整套考核标准对其进行考核衡量，不仅可以起到督促作用，还具备激励的功能。目前，乡镇政府对村级民主监督工作的考量只是根据每年呈交的年度工作报告，来评判该村的管理工作。还未形成一套考量体系对其进行监督。

（4）执行技术与程序的可操作性。在制度执行过程中，执行的技术和程序是否具有可操作性，直接影响制度执行力。对于目前民主监督制度的执行来看，成立监督组织、进行民主评议、对村干部的任期和离任经济责任审计，建立村务档案等都是具备可操作性的。

3. 执行机构

（1）村党委对民主监督工作的引导。村党委作为民主监督制度最直接的执行者，掌握着执行这项制度的资源、手段和方法。因此，党委成员对该项制度的有力引导是这项制度全力实施的重要保证。

（2）村委会委员对于民主监督工作的推进。在村党委的正确引导下，村委会委员应该全力促进该项工作的推进，组织召开村民大会，选举产生监督委员会成员，每年按期举行民主评议，和上级部门协调沟通，保证对村干部工作的审计，以及为监督委员会提供村务档案保证入库。

4. 社会、经济及政治环境

（1）经济发展促使村民参与民主监督维护自身利益。农民问题一直是国家的头等大问题，连续五年颁发的国务院一号令都是关于农民农业问题。近些年来，随着经济的发展，农民经济生活水平不断提高，农民的素质也得到不断提升，但是，在土地流转、土地征用、公共产品供给过程中，由于村委会操作程序的不当，使农民的土地权益、公共物品权益不断遭受侵害，使农民对自身民主权益的关注更加迫切。历代领导人都强调要加强基层民主建设，为农民民主权益保障提供了更好的政治环境。

（2）媒体的迅速传播促使村民监督的主体意识提高。制度的执行也可被看作信息的流转过程，不仅包括组织内部的传播与供给，也包括组织内部和外部信息的交换与加工。媒体作为组织外部信息的直接传递者，以各种形式向大众宣传民主监督的重要作用，为民主制度的执行营造一个良好的舆论环境，有利于制度的实施。

四 目前农村民主监督制度执行中存在问题的实证分析

本部分研究目前我国农村民主监督制度执行中的问题，主要包括两个部分：一是公民对农村民主监督制度执行现状的认知分析以及村民参与民主监督程度分析，主要通过对被访谈记录的整理获取相关信息以及重大社会科学基金项目调查问卷为依托，进行统计分析。二是对村干部离任审计制度执行中存在的问题进行分析，主要是依据个案进行分析。

为检验个人收入水平与村民参与村务治理的相关性，将变量"年收入"与变量"村民参与村务治理情况"进行相关性分析，得出法论是，两者在0.05的显著性水平（双尾）下显著相关，说明被调查者的"年收入"水平与"村民参与村务治理情况"具有内在的相关性（见表3－18）。

表3－18　　　年收入水平与村民参与村务治理情况的相关性

		村民参与村务治理情况
年收入	Pearson 相关性	0.039**
	显著性概率（双尾）	0.008
	样本数	4589

注：**表示在0.05的显著性水平（双尾）下显著相关。

为检验被调研者文化程度与参与村务治理情况的相关关系，变量"文化程度"与"村民参与村务治理情况"两者进行相关分析（见表3－19），两者不具有显著相关性，在第四部分我们将对其进行解释。

表 3 - 19　　　　　　　　文化程度与参与村务治理的相关性

		村民参与村务治理情况
文化程度	Pearson 相关性	0.014
	显著性概率（双尾）	0.352
	样本数	4588

在相关性分析中，当相关系数绝对值小于 0.3 时，表明两个变量之间的线性关系较弱；当相关关系绝对值大于 0.8 时，表明两个变量之间相关关系较强。因此，在变量"年收入"与变量"村民参与村务治理情况"的相关系数为 0.039，说明两者的线性关系较弱。

研究结论主要有以下六个方面。

第一，"照搬照抄，敷衍了事"：村委会缺乏必要的制度宣传导致村民关注程度低。作为一项制度，在执行中，执行者充当"录音机"或"收发室"，看起来他们是"原原本本地传达，不折不扣地落实"，但实际上他们对于该制度不认真理解和领会，更不结合实际情况灵活执行，不顾具体情况，照搬照抄①。村民自治条例、村规民约是我国作为村一级组织，为推进村级民主法治建设，维护社会稳定，创建良好的社会环境，促进经济发展，建设文明和谐新农村，根据国家法律、法规及相关政策，经由全体村民或者村民代表讨论制定出本村自治条例和村规民约。从调研的村庄了解到，村民自治条例大多数按照《村民委员会组织法》规定进行条例的陈述，未针对本村具体问题做具体安排，村规民约涉及的只是社会治安、消防安全、村风民俗、邻里关系、婚姻家庭等社会秩序及社会道德等方面制定的约束规范村民行为的一种规章制度。村民自治条例、村规民约作为村民公约，相当于村民的"小宪法"，是基于法律授权规定的，用以填补法律空白。但是，《村民委员会组织法》对村级民主监督制度的内容：村务公开制度、民主评议制度、村委会离任审计制度、建立村务档案规定等制度都仅仅局限于监督内容的规定。

_____

① 钱再见：《现代公共政策学》，南京师范大学出版社 2007 年版，第 356 页。

由于民主监督程序缺乏在村民自治条例、村规民约中作明确规定及村委会缺乏必要的制度宣传，直接导致村民对民主监督制度具体规定的关注度低。关注度通常的含义指人们对某个人物或者事务的关注和了解程度。通常通过问卷调查或者网络调查的方式获取数据，民主监督制度的实施，村民是最重要的参与主体，因此，通过了解民主监督制度的关注度，才有利于他们发挥主体的作用。在问卷设计中，针对村民对民主监督制度的关注度设计的问项是："您对《村民委员会组织法》了解吗？" 56.0% 的人选择"是"，44.0% 的人选择"否"。由此我们可以看出，相当一部分人对于民主监督制度的相关条例是不熟悉的或者不关注。

村党支部和村委会作为村级领导组织，是领导和开展农村事务的核心组织。国家出台的相关政策、制度、法律、法规中涉及农民利益的都需要通过村干部来贯彻和实施。但是，在民主监督制度上，出现了村干部和村民对其认知的"鸿沟"，信息不对称是导致村民监督不力的决定性因素。由上而下的制度执行过程，民主监督制度并未得到完全的实施。村民作为民主监督制度的最终主体却丧失了对制度具体规定的认知，使这项制度仅仅落实到村干部身上。

第二，"区分软硬，选择执行"：村务公开制度执行不到位。村务公开制度规定，凡涉及和村民利益相关事项都应公开，村民享有知情权，有权对村级事务进行监督，是村民实行民主监督最直接、最有效的形式。"政治参与需要接收一些特殊信息，那些获得这些信息的人，即在效应和心理上更多介入的人，更可能参与到政治中来。"[①] 列宁曾经形象地说过，"离开了信息公开来谈民主是非常可笑的"[②]，村民只有了解村务信息，才有可能实现信息对称，加强对村务的监督，维护自身权益。目前，村务公开制度在全国范围内展开实施目的：一是制约村干部行使公共权力的随意性，二是防止村集体资金的滥用、挪用。因此，村务公开是村民实施监督最有效的手段，参与村务管理并

---

① 胡鞍钢主编：《中国——挑战腐败》，浙江人民出版社 2001 年版，第 34 页。
② 《列宁文选》第三卷，人民出版社 1995 年版，第 220 页。

及时发现问题，解决问题。正如孟德斯鸠曾经所说："一切拥有权力的人都容易滥用权力，要防止权力的滥用，就必须对权力进行约束。"欧博文（Kevin J. O'Biren）和李连江（Lianjiang Li）的研究指出，许多基层干部知道有一些指标是真正重要的，他们据此区分了所谓的"硬指标"和"软指标"①。例如，财务公开制度是村务公开的硬性规定，必须加强财务信息公开的落实，但是，在财务公开中，会涉及村干部自身的利益，影响其政治命运，所以，村务公开就被其他公开项目给遮掩过去了，造成村务公开制度偏离了规范轨道。

①涉及村级财务账目不公开或者不详细列支。从问卷统计分析我们可以看出，在村务公开中，村民最希望公开的内容是"村委会财务支出明细"，占52.8%，而在村务公开中存在最大的问题也是村务账目不公开或者公开中不详细列支。我们设计以下问项对村务公开制度进行调查："村委会的账目公开情况是"，备选选项是："村委会账目公开""村委会账目公开，但不详细列支""村委会账目不公开"。选择"村委会账目公开，但不详细列支"的占26.7%，选择"村委会账目公开"的占61.9%，11.4%被调查者选择"村委会账目不公开"。账目公开关系到村民的切身利益，从调查数据看，部分村委会账目存在不公开或者公开信息不详尽列支现状。

②村务公开重形式、轻实效。《村民委员组织法》对村务公开形式作了明确的规定："一般事项至少每季度公布一次；集体财务往来较多的，财务收支情况应当每月公布一次；涉及村民利益的重大事项应当随时公布。"② 但是，我们了解到，在实际公开中，村务公开栏利用率低，几乎一年只公布一次，公布随意性大。并不严格按照村务信息公布条例进行规定，涉及村民切身利益的事务不公布。公布内容的真实性有待考究。从我们调查的问卷也证实了以上问题。问卷调查中设计"当前村务公开存在的最主要问题"问项，45.97%的被调查者

---

① Kevin J. O'Biren, Lianjiang Li, "Selective Police Implementation in Rural China" [J]. *Comparative Politics*, Vol. 31, No. 2（January, 1999），p. 167.

② 《中华人民共和国村民委员会组织法》，中央政府门户网站，http：//www.gov.cn/flfg/2010 - 10 - 28/content_1732986. htm. 2010 - 10 - 28。

选择"重形式、轻实效"，15.74％的被调查者选择"村干部缺乏民主管理的动力"，23.54％的被调查者选择"村民对村务公开不感兴趣"，14.76％的被调查者选择"缺乏制度保证"，村务公开的目的是让村民掌握村集体事务的真实信息，但是，在村务公开中却未凸显，反而只注重公开的形式。

③村务公开缺乏制度保证。村务公开缺乏专门的制度保证公开信息的真实性，缺乏对"不公开、假公开"行为的惩罚条例。首先，公开的程序不规范，随意性强。村务公开信息涉及村级财务支出的，应该由村财务监督小组对其进行审核，保证财务公开的真实性。但是，这项制度在执行中出现了偏离。村财务小组成员应当由村民大会选举产生，代表村民对村级财务进行监督，但是，在我们走访调查中了解到，村财务监督小组成员，是由村委会干部直接任命或者由村委会成员直接担任，因此，村财务监督小组这项功能出现了缺失。另外，根据国务院办公厅颁发的《关于健全和完善村务公开和民主管理制度的意见》规定："每次村务公开后，村'两委'要及时召开党员大会、村民代表大会或者村民大会，对村务公开信息提出异议的或存在问题的，给予解释和及时处理。"① 但是，在村务公开制度中，缺乏相关规定，只注重公开的形式，不注重公开内容、程序的监督，缺乏惩戒性制度规定。因此，村干部和村民"缺乏民主管理的动力"。

浙江省三门县某村，张某担任本村村支书同时兼任本村村委会主任，在1999年5月举行的村委会换届选举中落选，落选当日，便扬言说要砍那些没有投他票的人。换届前，该村共有5个党员，张某及其哥哥、姑姑共占3个名额。换届后，村支书不当了，仍掌握着村里的账目，新上任的村主任说话不管用。村民要求公布财务，村支书说乡里已经看过了，没必要公开。村民到张某家里要求村务公开，张某的家属威胁说，如果再来提公开的

---

① 《关于健全和完善村务公开和民主管理制度的意见》，新华网，http：//news. xin-huanet. com/zhengfu/2004-07-12/content_ 1591421. htm. 2004-07-12。

事，就要砍人了，以致村里没人敢提。①

第三，村民参与民主监督的积极性不高，具有利益驱动性。亨廷顿认为，"政治参与取决于制度化参与比例。在制度实施过程中，公民只有按照制度化程序参与，才有利于整个社会的政治参与度提升"②。由于我国农民受几千年封建思想的影响，还未完全使自己从传统的小农思想转化为现代的理性思想，以致政治参与文化发育不成熟，导致农民的政治参与热情不高，村民对村务治理的参与程度与村民的收入水平具有显著的相关关系。同时，不同收入群体参与村务治理的差异性也很大，而且现在农民的参与行为还受利益驱动，"村民只关注和自己利益相关的村务"，其他和自己无关或者不能立即收效的事务农民一般很少参与。村民的监督行为受多方面因素的影响，比如政治效能感、利益驱动、个人文化程度等因素的影响。

①村民参与民主监督的政治效能感低。政治效能感是指在村民看来其政治活动对村级权力组织及其成员能起到多大的约束作用的心理感受。对于部分政治效能感强烈的村民，有表达个人政治意愿的强烈愿望，认为个人的政治活动能够对村委会及村干部起到重要的约束作用，而有些村民则认为个人行为对于村委会和村干部的影响力小，没起到约束作用，故政治效能感不强。在"村民参与村务治理情况如何"问项中，选择"村民参与日常村务管理热情高"的，占44.8%；选择"只有少数人有热情，经常表达自己的意见"的，占14.4%。由此可见，村民参与村务管理的政治效能感不是很高。

②村民参与受利益驱动。马克思曾说：人们奋斗付出的行动，都和利益相关③。利益是驱动人们付诸行动的原动力。针对村民参与村务治理监督的行为，1484人选择"村民只关心与自己利益相关的事情"，占32.3%；660人选择"只有少数人有热情，经常表达自己的

①　徐付群：《村民自治现状与案例分析》，海洋出版社2011年版，第8页。
②　［美］塞缪尔·P. 亨廷顿：《变化社会中的政治秩序》，王冠华等译，生活·读书·新知三联书店1986年版，第23页。
③　《马克思恩格斯文选》第三卷，人民出版社1995年版。

意见"，占 14.4%；390 人选择"村民关心村务管理问题，但无参与机会"，占 8.5%。由此可见，村民参与村务管理受利益驱动性较强。

③个人文化程度与村民参与的积极性无直接紧密关系。我国农村村民参与民主监督的积极性与文化程度的相关性，从对被调查者个人"文化程度"与"参与村务治理的积极性"做相关分析得出的结论可知，两者并不存在显著相关性。有关学者在研究村民参选率中也得出相关结论，"民主政治的兴起取决于社会对民主政治的要求，而不取决于居民的所谓受教育程度"①。

第四，民主监督渠道不畅通。部分"村民关心村务管理问题，但无参与机会"，这是由于村民监督的渠道不畅通造成的，村民参与民主监督主要是通过村民大会或者村民代表大会来实现的，但是，这些渠道在村民实施监督过程中并不畅通，在问项"您村的村民代表会议的举行情况"，58.1% 的村民选择"每年都举行"，35.6% 的村民选择"每两三年举行一次"，6.3% 的村民选择"从来没有举行过"。《村民委员会组织法》第二十一条规定："村民会议由村民委员会召集。有十分之一以上的村民或者三分之一以上的村民代表提议，应当召集村民会议。召集村民会议，应当提前十天通知村民。"该规定使部分村民不关心召开和自己利益无关的村民会议，因此就失去了民主监督的机会，造成村民会议召开困难。

第五，村民监督缺乏组织监督手段。多元主义理论强调组织的作用。"在一种大型的民主政治体中，组织是民主过程不可或缺的条件，职能在于使政府的权力最小化，保障政治自由，改善人民福利"，"组织也会像个人一样，为了维护自身利益，不惜损害广泛的公共利益来促成其成员的狭隘利益，这样就削弱了民主本身，因此，组织应当拥有一些自治，同时也应受到控制"②。村民大会、村民代表大会、村民监督小组、村民理财小组作为民主监督制度的执行机构，应积极发挥

---

① 中国社会科学院农村发展研究所课题组：《农村政治参与的行为逻辑》，《中国农村观察》2011 年第 3 期。

② 孙永芬：《西方民主理论史纲》，人民出版社 2008 年版。

组织监督作用。但从我们实地访问的结果来看，在这些监督组织中，有相当一部分是村委会内部人员兼任了监督机构的人员，而非独立于村委会的村民或者村民代表，现在有一部分村民代表并不代表村民而是和村委会站在一条战线上，不代表村民发表意见或者建议；监督小组形同虚设，即使进行监督，也未将监督结果向村民进行有效传达；从实地访谈得知，确实建立了理财小组的村，都是拥有集体产业的村，而对于没有集体经济的村几乎不存在理财小组。在对白沙村的调研中我们得知，虽然村里拥有集体产业，但理财小组也只有一个人，并且不具备理财的实质性。由此可见，监督机构对于村委会的监督只存在于形式中并未能得以落实。

由于部分执行机构的人员并不代表村民利益，因此，在进行监督过程中，大多敷衍了事，和村委会成员沆瀣一气，不存在实质性的监督，规避监督程序，特别是在村委会离任制度上，村委会为了顺利地换届，一般都把烂账、呆账走平，监督小组和理财小组不监督反而帮忙，这在现实中屡见不鲜。

第六，基于政治面貌、文化程度、年收入单因素检验整体差异性大。基于个人政治面貌、文化程度、年收入的单因素方差检验中，我们发现，除文化程度不同对村民参与村务治理积极性差异不大外，这三个因素对"制度认知""村民参与村务治理情况""完善村务公开制度"的认知都存在显著性差异，说明公民个人的政治面貌、文化程度、年收入的差异显著导致村民对"制度认知""村民参与村务治理情况""完善村务公开制度"的认知差异性较大。

第四节　农民民主权益保障政策
中农民的信访权问题

——以河南省 X 市信访资料为例

我国是一个农业大国，农民人数多却属于弱势群体，广大农民长期处在社会最底层，其独立意识和组织程度低，导致其在政治、经济、文化等方面处于不利地位。社会调查结果及反馈的信息表明，当前农民权益问题日益突出，已经成为制约农村经济和社会全面发展的重要因素，并由此引发了诸多社会问题和矛盾，影响农村社会的稳定。这就要求政府必须提高农民权益保护意识，完善权益维护体系，强化维权组织建设，构筑农民维权平台。特别要重视信访维权渠道，加强基层政府部门信访工作的组织开展，监督检查工作，完善信访制度，切实发挥其利益表达和权利救济地位及功能，充分发挥信访的便捷性、自由性和灵活性维权优势，实现农民维权目的。当前，信访工作是农民维权研究中一个比较突出的问题，属于农民维权体系中的制度建设内容，也包括政府管理和政策实施的相关内容。

基于此，笔者依据专业研究领域要求，结合实际调研数据及资料，通过数据分析和调查访谈，对河南 X 市的信访问题进行分析研究，以此来探析当前该市信访问题产生的原因，并尝试性地提出相关的思考建议。透过信访研究的视角，来探讨农民权益保护的政策构建，为有效加强农民权益保护、实现农民利益表达和价值诉求提出一些建议。

一 农民信访概论

（一）信访和农民信访含义的界定

我国于 1986 年在《汉语大辞典》中第一次收录"信访"一词，将其解释为"人民群众来信来访"的简称，指"人民群众致函或走访有关机关部门，反映情况，并要求解决问题"。这一概念是从信访的方式上来界定的，而有的研究者则认为，信访是在一定的民主政治制度体系内，广大人民群众通过写信或走访，向各级党政机关及其领导人反映情况、申诉问题、陈述要求、咨询政策、提出批评建议等的一种社会政治活动。这一含义主要是指人民群众向有关机关部门，反映情况，并要求解决问题的一种社会活动。主体已经限定于人民群众，不包括社会团体组织。学者应星指出，信访主要有广义和狭义之分，广义的信访是指人民群众通过写信或上访，向各级党政部门、人大等单位提出意见、要求、建议等，以此来参政议政维护自己的合法权益。中国行政管理学会信访分会指出，信访活动的含义：社会成员之间，为达到目的，采用书信或走访的形式所进行的社会交往活动。也是社会管理者为了实施有效的管理而采取的一种手段。可以说这些含义的界定把公民、法人或者其他组织统称为"信访人"。

何谓农民信访？其实就是指农民为信访人的信访活动。即农民采用书信、电话、走访等形式，向国家各权力机关反映情况，提出建议、意见或者诉讼请求等个人或集体意愿的行为，其目的主要是维护自己的权益。

农民信访大致分为意见建议、诉讼、求决和揭发控告四种类型。意见建议类信访主要是指向政府部门和司法机关提出意见、建议和批评的信访活动。诉讼类信访是对已经终审生效的法院判决提出的申诉的信访事项。求决类信访是指农民自身利益受到侵害，并向国家权力机关提出解决利益受到侵害的问题，以维护自身权益的信访活动。揭发控告类信访主要是向政府部门和司法机关反映党政官员贪污腐败的问题的信访活动。

（二）农民信访的功能

1963 年，国务院发出《关于加强人民来信来访工作的通知》中重申了人民写信或上访的民主权利，并对信访功能做了更全面的总结，即了解民意的渠道，人民的监督，思想政治教育的途径、调解矛盾的手段，同时信访还起到了调动群众积极性、巩固人民民主专政、促进社会主义革命和建设事业的作用。从中央政策来看，信访功能一方面反映社情民意，调解矛盾，另一方面起到监督和改进制度的作用。

我国信访目前总体上具有两个基本的功能，即政治参与和权利救济。政治参与是指公民通过给国家有关机关写信或走访反映社情民意，对国家机关和工作人员的工作提出批评或建议；权利救济是指信访作为一种正常司法救济程序的补充程序，通过行政方式来解决矛盾和实现公民的权利救济。信访的这两个功能是作为社会整体来说的。在我国这个特殊环境下，信访应该分为不同对象来加以区分才更贴近实际情况。笔者认为，我国农民信访应该从他们的自身权益这个角度来考虑，主要应分为农民信访利益表达和权利救济两个功能，更符合农民信访的情况。

1. 利益表达

马克思主义认为，利益是社会发展的基础、前提和动力，人类奋斗所争取的一切，同他们的利益有关。在市场经济发展的今天，整个社会是由不同的利益团体、阶层所组成的相对稳定的利益团体，它们的行为受利益所支配。而我国宪法规定，中华人民共和国的一切权利属于人民。作为一个社会主义民主国家，每个阶层都是整个国家不可或缺的组成部分，每一个阶层的利益都要完全的维护或伸张。我国政府是将政府集权与行政集权于一身的独特体制，它本身是一个独立利益的整体，虽然当农民的利益遭受侵害时，可以维护农民权益，但是，它也随时可能侵犯农民的利益。因此，农民必须通过信访这个特殊渠道将自身利益诉求直接传到管理决策层，及时有效地解决农民权益。美国政治学者阿尔蒙德指出，当某个集团或个人提出一项政治要求时，政治过程就开始了。这种提出政治要求的过程称为利益表达。从法律层面来讲，信访人反映情况，提出建议、意见，有利于行政机关改进工作，促进社会发展，行政机关应认真研究并积极采纳。因此，笔者认为，法律也给农民通过信访渠道实现利益表达，保证了农民自身利益表达诉求的实现。

2. 权利救济

所谓权利救济，是指在权利人的实体权利遭受侵害的时候，由有关机关或个人在法律所允许的范围内采取一定的补救措施消除侵害，使权利人获得一定的补偿或者赔偿，以保护权利人的合法权益。

新中国成立以来，我国法律体系已经基本建立并完善起来，但法律体系内部和法规之间还有很多不完善甚至相互矛盾的地方，而且法律与现实之间还存在不可协调的矛盾。从法律体系的运作来看，并不能保证行政机关发布的行政命令都符合法治要求，司法机关审理的案件都是公平正义的，颁布的法规都能准确适用。准确地说，每一个公民的现实权利还不能得到权利救济。因此，信访这一灵活、简便的中国特有的人权救济方式，对农民而言，所能够提供的制度功能尤为重要。与司法救济的运作程序相比，信访救济的显著特征就是非程序性。农民通过越级上访可以使权力的救济比经过司法救济更加简便、快捷，收效也更显著。对行政相对人来说，到基层政府上访，遭遇各种势力的阻碍而无法获得救济。到上一级的政府上访也就是越级上访，虽然有风险，但往往你上报以后会得到上一级领导信访部门的重视，从而可以得到很快的救济，达到维护自身的权利救济。而且新修订的《信访条例》也在一定程度上赋予各级信访机构以解决问题的实权，并建立相应的责任制，完善办理和督办的程序，改变效率低下的行为。为信访解决实际利益纠纷提供了法律保障。

现今我国政府各权力部门都设立信访机构，如政府、人大、法院、检察院，这些部门的信访机构是属于一种"制度外的正式制度"向社会提供了一种在行政和司法系统之外解决问题的途径，是社会公民面临矛盾问题并且优先于其他行政救济或司法救济而选择的救济方式。另外，信访救济功能的发挥与职能部门的领导有着密切联系，对其重视的程度，处理问题是否得力，用个人的权威来掩盖制度的权威，这恰恰与我国的法治相悖。因此，公民的权利救济必须通过具有严格程序的行政救济或者司法救济，树立它们的权威性。

二　农民维权中信访问题的描述性统计

自1993年开始我国农民信访总量不断上升，这是由于我国农民在经济、政治和社会三方面的权益与城市相比存在很大的差距，最根本的问题是城乡二元体制造成了城乡发展不平衡，阻碍了生产力的发展，矛盾不断扩大升级，这已经严重影响到了社会稳定，也引起了党和国家以及社会各界的广泛关注，并制定了一系列的相关政策，并且在各级政府的积极配合下，取得了显著的成绩，缓和了矛盾。但是，在这些相关政策的背后，也难以掩盖这些政策不合理的现状，也无法回避由于政策自身的困境而带来的诸多长期困扰农民维权的尴尬矛盾。因此，笔者尝试对农民维权中信访问题的现状进行分析，并提出研究结论。

（一）农民信访中维权工作概况的总体性描述

近几年来，农村社会结构、利益主体和经济发展方式发生了很大变化，农民利益纠葛和矛盾冲突问题也日益突出，正确认识当前我国农民信访工作现状，认识存在的问题，研究有效解决对策，化解矛盾，消除不稳定因素，是维护农民权益、保持社会和谐、促进社会整体进步的重要举措。

1. 现阶段信访机构中农民信访工作的总体概况

农民信访一直是国家和政府重视的问题。近几年来，社会结构和利益主体都有较大改变，信访的内容、方式和目的也呈现多元化、复杂化趋势。

第一，信访总量描述。伴随市场经济的发展和社会经济结构调整，不同利益主体的利益诉求和纷争增多，信访洪峰突然涌现，且势头强劲。有关数据显示，自 1993 年以来信访数量连续保持了 12 年的增长态势，2000 年县以上党政机关受理的群众信访总量首次突破 1000 万件（人）次起，2001 年同比上升 8.7%，2002 年继续上升 2.9%，2003 年起，每年上升幅度都在 5% 以上①。直到 2006 年由于已经实施了新的《信访条例》，各级解决信访问题和整顿信访秩序的力度加大，信访总量才开始下降，结束了 12 年持续攀升的"牛市"。但信访总量仍在高位运行，全国各级信访部门每年处理的信访案件总量，保守估计也不少于 1000 万件。这已经影响到了社会的和谐稳定，虽然信访总量有所下降，但是，信访数量并没有明显下降的趋势，信访表现形式也越来越激烈，如集体访、越级访、重复访等，这说明信访制度本身有问题，不能解决信访问题，甚至不能控制矛盾激化的势头，使社会稳定受到了严重冲击。

第二，信访内容概述。主要内容有以下四个方面。

（1）因土地征用补偿安置等引发的信访问题。主要有以下四个方面：一是征地补偿标准不一致，征地用途不同出现不同的征地补偿标准，而且价格差距很大；二是对不同区域在土地征用政策赔偿分配方案不一样，相互攀比，引起集体上诉；三是在校大中专生及未有正式工作的大中专毕业生、部队服役军人等对象要求享受同等的村民待遇；四是有关土地征用的账目、安置赔偿的政策不够公开，村民对村

① 王学军：《在全国信访局长会议上的讲话》，《人民信访》2006 年第 3 期。

提留少数的土地征用费、赔偿标准、分配方案有异议，要求公开相关政策规定等。

（2）农村土地承包及村福利问题。主要有五个方面：一是"农嫁非"对象及子女要求村里保留她们的土地承包经营权，享受村民待遇。二是土地延包至三十年不变且不得随意调整，造成有人无田、有田无人现象，人地矛盾突出。三是在大田延包方案执行过程中，由村干部个人说了算。四是按村规民约有关规定，"农嫁女"应把户口迁出并退出承包田，但《中华人民共和国农村土地承包法》规定，只要户口未迁出并未在对方享受承包田的，在承包期内就应享受同样村民待遇，甚至忽略《村民委员会组织法》中有关"村民自治章程、村规民约以及村民会议或者村民代表会议讨论决定的事项不得与宪法、法律、法规和国家的政策相抵触，不得有侵犯村民的人身权利、民主权利和合法财产权利"的规定，往往简单采用2/3以上村民（或村民代表）通过的形式，或以传统习俗代替法律规定，将这些特殊群体排除在享受范围之外或将征用费按一定比例的额度打折扣，由此引发群众上访。五是少数村因人地矛盾突出，多数群众要求小调整，因工作不力等原因，大田调出户不划出承包田，从而引发上访。

（3）村级财务及村干部经济、作风问题。主要有以下三个方面：一是反映村干部以权谋私、贪污、侵占、挪用挥霍公款；二是独断专行、失职、渎职；三是村务、财务不公开，村民对集体事务和财务收支不知情。

（4）历史遗留问题和其他问题。历史遗留问题主要有：20世纪80年代被辞退的民办教师、60年代支边青年、"赤脚医生"、参战复退涉军人员及亦工亦农人员等要求生活补助及享受相关待遇问题；其他问题主要有要求政府帮助解决生活困难、民事纠纷及涉法案件要求公正处理、执行到位等。

这是因为农村社会经济结构的变革，农村的经济成分、社会结构、利益主体及生产方式都发生着深刻的变化，农村信访形势也呈现出新的特征，信访数量不断增加且处于上升趋势，信访手段和方式的多样化，信访问题总体呈现出内容复杂化、主体多元化等特点的众多矛盾，因此，我们必须认清当前的形势，化解矛盾纠纷和处理信访突出问题的任务仍然十分繁重。

2. 信访的目的及要求

信访是一种对农民权益保护的行政性补充救济制度，也是农民表达利益的唯一渠道，是维护农民权益的一种手段。它的工作目的主要是认真受理和解决党员干部与人民群众的申诉问题，向领导和领导部门及时提供有价值的信息，密切组织部门同人民群众的联系，维护社会政治稳定，保障人民群众利益。并要求做好新时期的信访工作，化解信访老案积案，是维护人民群众合法权益、构建社会主义和谐社会的需要；是维护改革发展稳定大局、建设平安和谐的重要保障。信访工作要求在落实工作中严格规范完善工作机制，提高信访工作水平和成效，一要加强信访机构建设和人员力量的建设，二要求信访工作有实效，三要进一步规范信访工作制度，四要建立协同呼应的信访联动机制。各级政府机构要落实好信访工作，必须强化组织领导，要把信访工作融入全局、全过程之中，与听取审议工作报告和开展执法检查、代表视察等监督工作很好地结合起来，统一部署，统筹安排，增强信访监督工作的针对性和实效性，促进信访问题的解决。

3. 地方信访机构分布情况

我国政府为了不断推动信访工作，从中央到县的各级信访机构建立并完善起来，为了适应社会主义市场经济的发展需要，创新信访工作机制，开创了市长电话、市长信箱、领导人接待日、网上信访等多种信访方式，并积极建立全方位、多层次、多部门齐抓共管的大信访格局[①]。国家信访机构主要由党委、政府、人大、法院和检察院五个信访系统组成。从中央来看，中央、国务院设立国家信访局，全国人大、高等法院、高检院设立信访室，中央各部门设立信访办；而地方依次设立信访处（科、办），大部分县也建立健全基层信访工作机构，一些乡镇设有专职或兼职人员负责信访工作，基本形成了"纵向到

---

① 朱应平：《行政信访若干法律问题研究》，上海人民出版社 2007 年版，第 21 页。

底，横向到边"的信访工作网络①。而 X 市是基于中央信访系统的分支模式（见图 3-15）。

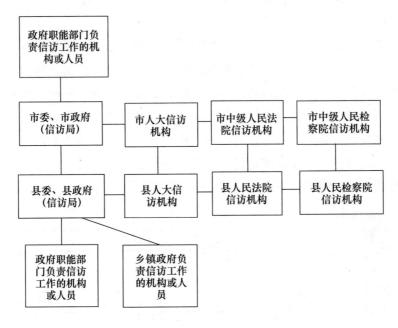

图 3-15 X 市信访机构分布

4. 农民信访内容分类情况

从农民信访问题的内容分类来看，主要有农村土地征用、城镇房屋拆迁、涉法涉诉、承包经营、村务公开、优抚救济、拖欠农民工工资、矿产资源、水里林业民政、劳动社保和环境保护等领域的信访问题，仍然是农民信访工作中的热点、难点问题。因农村土地征用补偿费、失地农民生计及今后生活保障问题，干部工作作风、干部以权谋私以及村务财务不公开等问题，城镇房屋拆迁中的安置、补偿费兑付等问题，企业改制中职工安置、医疗保障及生活补偿问题，在一些时段和区域还比较突出。部分企业军转干部反映"一个身份、两种待遇"，部分复原退伍军人反映属于参战人员，现实生活困难，要求给

———————————
① 张海鸿：《新中国信访制度的由来与现状》，《团结》2005 年第 1 期。

予补助的上访活动仍较突出。此外。拖欠工程款和农民工工资、城市和农村环境污染等问题，也是群众上访的主要内容。

（二）基于 X 市政府部门农民信访资料的数据分析

1. 信访接待数量概况

图 3－16 所示的是河南省 X 市近六年的农民信访总量年度变化趋势图，可以形象地展示该市在此时间段中信访数量和信访走向形势的发展变化情况。如果把信访总量的统计方式分为两种：一种是按信访机构接收到的来信件次与接待的来访人次计算，计量标准是信件接收次数和受访人数的综合数；另一种是按信访部门接收到的来信件次与来访件次计算，计量标准是信件接受次数和受访的次数的综合数。我们从图中可以得出以下两点结论。

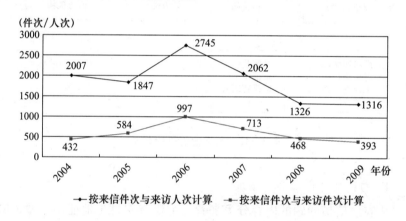

图 3－16 河南省 X 市近六年的农民信访总量趋势变化

（1）总体走势呈现阶段特征，先升后降。从图 3－16 可以看出，该市自 2004 年以来农民信访件次和来访人次呈现出明显的倒 V 字形走势，即典型地呈现两个阶段，以 2006 年为界，前两年呈现上升趋势，特别是第二种即按来信件次数和来访次数衡量情况下表现得更加显著，折线波峰峰值数据几乎是波谷的双倍（即 2745/1316 和 997/432），可见信访量在两年之内的增长之猛烈程度。与第一种统计方式相比，虽然在绝对数量方面差别不小，但在前两年却是呈直线递增式发展，说明这段时间正是信访活动的活跃时期，而且农民来访的信件次数和来访人次都在迅速增加，特别是 2005 年这种增长趋势愈加明显，直至 2006 年达到最高峰，同时从 2006 年开始呈现出明显的下降趋势，而且幅度很大，到 2009 年信访总量基本与 2004 年年初始数据持平，整体表现出一种温和的态势。这种现象的背后体现出怎样的意义呢？或者说该走势图能够给我们传达出什么样的信息呢？我们下面对这种现象进行简要的分析。

地方政府信访部门的统计总量是地级和县级两级政府单位的信访数量相加得出的，其中县级单位信访量占的比重更大，如 2006 年信访量高峰值为例，县级与地级的信访总量比分别为 2004：741 和 755：242，基本是三倍的比例关系。信访数据统计除总量统计外，还包括来信情况和来访情况两部分内容，具体而言，来信情况又可细分为初信、重信和联名信数量三种数据统计类别，来访情况也同样分为初访、重访及集体访三种统计分类，它们各自都归属于总量统计范畴。通过对原始数据的分析，我们得知，之所以 2006 年信访总量达到峰值，其原因就在于 2006 年的来访数量的激增，特别是初访环节的个体访和集体访数量增长明显，据统计数据，该市来访总量件次是 938 次（见图 3-17），初访就有 810 次，重访 128 次，集体访 114 次，已经明显超出了其他几年的数量（如信访量呈较快递增趋势，仅次于 2006 年数值的 2005 年相关数值分别是 539 次、462 次、77 次及 87 次），因此，该市信访总量在 2006 年达到顶峰也在情理之中。

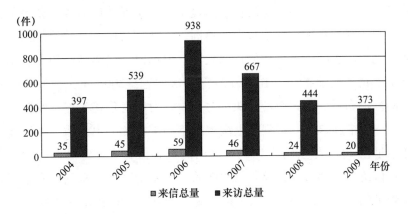

图 3-17　来信和来访量变化趋势

（2）信访和来访数量变化趋势基本一致。我们再来看图 3 – 17，此图是该市 2009 年上半年信访部门统计的来信总量和来访总量数据示意图，很明显可以看出，它与信访总量走势图大体趋势是基本吻合的，即信访和人访数量同增同减，在信访数量递增的年份，人访数量也在同步增加，比如来访量最多的 2006 年，来访量达到 938 人次，来信量也达到 59 件次，这也进一步验证了我们上面的分析结论。该市在近五年的信访总量呈现出先递增后递减的趋势，其中以 2006 年为"分水岭"，前两年呈现直线递增，且 2005 年比 2004 年增长幅度更快，2006 年达到峰值，也即信访数量经过前两年的连续积聚后到达最值，2007 年开始逐渐回落且速度很快，到 2009 年又回落到 2004 年年初始数量程度。在这一过程中，来访数量剧增是推动总量递增的主要推动因素，而来信数量则相对缓和，没有明显的增加痕迹。

长期以来，信访问题就成为国家政府和社会各界及学术界所关注的问题。新中国成立以后，我国先后经历了三次信访高潮：新中国成立前后十年间人民"献计献策"型信访高潮；党的十一届三中全会后，为纠正冤假错案的"拨乱反正"型信访高潮以及改革开放后社会转型期信访高潮，也有人将其形象地称为信访洪峰。

由于结构调整和利益格局的变化，一些深层次的社会问题不断暴露出来，导致农民信访量骤增，同时也暴露出信访制度的弊端及导致的种种困境，这也是当前我国信访工作所面临的主要问题。从社会大背景层面而论，信访总量的增加凸显出了改革开放以后我国公民的民主意识和维权意识得到了很大的提高，体现出公民参与政治的迫切愿望，也昭示我国民主进程的迅速发展。但同时，信访洪峰的背后却暴露出了我国当前信访工作存在的深层次问题。2005 年，新的《信访条例》颁布后，各地响应中央的号召，针对自身信访工作的实际，采取了一些措施，在一定程度上缓解了信访工作的突出矛盾。如河南焦作市早在 2004 年全国率先试点推出的疑难信访案件终结制，也即所谓对信访的办理、复查及复核程序的"三步走"终结机制，实施几年来效果颇为可观，解决了许多"疑难杂症"。据统计，经过"三步走"终结的 186 起信访案件，有 176 起案件当事人表示停访息诉，稳定率达到95%。

这一状况从我们对河南省X市最近五年的农民信访数量变化趋势状况也可以得到验证。《信访条例》颁布后，对于指导各地信访工作，使信访工作有序实施，推动信访工作走上制度化、法制化之路起了重要作用，也产生了积极明显的效果。但信访工作面临的社会环境极其复杂，由于政策缺乏连续性，造成的政策抵触、漏洞或缺失而遗留下的大量历史问题，或者政策调整而导致的利益分配问题的存在，信访终结制仍然难以有效解决。越级上访、集体上访、非正常上访始终保持低发生、低回流状态，甚至在某段时期还有可能积聚激化，该市上半年的信访总量发展图示就可以在一定程度上说明问题。河南作为我国第一人口大省，农村人口多，底子薄，人均资源量少，是我国基本国情的缩影，可以说选取河南地级市作为农民信访问题的实证研究样本，有很强的代表性。

2. 信访的目的及要求情况

当前，我国已经进入改革发展的关键时期，伴随着经济结构调整和社会各领域的巨大变革，我国的经济体制、社会机构、思想意识、利益格局等方面都发生了显著的变化。据统计，2004年，全国县级以下上党政信访机关处理农民来信来访，总量达到1373.6万件（人）次，比上年度增长13.4%，是持续上升的第十二个年头。而据权威部门的一份统计资料，近期以来，群众集体访、重复访和赴京访人数大幅上升，人数多、规模大、持续时间长、行为激烈，在一些行业和地区引起了强烈连锁反应，造成比较恶劣的影响。近年来，农村信访呈现"两降两升"态势，过去比较突出的涉及政府工作态度和干部作风问题类的上访逐渐减少，而维护民事权益和解决经济纠纷类的信访呈上升趋势。

（1）"求决"和"申诉"比例突出，凸显信访机制漏洞。以河南省X市为例，据该市信访部门统计，从目前分类来看，农民信访主要分为意见分类、申诉、求决、揭发控告和其他五大类，其中求决、揭发控告和申诉在信访总量中占的比重较大，分别是82.45%、6.32%和6.22%，三者之和达到近95%。据该市信访局有关人员介绍，就

"信访目的"而言，求决和申诉比重之所以高，是因为当前我国申诉制度不完善、申诉程序有漏洞、解决渠道不通畅及信访终结机制不健全等方面造成的。目前的信访"求决"主要针对政府的行政工作问题、劳动保障问题、农村问题及民事问题；"申诉"问题则主要针对法院判决不服、对强制措施以及诉讼程序、国家赔偿和执行的不满等引发的上诉行为。

（2）来信上访占主流，上门求访趋势明显。从图3-18可得出，实现信访目的的主要渠道是来信上访，可以很明显地看出，在五大类别中，除求决以外，来信上访都是所占比重最大的一种途径，这是因为，求决目的的实现更需要上访人员直接上门协调沟通，亲自办理相关手续，提供各种举报和证明资料，或者是重复上访之后所提出的终结请求等。对于该市来说，农民上访反映最多的问题还是"三农"问题。主要是反映一些地方农村税费改革政策落实不到位，农民负担没有明显减轻；一些村组财务管理混乱、村委会换届选举不规范；一些地方违规征占买卖土地，补偿标准较低且被层层截留克扣，失地农民得不到妥善安置；乡村基层干部作风粗暴，干群之间矛盾突出等方面的问题。

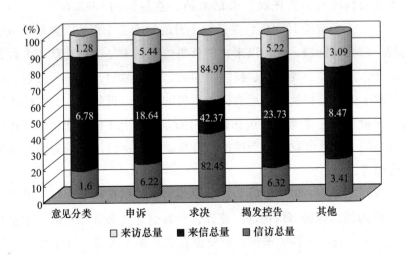

图3-18　来信和来访的主要内容所占比重

3. 接受信访机构分布情况

（1）信访数量机构分布不均，人大居首位。从该市信访局所统计的信访接待部门情况来看，人大接受信访的数量最多（见表3-20），占上半年信访接待部门的绝大部分，无论是来信还是来访，与政协、法院、检察院等其他部门比较，数量都十分惊人。在人大信访接待中，地级人大相比于县级人大，所承担的数量更多、任务更重，而且无论是初信还是重信，是个体访和集体访，地级人大接待数量都排在第一位，这也充分证明了人大在信访工作中的重要地位。就一般意义而言，信访是人大的一个重要方面，是发扬民意、体贴民情、联系民众的重要渠道，对于推动民主法制建设和政治文明建设具有重要作用。从表中信访增长数字可以看出广大民众对人大的信任。另外，可以反映出广大民众在上诉无果、投诉无门的情况下，把最后的希望寄托在人大身上。因此，人大工作面临的压力越来越大，任务也愈加艰巨。

表3-20　　　　　　　主要信访机构接受上访数量统计

部门		来信				来访							
		初信		重信		初访				重访			
		件次	其中联名信	件次	其中联名信	件次	人次	其中集体访		件次	人次	其中集体访	
								件次	人次			件次	人次
人大	地级	264	28	100	18	198	494	18	155	87	148	3	25
	县级	27	3	2		59	94			4	4		
政协	地级												
	县级												
法院	地级												
	县级	1				30	42			1	2		
检察院	地级												
	县级					3	3						

（2）通过人大信访的数量总体呈现递增趋势。根据笔者的调查和表3-21的数据，可大致得出以下结论：第一，近几年来地方各级人

大的信访总量总体呈快速上升的趋势，地、县两级人大来信来访数量
不断增加。第二，经济发达地区的地方信访数量要明显高于经济较落
后地区的信访数量，A、B 两市经济发展速度要明显高于 D、E 两地，
说明经济发展水平与民众自主程度和民主意识呈明显的正相关关系。
第三，在人大的信访接待中，越级上访现象更加明显，从表 3 – 34 可
以看出，级别更高的地级人大要接待的来信和来访数量要远远超出县
级人大，只是因为级别越高接待的信访者越多，同时更多的上访者认
为级别越高的信访机构更可能为他们做主。第四，在来信与来访的比
较中，近几年来访的数量要远远大于来信的数量。无论来访的人数还
是次数及规模都有不同程度的上升，说明对于信访这种特殊的政治参
与中，政治接触的程度在提升。第五，在人大信访制度的运作逻辑
中，人大开会期间的来信与来访要明显多于闭会期间并呈现出一个信
访高峰期。人大信访工作涉及面广，政策性、法律性强，有些问题解
决起来往往涉及社会的方方面面。当前信访量上升是多方面原因引起
的，应全面加强和改进人大信访工作。当前形势下如何做好人大信访
工作，处理好信访工作中出现的种种矛盾和问题，是各级人大常委会
应该认真思考的问题。各级政府必须适应当前信访形势的需要，在改
进和创新上下功夫，不断开创工作的新局面。

表 3 – 21　　　　　　　X 市及部分县、市、区人大信访数量统计

年份	A 市	B 市	C 市	D 区	E 县
	来信/来访	来信/来访	来信/来访	来信/来访	来信/来访
2004		286/158	176/75		135/368
2005	876/654	463/272	187/56		165/479
2006	1047/787	485/335	214/490		180/329
2007	1693/1026	478/215	382/446	73/26	295/481
2008	1797/1327	579/314	428/551	65/16	182/325
2009	1211/1838	682/500	479/514	86/28	196/241

注：X 为地级市，A、B、C 为县级市，D 为 X 市 2006 年 9 月新设的区，E 为 X 市下
辖县。

（3）职能部门与农民权益关系密切程度和信访数量呈正相关关系。对于职能部门信访接待情况来说，信访数量呈现出极不均衡的局面（见图3-19）。在所涉及的农民信访职能部门中，劳动保障部门、国土资源部门以及人事部门占据了前三位，在X市2009年上半年的统计数据中，排名前三位的部门来访接待数量分别为487件次、76件次和54件次，而公安部门的来信数量最多，达到80人次，其他来访数量部门接待排名依次为环保、民政、卫生、交通及教育等。针对这一现象，笔者认为，越是跟农民生产生活密切相关、权益联系越紧密的部门，上访的数量越多，要求有关职能部门解决的需求也更加迫切，这就不难解释为什么劳动保障部门接待来访数量如此之高的原因。当然，这也从一个侧面反映出我国目前劳动者特别是农民权益保障机制的欠缺，相关法律不健全，诉讼渠道不通畅，终结程序不合理，解决问题不彻底，农民权益得不到有效保护。还有国土资源部门的受访量也很大，这与当前农村土地征用有很大关系，土地征地的非法性、无序性及随意性在某些地区愈演愈烈，肆意破坏耕地，侵害农民土地使用权已经成了相当严重的问题，这不得不引起有关部门的高度重视。

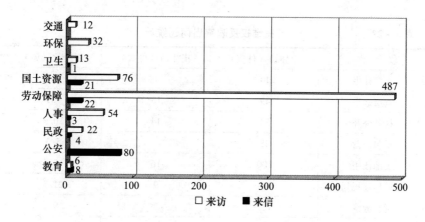

图3-19 职能部门接受信访情况

4. 信访内容分类情况

所谓信访分类，就是根据群众来信来访的客观情况、实际内容及特点拟定一定的规格，依据这些不同的规格要求，将群众的每一件信访分别纳入不同的系统之内，以便进行综合考察、分析和研究。信访内容分类的目的是从研究和满足人民群众的需要出发，综合分析社会状况，洞察现存的问题，找出原因，提出解决的办法，为党和政府的决策机关、执行机关及时准确地提供必要的信息。

（1）城镇化进程中农民权益维护问题较为突出。城市化是当前社会发展和结构调整的重要趋势，近几年来，各地大力推进城镇化进程，在城郊社区规划，城中村改造、城乡接合部规划及棚户区建设方面成果突出，在极大改善农村建设的同时，推动了城市建设大发展。但是，过多注重行政命令手段，制度化、程序化运作不规范，导致在城镇改造和拆迁过程中暴露出了很多问题，甚至出现激化局面爆发冲突。

我们简要地分析一下 X 市（见表 3 - 22）信访高峰 2006 年信访内容分类的总体统计数据。很明显，在所列的分类项目中，城镇拆迁和规划居于首位，达到总信访量的 21.3%，这说明该市在城镇化进程中，有关拆迁和建设规划方面问题比较突出，引发了农民维权的上访投诉高峰，对此应引起政府部门的高度重视。

表 3 - 22　　　　　　　　农民维权反映突出问题统计

	个体访（件次）	集体访（件次）	百分比（%）
人口计生	14	1	2.4
基层选举	49	13	9.9
村务公开	54	14	10.9
承包经营	28	5	5.3
土地征用	100	16	18.6
城镇拆迁规划	124	9	21.3
优抚救济	117	2	19.1
历史遗留问题	33	18	8.2
医患纠纷	21	6	4.3
总计	540	84	100

（2）农民社会保障体系有待完善。完善的社会保障体系是有效维护农民权益的制度屏障，也是保证民生的重要前提。农民保障体系的完善借助于救济制度的规范，法制体系的健全和社会福利的提升。就河南 X 市的状况，可以看出，除城镇拆迁和规划之外，接下来的排序依次是优抚救济（19.1%）、土地征用（18.6%）、村务公开（10.9%）及基层选择（9.9%）等，这可以在一定程度上反映出该市社会福利救济保障措施还有待加强，土地征用急需规范，基层民主建设尚待提高，农民社会保障、民主权益及政治参与的制度建设和法制举措还有很长的路要走。

（三）农民信访所存在的问题

当前，我国正处于社会转型期的深刻变革阶段，随着市场经济的迅速发展和农村社会改革的逐步深化，农民利益结构不断调整，社会阶层变动，长期以来，农村社会所隐藏的深层次矛盾也开始凸显，农村热点、难点不断增多，这些矛盾及问题会通过各种渠道体现出来，信访就是其中重要途径之一。在经济社会结构剧烈变革、矛盾聚集时期，信访数量增加，反映问题复杂化，处理难度加大成为必然趋势。这可以从河南 X 市的信访实证研究结果中得到验证。除此之外，农民信访的特征和趋势、信访目的的实现方式和结果、信访机构的工作效果及信访机制方面的问题，上述实证描述中也都有反映。因此，笔者根据当前农民信访总体现状，结合实证分析，从以上四个角度提出当前农民信访工作状况的分析观点。

1. 农民信访呈现新的现状

近年来，随着农村社会经济结构的变革，农村的经济成分、社会结构、利益主体及生产方式都发生了深刻的变化，农村信访形势也呈现出新的特征，信访数量增加且处于上升趋势，信访手段和方式多样化，信访问题总体呈现出内容复杂化、主体多元化等特点，群众信访问题虽然形成原因和表现形式各不相同，但总体呈现出历史问题与现实问题相互交织、经济利益诉求与政治利益诉求相互交织、合理要求与不合法方式相互交织、多数人的合理诉求与极少数人的无理要求相互交织、群众自发行为与部分人员挑头组织操纵相互交织的复杂局面。化解矛盾纠纷和处理信访突出问题的任务仍然十分繁重。

（1）信访数量呈上升趋势。我国信访工作当前我国正处于第三次信访洪峰即社会转型期的"信访洪峰"过程中，且势头正劲。以2000—2006年，全国县级以上三级党政机关处理信访数量统计为例，2000年全国信访量突破1000万人（件）次，到2004年连续四年逐年攀升，2001年为1113.1万人（件）次，2002年为1145.4万人（件）次。"2003年，全国信访量为1272.3万人（件）次，比上年上升4.1%，全国党政信访部门共接待公民集体上访31.5万批次、712万人次，分别比上年上升了41%和44.8%，其中50人以上的集体访批次和人次分别比上年上升了33.3%和39%。"① 2004年，全国县以上党政信访部门受理群众来信来访总量达到1373.6万人（件）次，成为持续上升的第12年②。虽然这两年的信访量有所下降，但是，"信访洪峰"仍然处在1000万人（件）次以上的高位运行，如果加上各系统、各部门及县以下各级机构受理的群众信访，数量还要更大，而且其中多年积累的问题解决的难度越来越大，新的问题仍在不断产生，深层次的矛盾逐渐呈现，其中多数涉及群众的切身利益。

（2）信访方式多样化。随着信访的推进和延伸，信访方式也不断更新，在信访的人群中，既有单个的信访，又有十几人甚至几十人以上的群体访；既有同时上访几个部门的多头访，又有为问题得不到有效解决的重复访；既有上访本地政府及信访机构的本地访，也有干脆撇开本地信访部门的越级访，进京访等多种形式。甚至出现了不达目的不罢休的上访"专业户"及提出超出政策和法律规定范围的要求、进行无理取闹的"缠访户"。这些不规范、非理性的信访方式，不仅增加了信访部门的工作负担，破坏了信访秩序，损害了信访部门的形象，不但不能够使问题得到有效解决，而且一定程度上影响了农村的社会稳定和经济的发展，造成恶劣的后果。

---

① 于建嵘：《信访制度改革与宪政建设》，《二十一世纪》2005年第6期。
② 王学军：《贯彻落实〈信访条例〉的几个问题》，《信访条例专题研讨班讲稿》2005年第8期。

（3）信访内容复杂化。随着城市化进程加快，重点工程陆续开工建设，农村土地制度改革、林权制度改革、医保社保、教育就业等各项改革的稳步推进，各种矛盾逐渐显现，信访内容既涉及村务管理中土地征用、土地承包及福利、宅基地建设及财务公开方面，又牵涉政府公共管理和社会服务方面的问题，还有行政工作、劳动和社保、民事纠纷等各类问题，各种矛盾相互纠缠连接，利益关系错综交叉，信访内容愈加复杂化。企业改制下岗职工、失地农民、部分军队转业退役人员等群体频繁上访，有的甚至串联聚集，形成大规模集体上访。不稳定、不和谐因素仍然存在，在今后一段时期内，我们仍将面临历史遗留问题尚未完全解决，而一些新的问题又不断出现，矛盾反复甚至激化的可能性依然存在的局面。

2. 农民信访维权功能尚未有效发挥作用

法制社会中，人成为个体的基本条件是拥有权利，"没有权利就不可能存在任何人类社会。不论采取何种形式，享有权利乃是成为一个社会成员的必备要素"[1]。身为弱势群体的农民，只有权利得到有效维护，才能成为法制社会的成熟个体。信访作为传达民意诉求的一种形式，既是公民参政议政的特殊通道，也是弱势群体维护自身权益的有效渠道。完善的信访机制，既可以实现农民参政议政、利益表达的要求，也可以利用权利救济功能达到维权的目的。

（1）利益表达渠道不畅。信访虽然产生了很多问题，但是，作为农民政治诉求表达的一种渠道，可以缓解农民和基层政府的内部矛盾，达到政治稳定的一种动态的平衡。因此，短期内不能削弱其功能。信访担负着民意传达功能，通过给国家有关机关写信或走访反映民情社意，对国家机关和工作人员的工作提出批评或建议来实现自己的利益诉求。信访对于农民利益表达有独特优势，其直诉特点可以弥补农民一些方面的缺失，实现利益表达的目的。而信访工作的缺陷导致利益表达的阻滞，比如信访机构程序性缺失，缺乏规范，而导致农

---

① ［英］A. J. L. 米尔恩：《人的权利与人的多样性》，张志铭译，中国大百科全书出版社1995年版，第154页。

民利益诉求不畅，还有信访过程程序缺失，导致农民上访缺乏规范化、制度化而造成非理性上访，使本来以合理的信访程序能够及时得到解决的问题被相关机关以违反相关规定而将农民拒之门外，农民的利益诉求得不到合理的表达，这都是农民信访维权中利益表达受阻的体现。

（2）救济制度不完善。信访除实现利益表达功能外，还有另外职能就是权利救济，即"信访作为一种正常司法救济程序的补充程序，通过行政方式来解决纠纷和实现公民的权利救济"①。当前我国司法救济相对薄弱，制度建设相对程度不高，信访作为重要的权利救济渠道，发挥了特殊的功能。理论上讲，信访只是包括行政诉讼、行政复议等行政救济手段之一，行政诉讼、行政复议受理范围有限制，而信访则没有。信访救济有利于突破地方干预，增强救济的独立性和公正性，而且信访救济的经济成本相对较低，降低了寻求救济的门槛，非程序性和不确定性为实现救济提供了更多的可能，因此，信访救济有自身的优势。但是，目前我国信访制度很不健全，救济功能尚未得到有效发挥，实施过程存在很多不确定因素，对于农民权益保护也没有起到很好的作用。

3. 信访机构维护农民权益工作缺失

（1）信访机构体制混乱，职责交叉。我国信访机构数量庞杂，归口不一，从中央到地方，各级行政机构的法院、检察院、党委及人大都设有信访部门。"由于信访属于国家机关序列，没有明确的隶属关系，中央和地方之间的信访协调和管理机制十分有限，各地信访机构各自运作，缺乏沟通，这样势必造成各级信访机构在没有任何监督下对信访案件层层转办，导致信访不断升级，最后不断向中央聚集。"②此外，政府间职责交叉、权责不明致使信访事项管辖权混乱，导致信访事项受理及处理主体不明，管理缺位，效率低下。

（2）信访机构功能错位。信访制度的功能设计初衷主要是政治参

---

① 于建嵘：《信访的制度性缺失及其政治后果》，《凤凰周刊》2004 年第 32 期。

② 邱锐：《加强信访工作的几点建议》，《中国行政管理》2005 年第 6 期。

与和民主监督，但随着改革深化和社会变革的加剧，各种矛盾凸显，多元化利益诉求涌现，加上司法救济苍白，信访的其他功能不断弱化，权利救济功能却被不断强化，导致信访的权利救济功能被无限放大和过分强调，大量的案件涌向了信访渠道。"由于信访部门并不具有解决这些问题的实际权力，可信访者却在很大程度上把信访部门当成了解决问题的责任主体，这样就势必把信访部门摆在了信访群众的直接对立面。"[①]

（3）信访部门工作运作失范。信访部门及工作人员信访工作的缺陷是导致信访重访、集体访及信访问题复杂化的直接原因。有的信访案件本来是单纯的民事纠纷，就因为工作人员的态度恶劣或采用简单粗暴的手段去处理问题，或者由于中间操作的失误而引发了官民冲突，问题变得更为复杂，矛盾也更加激化。

一是信访人员素质不高。一些农村基层干部素质不高，政策理论水平低，群众观念不强，短期行为和个人利益取向严重；一些农村基层干部工作作风简单，态度粗暴，对群众所反映的问题不重视。还有一些村干部在工作中，不讲究工作方式方法，不善于做群众思想工作，对有抵触情绪的群众，往往采取压制的办法，激化了干群矛盾，导致问题严重性和复杂化。

二是信访行政行为失范。信访工作的法制缺失一直是备受关注的问题，一些地方政府和机构利用职权或行政手段制造垄断利益的问题突出，为防止农民上访，采用打压、强制扣留甚至拘禁的现象也时常存在，由于利益的趋同性和管理体制的弊端，使一些基层干部利用手中的权势横行乡里，执法不公、违法行政、枉法裁判的现象大量出现。此外，村民自治和民主管理流于形式、基层组织不健全、财务制度不健全、村务公开落实不到位、管理混乱等问题的存在，使贪污、腐败及受贿现象比较严重，因而使信访工作行政失范现象十分突出。

---

① 于建嵘：《中国信访制度批判》，《中国改革》2005 年第 2 期。

第五节　农民民主权益保障政策
评价指标体系研究
——以《村民委员会组织法》
为个案

在我国，农民民主权益的保障历来受到关注，特别是在新中国成立后，以及改革开放以来，为保障农民的民主权益，维护好广大农民的民主权益，党和政府制定了一系列的关于保障农民民主权益的政策，其中 1987 年 11 月通过并颁布的《村民委员会组织法》是农民民主权益保障的一个转折点，或者说是农民民主权益保障的里程碑。但是，根据调查发现，《村民委员会组织法》在基层农村的执行情况很不理想，同时，在具体的执行过程中也发生了很多问题，影响着农民民主权益的保障。笔者认为，农民民主权益保障在很大程度上受到相关政策的影响。《村民委员会组织法》从 1988 年 6 月 1 日开始施行，到今天已经 30 多年的时间，这些年来，农村基层民主在全国各地广泛深入开展，并取得了一定成效，特别是 1998 年 11 月 4 日，九届全国人大常委会五次会议通过《村民委员会组织法》，基层群众自治制度的法律基础基本奠定，农村基层民主工作的效果更是显著。但随着社会的进步和农民科学文化水平的提高，特别是社会主义新农村建设的提出，农民对自身民主提出了新的要求，自身的民主意识也逐步提高，他们对执行多年的《村民委员会组织法》提出了众多问题，主要有以下三点：（1）村级政权组织的任期问题。《村民委员会组织法》规定，村级政权组织任期为三年，而目前我国乡镇以上各级政权组织的任期均为五年，这样，既增加了农村的选举成本，也使选举无法与上级政权选举衔接。（2）有关威胁、贿赂、伪造选票等问题。《村民委员会组织法》对威胁、贿赂、伪造选票等不正当手段破坏选举的行为没有明确的处罚规定。而目前这类破坏行为严重影响到农村选举的正常进行。（3）有些具体条款的规定已不能适应目前经济社会的发展。"比如对村民委员会成员的任职资格规定不清晰，在群众民主意识提高的今天已不能满足村民对民主的要求。"①

公共政策过程由多个阶段构成，国内学者宁骚、陈振明、顾建光、张金马、陈庆云等对公共政策过程的阶段分类有所不同。综合各学者的观点，笔者认为，公共政策过程大体分为公共政策问题的构建，公共政策的制定，公共政策的执行，公共政策的评估与监控，公共政策的变动、终结与周期五大阶段。这五个阶段是一个有机的整体，相互联系、相互影响。所以，研究一项公共政策，必须从整体上去把握，分阶段、分指标地研究分析，这样，才可能保证研究的科学性和合理性。而将《村民委员会组织法》作为一项公共政策来研究也应运用公共政策分析的研究方法。

综上所述，笔者认为，对《村民委员会组织法》评价指标体系进行研究的意义主要体现在促进《村民委员会组织法》的完善，加快基层民主政治建设；推进我国公共政策分析研究方法的创新，特别是加强定量分析方法在公共政策分析研究中的应用。

第一，促进《村民委员会组织法》的完善，加快基层民主政治建设。农民民主是我国民主政治建设的重要组成部分，只有加强《村民委员会组织法》的研究，才能促进农村基层民主政治建设。只有农村基层民主政治建设达到一定程度，才能保证我国整体民主政治建设水平的提高，才能保证社会的全面进步。通过对《村民委员会组织法》评价指标体系的研究，才能从整体上把握此类政策的实质，才能保证相关政策制定的科学合理、政策执行的可操作性和政策目的的真正实现。《村民委员会组织法》在制定和执行的过程中难免存在不足，《村民委员会组织法》评价指标体系的研究就是通过对政策过程及相关评价指标的研究，反映出政策问题。从发现的问题入手，对《村民委员会组织法》进行完善，促进基层民主政治建设。

第二，推进量化分析方法在我国公共政策研究中的应用。公共政

---

① 朱江平：《村委会组织法究竟如何修改——农民民主政治建设专家意见扫描》，《农村工作通讯》2009 年第 24 期。

策分析是公共政策过程的重要一环。只有通过科学的评价，人们才能判断一项政策是否达到了预期的政策目标，并由此决定此项政策的延续、调整、终止和完善。同时，只有通过政策分析，人们才能对公共政策进行全面的考察，总结经验教训，为以后的政策制定和执行提供良好的基础。我国公共政策分析的方法比较滞后，特别是量化分析方法的应用更是比较滞后。目前发达国家的公共政策分析方法主要是在理性分析基础上的定量分析。笔者试图通过用定量分析的方法对《村民委员会组织法》评价指标体系进行研究，力图推进量化分析方法在我国公共政策分析中的应用。

一 《村民委员会组织法》的评价指标体系构建

《村民委员会组织法》作为我国农民民主权益保障政策体系相对完整和重要的一项政策，其评价指标体系构建的主要依据是本书第一部分所述理论。

(一)《村民委员会组织法》评价指标体系构建原则

《村民委员会组织法》评价指标体系确定的基本原则既要涉及此项政策的全过程，体现它的全面性，又要体现它的科学性和合理性。具体有以下四项原则。

1. 系统层次性原则

《村民委员会组织法》评价指标体系是涉及多因素影响的复杂结构系统，具有很强的系统整体性和层次性，因此，在评价指标体系的设计中，必须遵循系统层次性原则，才能建立起科学合理的《村民委员会组织法》评价指标体系。评价指标体系中的各个评价指标之间，在其内涵、计算方法等方面，要相互衔接，力求系统地反映《村民委员会组织法》评价指标体系各指标之间的内在联系与规律。

2. 全面性原则

全面性原则要求《村民委员会组织法》评价指标体系应以整个政策生命周期的全部阶段为基础，反映出全部因素对《村民委员会组织法》政策效果的影响。因此，设定的指标体系应该涵盖《村民委员会组织法》的问题构建、《村民委员会组织法》的制定、《村民委员会组织法》的执行、《村民委员会组织法》的监控和评估和《村民委员会组织法》的变动、终结与周期五个阶段。

3. 可比性原则

运用评价指标体系进行评价时，经常要做纵向和横向的分析，对多个评价对象进行比较，或对某一特定对象进行动态分析，所以，纵向分析为动态比较，横向分析为静态比较。指标的可比性也包括两个维度的含义。一是纵向可比性，即不同时间范围上的可比性；二是横向可比性，即考虑《村民委员会组织法》在不同地区的可比性。为使评价结果具有可比性，在考虑各因素之间的差异基础上进行综合后，抽取比较重要的因素形成评价指标体系，从而提高评价结果的可辨别度。

4. 定性和定量相结合原则

为了能够正确、全面、综合地评价，指标体系设计时应尽量采用定量指标。但在《村民委员会组织法》具体的政策过程中涉及大量的社会、环境和制度等变量因素，这些变量因素中有许多是难以量化的，甚至是不可能量化的，但这些指标对《村民委员会组织法》的评价又有非常重要的影响，因此，必须加以定性的描述。在评价分析时，再将定性指标进行量化处理，进而反映出其权重。

（二）《村民委员会组织法》评价指标体系的基本框架

依据相关理论，结合《村民委员会组织法》的具体情况，拟从《村民委员会组织法》的问题构建、《村民委员会组织法》的制定、《村民委员会组织法》的执行、《村民委员会组织法》的监控与评估、《村民委员会组织法》的变动、终结与周期五个方面设计《村民委员会组织法》评价指标体系基本框架。

（三）《村民委员会组织法》评价指标体系的完善

科学的指标体系是获得正确结论的前提。最初选择的指标不一定是科学的，所以，要对最初的指标体系进行科学性检验。目前，对指标体系的科学检验主要包含单个指标检验和整体检验两方面的内容。单个指标检验是指检验每个单一指标的可行性和正确性。整体检验是指检验整个指标体系中指标的重要性和完整性。

（1）重要性检验采用德尔菲法，通过问卷的形式，由专家依据指标重要性程度赋值表所示的分值为每个指标打分。根据专家打分情况，经过数学处理，判断各个指标的重要程度，并最终确定最后的指标。

（2）完整性检验是检验指标体系对评价目标反映的全面性，主要通过定性判断进行分析。通过对《村民委员会组织法》的产生、试行、修改、执行等过程的相关资料的收集，用所选的指标对《村民委员会组织法》执行前后，农民民主权益保障情况的比较，并在此基础上进行筛选，最终确定相对较优的指标作为《村民委员会组织法》评价指标体系的各个指标。

（四）《村民委员会组织法》评价指标体系构建

根据以上分析的《村民委员会组织法》评价指标体系的基本框架，并通过征询相关专家的意见，然后进行统计处理，反复权衡，最终确定《村民委员会组织法》评价指标体系及指标赋值（见图3 – 20、表3 – 23和表3 – 24）。

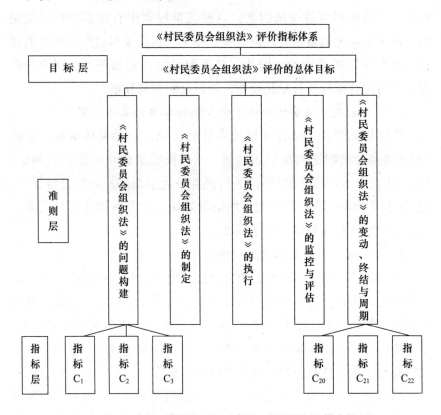

图3 – 20 《村民委员会组织法》评价指标体系基本框架

表 3 - 23　　　　　　　　　　指标重要性程度赋值

分值	定　义	含　义　描　述
1	无须考虑	这个指标是多余的
2	意义不大	有无该指标对指标体系影响不大
3	应该含有	该指标是指标体系应该考虑的，有了该指标，指标体系的功能意义会更大
4	重要	该指标是指标体系的重要组成部分，如果缺少的话，指标体系就会有较大的缺陷
5	很重要	该指标是指标体系必须考虑的指标，如果缺少的话，指标体系就会有严重的缺陷
6	极其重要	该指标对于指标体系极其重要，缺少该指标，指标体系不能成立，无法对问题进行解释说明

表 3 - 24　　　　　　　　《村民委员会组织法》评价指标体系

	准则层（一级指标）	指标层（二级指标）
《村民委员会组织法》评价指标体系	《村民委员会组织法》的问题构建（B1）	《村民委员会组织法》问题的本质（C_1）
		《村民委员会组织法》制定的必要性（C_2）
		《村民委员会组织法》问题的界定（C_3）
		《村民委员会组织法》问题提出者的影响（C_4）
	《村民委员会组织法》的制定（B2）	《村民委员会组织法》目标的可行性（C_5）
		《村民委员会组织法》制定主体的影响力（C_6）
		《村民委员会组织法》本身（C_7）
		《村民委员会组织法》制定程序的科学完整性（C_8）
	《村民委员会组织法》的执行（B3）	《村民委员会组织法》的认同度（C_9）
		《村民委员会组织法》执行主体的能力（C_{10}）
		《村民委员会组织》执行客体的能力（C_{11}）
		《村民委员会组织法》执行的环境影响（C_{12}）
	《村民委员会组织法》的监控与评估（B4）	《村民委员会组织法》的监控机制（C_{13}）
		《村民委员会组织法》监控的主体（C_{14}）
		《村民委员会组织法》的效率（C_{15}）
		《村民委员会组织法》的效益（C_{16}）
		《村民委员会组织法》的影响（C_{17}）
		《村民委员会组织法》的回应性（C_{18}）
		《村民委员会组织法》的评估方法（C_{19}）

续表

	准则层（一级指标）	指标层（二级指标）
《村民委员会组织法》评价指标体系	《村民委员会组织法》的变动、终结与周期（B5）	《村民委员会组织法》的稳定性（C_{20}）
		《村民委员会组织法》的连续性（C_{21}）
		《村民委员会组织法》的周期性（C_{22}）

1.《村民委员会组织法》的问题构建评价指标构成

（1）《村民委员会组织法》问题的本质：《村民委员会组织法》问题提出的目的以及问题的属性。

（2）《村民委员会组织法》制定的必要性：《村民委员会组织法》问题在客观上的严重性以及政策制定实施的迫切性。

（3）《村民委员会组织法》问题的界定：《村民委员会组织法》对其要解决问题的界定是否全面、完整。

（4）《村民委员会组织法》问题提出者的影响：《村民委员会组织法》是由哪些社会主体提出的，提出主体主要有政府部门、政治领袖、政党和利益集团、大众传媒和各类研究组织。

2.《村民委员会组织法》的制定评价指标构成

（1）《村民委员会组织法》目标的可行性：《村民委员会组织法》实施在政治、经济、文化、技术、人员上可行与否。

（2）《村民委员会组织法》制定主体的影响力：《村民委员会组织法》制定主体对政策制定的影响程度。政策制定主体主要有行政机关、立法机关、研究机构和利益集团。

（3）《村民委员会组织法》本身：《村民委员会组织法》方案是否建立在可靠的现实基础上，是否经过充分论证，是否具有灵活应变性。

（4）《村民委员会组织法》制定程序的科学完整性：全面检查《村民委员会组织法》制定的过程是否经过了科学完整的决策程序。

3.《村民委员会组织法》的执行评价指标构成

（1）《村民委员会组织法》的认同度：《村民委员会组织法》的

作用指向与政府行为、企业行为和市场的作用指向一致与否的程度；公众尤其是政策作用对象对政策的接受、赞同程度。

（2）《村民委员会组织法》执行主体的能力：负责组织落实《村民委员会组织法》的人员或组织的能力。

（3）《村民委员会组织法》执行客体的能力：《村民委员会组织法》作用对象的接受态度、能力和政策执行度。

（4）《村民委员会组织法》执行的环境影响：《村民委员会组织法》执行过程中的社会、政治、经济等外界环境的影响。

4. 《村民委员会组织法》的监控与评估评价指标构成

（1）《村民委员会组织法》的监控机制：专门机构对违背《村民委员会组织法》的行为进行查处，对政策本身的失误进行修订的情况。

（2）《村民委员会组织法》监控的主体：从事《村民委员会组织法》监控活动的个人和组织。

（3）《村民委员会组织法》的效率：《村民委员会组织法》的产出与投入之间的比例关系。

（4）《村民委员会组织法》的效益：《村民委员会组织法》目标得以实现的程度。

（5）《村民委员会组织法》的影响：《村民委员会组织法》产出所引起的人们在行为和态度方面的实际变化。

（6）《村民委员会组织法》的回应性：《村民委员会组织法》结果满足人们需求、价值与机会的有效程度。

（7）《村民委员会组织法》的评估方法：《村民委员会组织法》评估所采用的评估方法。

5. 《村民委员会组织法》的变动、终结与周期评价指标构成

（1）《村民委员会组织法》的稳定性：《村民委员会组织法》在一段时间内必须保持稳定性。

（2）《村民委员会组织法》的连续性：《村民委员会组织法》的变动必须具有连续性。

（3）《村民委员会组织法》的周期性：《村民委员会组织法》的

调整应该具有周期性，与社会的发展相适应。

二 《村民委员会组织法》评价指标权重的确定

在公共政策评价指标体系中，各项评价指标与政策的相关度有差异。一般可以用每个指标的权重系数来反映不同指标对政策的相对重要性。越是重要的指标，其权重系数越大。因此，确定政策评价指标体系中每一层次指标的权重是进行政策评价指标体系研究的关键问题。本书在对权重系数确定方法作了基本分析和介绍后，采用层次分析法计算了本书前边构建的《村民委员会组织法》评价指标体系中各指标的权重。

（一）评价指标权重的确定方法

对指标体系中各个指标权重的计算方法很多，结合本书研究问题的实际和各方法的应用情况，本书确定采用层次分析法（AHP）作为计算指标权重的方法。

1. 确定权重的基本方法

如何确定指标的权重呢？从权重本身来看，可以从两个方面理解：一方面，它应从客观的角度反映每个评价指标的相对重要性；另一方面，它也反映决策者、执行者、评价分析人员对各类评价指标主观上的相对偏好程度。因此，确定权重的方法大致也可以分为两类：一类是在决策前通过分析人员和决策者的对话，给出一个权重，然后据此决策；另一类不要求在决策前给出权重，而是在决策过程中，通过分析人员与政策参与人员的不断对话，最终确定指标的权重，为决策者的决策和政策的执行以及政策的优化提供最佳方案。考虑到本书的研究问题和农民民主权益保障政策评价指标体系的自身特点，本书采用专家调查法和层次分析法。

评价指标体系中的各个指标之间，容易出现信息的重叠或者各指标之间会有不同程度的相关性，从而使评价结果产生片面性。为消除此类问题对研究的影响，研究者一般会采用因子分析法、相关系数法等方法剔除部分指标，或者在原来指标的基础上进行综合，得到新的指标。这样出来的结果，往往使最后得到的指标体系在理论和实践上不够科学、不够合理和完善。用层次分析法确定权重，是在相关理论的指导下建立指标体系，分层次确定权重，即使出现了指标相关或信息重叠的问题，由于同一层次总的权重已经确定，因而对综合评价结论不会产生大的影响。另外，采用层次分析法可以将主观因素、定性因素和定量因素有机地结合起来，使指标的权重确定更加科学合理。

2. 层次分析法的基本步骤

运用层次分析法进行研究时，大体可分为以下六个步骤：

（1）分析系统中各因素之间的关系，建立层次结构模型。在深入分析所面对的问题之后，将问题中所包含的因素按属性进行分组，形成不同的层次。同一层次的因素作为准则层对下一层次的部分或全部因素起支配作用，作为准则层的因素又受上一层次的因素所支配。层次一般分为最高层、中间层和最低层三层。

最高层又叫目标层，是层次分析法解决问题的目标，或者说是问题的预定目标或理想结果。在《村民委员会组织法》评价指标体系研究中，目标层是《村民委员会组织法》评价指标体系的整体。中间层也称为准则层，是实现目标所必需的环节或因素、所要考虑的准则。该层可由多个层次组成，所以有准则层和子准则层之分。《村民委员会组织法》评价指标体系的准则层有"政策问题构建""政策制定""政策执行""政策的监控与评估"和"政策的变动、终结与周期"等指标构成。最低层一般为方案层或措施层，也称为指标层，是实现目标可供选择的各种方案和措施。《村民委员会组织法》评价指标体系研究的指标层由 22 个指标构成，具体情况如图 3 - 21 所示。

（2）在上一层次某一准则下对同一层次的各个指标两两进行重要性比较，构造判断矩阵。

在递阶层次结构中，假定上一层元素 C 为准则层，所支配的下层次指标为 A_1、A_2、A_3、…、A_n。针对准则 C，两个元素 A_i 和 A_j 哪个更重要，重要多少，按 1—9 比例标度对重要性程度赋值（见表 3 - 25）。这样，对于准则层 C，被比较的元素就可以构成一个两两比较判断矩阵，如表 3 - 26 所示。

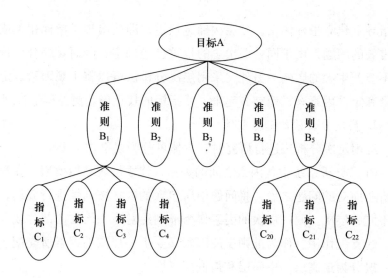

图 3 – 21   《村民委员会组织法》评价指标体系递阶层次结构模型

表 3 – 25   元素两两比较标度 1—9 比例的含义

重要程度	定义	含义描述
1	同等重要	两个元素具有相同的作用
3	稍强	一个元素比另一个元素作用稍重要
5	强	一个元素的作用明显重要于另一个元素
7	很强	一个元素强烈重要于另一个元素
9	特别强	一个元素极端重要于另一个元素
2、4、6、8		以上那些标度的中间值
倒数		两个因素交换次序的重要性比较

表 3 – 26   两两比较矩阵

C	A_1	A_2	……	A_n
A_1	1			
A_2		1		
……			……	
A_n				1

判断矩阵可以简单地表示为：

$$A = (a_{ij})_{n \times n}$$

式中，a_{ij}是指标A_i和A_j相对于准则C的重要性的比例标度。n为两两比较因素的数目，a_{ij}是指标i比指标j相对于某一准则层的重要尺度，按1—9比例标度赋值。显然，判断矩阵 A 具有以下性质：

$$a_{ij} > 0 \quad a_{ji} = \frac{1}{a_{ij}} a_{ii} = 1 \quad i, j = 1, 2, \cdots, n; \; i \neq j \tag{3.4}$$

（3）由判断矩阵计算单准则下各指标相对权重。判断矩阵的最大特征根及其对应的特征向量的计算方法很多，最常用的是近似计算方法为和积法与方根法。

第一：和积法计算的步骤如下：

①将矩阵每一列进行归一化：

$$\bar{a}_{ij} = \frac{a_{ij}}{\sum\limits_{k=1}^{n} a_{kj}} \quad i, j = 1, 2, \cdots, n \tag{3.5}$$

②列经过归一化后的新矩阵按行相加：

$$\bar{w} = \sum_{j=1}^{n} \bar{a}_{ij} \quad i = 1, 2, \cdots, n \tag{3.6}$$

③对向量$\bar{w} = [\bar{w}_1, \bar{w}_2, \cdots \bar{w}_n]^T$归一化：

$$w_i = \frac{\bar{w}_i}{\sum\limits_{j=1}^{n} \bar{w}_j} \quad i = 1, 2, 3, \cdots, n \tag{3.7}$$

所以得到的 $W = [W_1, W_2, \cdots, W_n]^T$ 即是所求得的特征向量。

④计算判断矩阵的最大特征根：

$$\lambda_{\max}, \; \lambda_{\max} = \sum_{i=1}^{n} \frac{(AW)_i}{nW_i} \tag{3.8}$$

第二：方根计算法的步骤如下：

①计算判断矩阵每一行指标的积：

$$M_i, M_i = \prod_{j=1}^{n} a_{ij} \quad i = 1, 2, \cdots, n \tag{3.9}$$

②计算 M_i 的 n 次方根$\bar{w}_i$：

$$\bar{W}_i = \sqrt[n]{M_i} \tag{3.10}$$

③对向量$\overline{w} = [\overline{w}_1, \overline{w}_2, \cdots, \overline{w}_n]^T$归一化：

$$W_i = \frac{\overline{W}_i}{\sum\limits_{j=1}^{n} \overline{W}_j} \quad i = 1, 2, \cdots, n \tag{3.11}$$

所得到的 $W = [W_1, W_2, \cdots, W_N]^T$ 就是所要求的特征向量。

④求判断矩阵的最大特征根：

$$\lambda_{max}, \lambda_{max} = \sum\limits_{i=1}^{n} \frac{(AW)_i}{nW_i} \tag{3.12}$$

式中，$(AW)_i$ 表示 AW 的第 i 个指标。

（4）一致性检验。在计算单准则下指标相对权重向量时，还必须进行一致性检验。一个经不起推敲的判断矩阵可能会导致分析结果的错误，而且上面的排序权重向量的计算都是一种近似计算方法。但判断矩阵偏离一致性太大时，这种近似计算的可靠性就值得怀疑。因此，必须对矩阵进行一致性检验，其检验步骤如下：

①计算一致性指标（consistency index，C. I.）：

$$C. I. = \frac{\lambda_{max} - n}{n - 1} \tag{3.13}$$

②计算一致性比例（consistency ratio，C. R.）：

$$C. R. = \frac{C. I.}{R. I.} \tag{3.14}$$

式中，$R. I.$ 可以在表 3 - 27 中查到，当 $C. R. < 0.10$ 时，则认为矩阵通过一致性检验；当 $C. R. \geqslant 0.10$ 时，则认为矩阵需要调整，重新计算。

表 3 - 27　　　　　　　　平均随机一致性指标 R. I. 值

n	1	2	3	4	5	6	7	8	9
R. I.	0.00	0.00	0.58	0.90	1.12	1.24	1.32	1.41	1.45
n	10	11	12	13	14	15			
R. I.	1.49	1.52	1.54	1.56	1.58	1.59			

（5）计算各层指标对系统目标层的合成权重，并进行排序。在计

算单一准则层下指标权重的基础上，计算各层指标对系统目标层的合成权重。其具体过程为：假定某上一层次 A 包含 n 个指标：A_1，A_2，…，A_n，其层次总排序权重值分别为 a_1，a_2，…，a_n；下一层次 B 包含 m 个指标为 B_1，B_2，…，B_m，它们对于指标 A_j 的层次排序权重值分别是 B_{1j}，B_{2j}，…，B_{mj}，这时 B 层次总排序如表 3 - 28 所示。

表 3 - 28　　　　递阶层次结构各指标对系统目标层的权重合成

层次 A / 层次 B	A_1 / a_1	A_2 / A_2	…	A_n / a_n	B 层次的合成权重
B_1	B_{11}	B_{12}	…	B_{1n}	$\sum_{j=1}^{n} a_j b_{1j}$
B_2	B_{21}	B_{22}	…	B_{2n}	$\sum_{j=1}^{n} a_j b_{2j}$
…	…	…	…	…	…
B_n	B_{m1}	B_{m2}	…	B_{mn}	$\sum_{j=1}^{n} a_j b_{mj}$

（6）综合一致性检验。

$$C.R. = \frac{\sum_{j=1}^{n} a_{ij} \times C.I._j}{\sum_{j=1}^{n} a_j \times R.I._j} \tag{3.15}$$

式中，当 $C.R. < 0.10$ 时，则通过综合一致性检验。

（二）基于层次分析法的各指标的权重计算

根据层次法的计算步骤，各指标权重的计算可以按以下步骤进行。

1. 构造判断矩阵

将评价指标体系中每一层各指标做相对重要性判断，并按元素两两比较标度用数值表示，最终形成相应的判断矩阵。元素两两比较标度可以在表 4 - 1 中查得。

根据新公共管理理论中政策评价主体多元化的要求，本书采用德尔菲法向相关政策研究者、各级政府中《村民委员会组织法》执行者等组成的 10 人专家小组发放打分表，由各位专家依据层次结构中各层指标两两之间相对于上层因素的重要性并按元素两两比较 1—9 标度进行比较，构造判断矩阵。

2. 层次单排序权重计算并进行一致性检验

本书采用平方根法计算各指标的特征向量。首先，分别计算各专家单个打分构造的矩阵的特征向量，并作一致性检验；其次，求平均数，作为综合特征向量。计算的特征向量及一致性检验。由计算结果可知，所有的矩阵都满足一致性检验。

3. 各指标对系统目标层的合成权重及排序

根据层次单排序结果，综合计算各指标对于总目标的重要性权重。具体计算结果如表 3－29 所示。

表 3－29 《村民委员会组织法》评价指标权重

准则层	权重	指标层	权重
B_1	0.2333	C_1	0.0297
		C_2	0.0358
		C_3	0.0760
		C_4	0.0918
B_2	0.2194	C_5	0.0267
		C_6	0.0453
		C_7	0.0734
		C_8	0.0740
B_3	0.2131	C_9	0.0921
		C_{10}	0.0340
		C_{11}	0.0367
		C_{12}	0.0518
B_4	0.1537	C_{13}	0.0154
		C_{14}	0.0100
		C_{15}	0.0132
		C_{16}	0.0143
		C_{17}	0.0266
		C_{18}	0.0469
		C_{19}	0.0260

续表

准则层	权重	指标层	权重
B₅	0.1804	C_{20}	0.0214
		C_{21}	0.0571
		C_{22}	0.0519

　　由表中的数据可以看出，在《村民委员会组织法》的政策过程中，其政策问题构建、政策的制定和政策的执行是相对重要的过程，而政策问题构建是最重要的。政策问题的构建是政策过程的起点，也是政策过程中十分重要的环节。"美国学者邓恩就特别强调政策问题构建在整个政策过程中的极端重要性：通过恰当的疑问，有些看来无法解决的问题能够重新构建，以致会凸显问题的解决方案，即问题找准了，问题也就解决了一半。"①

　　以上计算结果显示，在《村民委员会组织法》评价指标体系中重要性程度排在前8位的是《村民委员会组织法》的认同度、《村民委员会组织法》问题提出者的影响、《村民委员会组织法》问题的界定、《村民委员会组织法》制定程序的科学完整性、《村民委员会组织法》本身、《村民委员会组织法》的连续性、《村民委员会组织法》的周期性、《村民委员会组织法》执行环境的影响。最突出的是《村民委员会组织法》的认同度、《村民委员会组织法》问题提出者的影响；其次是《村民委员会组织法》问题的界定、《村民委员会组织法》制定程序的科学完整性、《村民委员会组织法》本身；最后是《村民委员会组织法》的连续性、《村民委员会组织法》执行环境的影响、《村民委员会组织法》的周期性。这既说明这些指标在《村民委员会组织法》评价指标体系中比较重要，也说明在《村民委员会组织法》的政策过程中，这些方面存在问题，需要进一步的改善。

---

① 宁骚：《公共政策学》，高等教育出版社2003年版，第293页。

第四章　农民民主权益保障政策问题的原因分析

第一节　农民民主选举保障政策的制度困境

一　现行政策法规不完善

（一）人民代表大会制度

"国家政治生活重大问题决定权的大小，往往与该阶层或集团在国家权力机关和政府部门中的代表人物多寡有关。"[①] 相关文献显示，农民代表在第八届全国人民代表大会 2978 名代表中仅占 9.4%，在第九届全国人民代表大会 2979 名代表中仅占 8%。人民代表大会作为农民利益表达最直接和最有效的制度化渠道，并没有发挥它应有的作用，由于代表人数的弱势地位决定了他们利益表达影响政策制定的程度低。

人民代表大会制度是我国人民民主专政的政权组织形式，是我国的根本政治制度。宪法规定，中华人民共和国的一切权力属于人民。全国人民行使国家权力的主要方式就是通过全国人民代表大会和各级地方人民代表大会，而人大代表都是由民主选举产生，对人民负责，受人民监督。选举制度是人民代表大会制度最基本的组成部分之一，因此，选举制度的不完善必然会或多或少造成人民代表大会制度的不完善。选举制度是公民进行利益表达的最重要的也是最直接的途径和

[①]　赵子良：《我国农民政治权益缺失问题研究》，《理论导刊》2005 年第 3 期。

方式，人大代表就是被选举出来作为自己利益表达的代理人，如果被选举的人不能代表自己的合法权益，那么选举就失去了意义，公民的利益表达也受到了制度上的阻碍。

我国从 1953 年颁布第一部选举法开始，1982 年、1986 年、1995 年、2004 年以及 2010 年对《选举法》进行了五次修改，这说明选举制度是在不断完善当中，进步也是有目共睹。但是，在现实中，选举制度还是无法做到一步到位、十全十美，纵观整个历史发展和他国的制度变迁，任何一个国家的选举制度从建立到比较完善都经历了一个漫长的过程，我们的制度也是如此。

笔者通过对其他文献的比较研究，发现人民代表大会制度具有以下三个不完善之处。

第一，真正代表农民的代表比例低。虽然在现阶段，《选举法》已修改了农民与城市人大代表人口数比例，开创了同票同权的新局面，但是，由于之前的国情决定了城乡选民投票比例，使这种差别规范的比例进一步扩大，直接导致农民在人民代表大会中的比例过低，形成不了有力的利益集团进行利益表达，从而达到影响公共政策的目的。据地方媒体报道，2008 年江苏省十一届人大代表共有 801 人，其中农民仅有 46 名，占 5.7%。另外，从这 46 名的农民代表的具体身份来看，发现这些农民代表绝大部分不是村干部就是乡村企业家，也就是我们常说的非官即富，真正来自普通农民家庭的代表极少。虽然在村干部、乡村企业家以及富裕的农民中很多人也是农民出身，但是，就现阶段而言，他们所关注的利益问题与普通农民所关心的利益问题是有所区别的，而且其中里面很多利益之间的纠纷就来自乡镇官员与普通的农民。例如，乱占耕地问题，农民觉得自己土地使用权被人侵犯，但是，村干部却因为招商引资需要占用该农民土地进行建厂，两者之间就会出现利益纠葛。因此，他们组成的农民代表是无法真正表达农民真实想法的，面对一些可能损害他们利益的农民问题，他们会选择性地加以传达，报喜不报忧，使最基层的农民无法传达真实意愿。

第二，农民直接选举范围比较窄。直接选举一般是使用在乡镇基层政权和县级政权，而县级以上实行的是间接选举，由下级代表机关选举产生。这种多重间接选举会产生一种弊端，那就是信息失真和信息遗漏，由基层农民的利益表达在多层传递中会出现变形。在调查问卷中，我们发现，农民最关心的仍然是与他们本身的利益关系最紧密的，所以，他们在基层选举中表现的是最有热情的。

第三，农民的监督和罢免权利比较受限。由于农民对于自己选举出来的人大代表缺少罢免权和监督权，从而导致选举出来的代表无法保证能够将选民的利益表达进行上诉，这些人大代表只需对上负责而没有对下负责，他们之间的关系是容易断裂的。据相关学者进行过调查，当选民出现生活困难、权利侵害、与干部利益纠纷等问题时，寻找过人大代表的比例范围在0%—2%。

（二）村民自治制度

村民自治是基础民主制度，也是农民参与政治表达自身利益的主要载体。村民自治是社会主义民主政治建设的重要内容之一，它关系着在乡村这个区域内的稳定和发展以及农民实现自我管理和自我发展的目的。但是，从现阶段村民自治的现实状况来看，最突出的问题是村民自治在实际运作中偏离了自治原则，在选举、管理、决策和监督等具体环节存在很多不完善之处。在选举方面，村民选举委员会的推选程序、成员罢免程序、对于贿选等不正当选举的认定程序以及违法惩处等方面都没有做出很明确的规定。在管理方面，由于村委会在财政方面对乡镇政府存在很强的依赖性，所以导致乡政府对村委会进行控制和干预，村委会的独立性和自主性明显减弱，村委会成为村党支部的辅助性机构，自治组织似乎成为乡镇政府的派出机构。在决策方面，大多数村级事务仍然由村党支部或村委会的少数人决定。在监督方面，没有建立真正有效的民主监督机制，有的也是形式主义，没有实质的监督意义。

由于村民自治存在这样的不完善，所以，导致农民制度化利益表达渠道堵塞，农民开始远离村民自治的中心。

（三）保障农民权益的法律制度

法律法规的健全，才能成为农民民主权益的保障。但是，现阶段有关农民民主权益保障的法律法规是不完善的。我们已在前文提到过的《选举法》在修改之前，农民的选举权与被选举权是存在缺陷的，1995 年的《选举法》把各级人民代表选举中的农民代表与城市代表的比例统一为 4∶1，这是在法律上给予的不公平待遇。另外，由于这种规定的影响，历届全国人民代表大会中农民代表所占比例相当小（见表 4－1）。

表 4－1　　　　　历届全国人民代表大会农民代表所占比例

届数	第一届	第二届	第三届	第四届	第五届	第六届	第七届	第八届	第九届
人数	63	67	209	662	720	348	暂无	280	240
比例（％）	5.14	5.46	6.87	22.9	20.59	11.7	23	9.4	8

注：第七届人民代表大会农民代表与工人代表所占比例之和为 23％。

资料来源：周其明：《农民平等权的法律保障问题》，《商业研究》2000 年第 2 期。

在农民的居住和迁徙自由问题上，相关法律法规没有做到位。1954 年宪法明确规定，公民享有居住和迁徙的自由，但是，1958 年的《户口登记条例》却严格限制了农民的迁徙和居住的自由，到1975 年宪法也直接将居住和迁徙自由权的条例取消，到现在的宪法也没予以恢复。这是法律上的不到位，所以，才导致城乡经济社会发展形成了严重的二元结构，城乡分割现象严重，城乡差距也进一步拉大，城乡居民所享受到的权利和待遇也出现很大的差别。

当前缺乏保护农民利益的法律制度，有些法律法规对于农民的权利与义务规定模糊不清，有针对性的具体规范不多，而且可操作性差，对农村基层选举等重大问题的规定不明晰，对基层政府约束力不强，关于对农民政治利益表达的权利造成损害的及时保障制度也是处于缺乏状态，对于利益侵犯后的赔偿也没有做出相关的规定。

二　选举过程中农民民主权益保障存在的问题及原因探析

（一）外出务工人员不断增多造成的问题

农村外出务工人员是我国在特殊历史时期出现的一个特殊的社会

群体，是我国特有的城乡二元体制的产物。农村外出务工人员离开他们赖以生存的土地和家乡，到城镇从事第二、第三产业的工作。随着市场经济的发展，这部分人员的比例不断提高，他们逐渐成为促进农村经济发展的重要力量。但是，由于这部分人员的社会流动性大，往往给当地村委会选举造成一些困扰。据统计，在荆门市第七届村委会换届选举过程中，全市外出打工的选民达到 222089 人，占全部选民的 17.2%。这部分人员数量非常大，给村委会选举带来一系列问题。

首先，选民登记和选民资格认定。《湖北省村委会选举办法》对选民资格做了如下规定："年满十八周岁的村民，不分民族、种族、性别、职业、家庭出身、宗教信仰、教育程度、财产状况、居住期限，都有选举权和被选举权；但是，依照法律被剥夺政治权利的人除外。"① 该办法还规定，登记选民时，计算选民年龄的时间，以选举日为准。村民出生日期以身份证为准，未办理身份证的以户口登记为准。依照此办法，选民登记本就是一件十分复杂而烦琐的事情，再加上外出务工人员常年不在村子里，这项工作更无从做起。

其次，候选人缺乏。从农村外出务工人员的构成来看，他们多是村子里的年轻人，是村子里文化程度相对较高、思维较活跃、思想较先进的一部分人。由于他们常年在外，导致村子里留下的大多是老人和儿童。这样，到村委会换届选举开始时，可能会出现候选人缺乏现象。在荆门市村委会换届选举过程中，村委会成员连选连任率达到 72.5%，其中，主任、副主任和委员的连选连任率分别达到 70%、70.2% 和 73.5%。虽然这不能直接说明村委会选举候选人缺乏，但却在一定程度上反映出村委会选举中候选人的状况令人担忧。

最后，"双过半"难度增大。《湖北省村委会选举办法》第十七条规定："村民委员会主任、副主任、委员候选人由本村过半数选民直接提名产生，以得票多的为正式候选人。"第二十四条还规定："获

---

① 《湖北省村民委员会选举办法》，1999 年 1 月 22 日湖北省第九届人民代表大会常务委员会第七次会议通过，2002 年 8 月 2 日湖北省第九届人民代表大会常务委员会第三十四次会议通过修改。

得过半数选票的候选人或者另选人的人数超过应选名额时，以得票多的当选。"这两条规定村委会候选人和当选人的"过半数"要求就是所谓的"双过半"。"双过半"的规定是为了保证选举过程的公正性和客观性，保证农民根据自己的意愿来选择自己信得过的管理者，实现农民当家做主、自我管理的权利。但是，随着外出务工人员增多，这项规定执行的难度加大。外出务工人员基数大，而且基本比较分散，通知的难度比较大，即使是能想办法通知，他们也很难回乡投这两次票。有的地方采取邮寄选票的方式，这样，在一定程度上能保障农民的选举权，但是，实际操作起来，不仅成本大，而且历时长，而且外出务工人员对候选人的情况不一定了解，这样也就很难保证选举结果的民主性和公正性。

（二）候选人资格问题

村委会是村民选举出来管理村里的公共事务的机构，是村民进行自我管理、自我教育、自我服务、自我监督的基层群众性自治组织。村民赋予村委会成员管理本村事务的权力，他们是村民自治的实际组织者和实施者。为了保证村委会事务能得到有效处理，《湖北省村委会选举办法》第十五条对村委会候选人资格进行了规定："村民委员会成员候选人必须是本村有选举权和被选举权的村民，应当遵守宪法、法律、法规和政策，具有一定的组织和领导能力，廉洁奉公，作风民主，办事公道，身体健康，热心为村民服务。"从这个规定中可以看出，该选举办法虽然对村委会成员候选人的资格进行了规定，但是这个规定却非常抽象，既没有从年龄等生理条件规定，又没有从教育背景等资历条件规定。这在实际操作中缺乏一个有效的标准，这样，可能让一些不怀好心的人和一些能力平庸、无法胜任管理工作的人当选，造成农民权益的侵害。

（三）妇女权益保障问题

妇女在农村生活中扮演着重要的角色，特别是随着市场经济的发展，更多的农村男性外出务工，妇女成为实际农村家庭生活中的支柱。中国一直倡导"男女平等"，践行"女性半边天"的口号，但是，在实际生活中，特别是政治生活中，男性起的作用往往比女性大得多，女性被认为是弱势群体。为了保护农村妇女参与村民自治的权益，《村民委员会组织法》第九条规定，村委会成员中，妇女应当有适当的名额。这种"适当"说法比较抽象，执行起来比较难以把握。为此，湖北省在制定《湖北省村委会选举办法》时将这条原则修改为"村委会成员中，妇女至少应当有一个名额。"湖北省在进行第七届村委会换届选举时，更将这一标准具体化，湖北省下发的《省委办公厅、省政府办公厅关于认真做好 2008 年全省村级组织换届选举工作的通知》中规定：在村民选举委员会成员、村民委员会成员候选人和村民代表中，妇女要占不低于 30% 的比例。虽然政府在保障妇女选举权益方面做出了种种努力，但是，妇女实际的选举权益还有待于进一步加强。

在荆门市结束的第七届村委会换届选举中，选出了妇女代表 1419人，占总数的 28.5%，这一比例比上年高出 1 个百分点。但是，比较新当选的村委会成员中男女成员的比例（见图 4-1），笔者发现，新当选的成员中，从总数上看，男性为 71.5%，女性为 28.5%；从当选主任情况来看，男性主任达 98.8%，女性仅为 1.2%。这表明在农村村委会中，妇女当正职的机会微乎其微，农村妇女的地位有待于进一步提高。

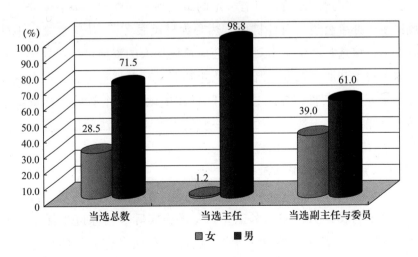

图 4-1　当选男女代表任职情况

（四）贿选问题

贿选问题是农村村委会选举中出现的一个带有普遍性的问题。荆门市在进行村委会换届选举过程中，有少数村出现候选人贿选、拉票的行为，由于其认定复杂，而未能得到有效的处理。选举过程中，贿选情况难以认定，主要有以下四个方面的原因。

第一，贿选情况比较难发现。因为在选举过程中，候选人一般不亲自出面，而是由自己的亲戚或者中间人负责联系，而且时间不固定，因而具有很大的隐蔽性。

第二，贿选行为揭发比较困难。农村是一个半熟人社会，村民世代居住在同一个村落中，彼此之间有很深的社会关系。而且村民的民主意识不强，抱着"多一事不如少一事"的心态，对发生在身边的贿选行为视若无睹，再加上农村长期以来的小农观念还没有消除，农民乐于接受候选人施加的一些小恩小惠。

第三，贿选行为难以取证。在农村这个半熟人社会，有什么消息立刻会传遍全村。如果有关部门要来调查取证候选人的贿选行为，村民往往会避而远之。尽管他们在心里对贿选深恶痛绝，但是，在生活中也不愿意直接得罪进行贿赂的候选人。

第四，处理贿选行为没有具体的法律规定。我国《村民委员会组织法》规定："以威胁、贿赂、伪造选票等不正当手段当选的，其当选无效。"这个规定只取消了当选的结果，但并没有规定对其进行处罚。《湖北省村民委员会选举办法》第三十一条规定："用暴力、威胁、贿选、毁坏选票和票箱等手段妨害村民依法行使选举权和被选举权的，破坏村委会选举的，村民有权向乡级人民代表大会和人民政府或者县级人民代表大会常务委员会和人民政府及其有关部门举报，有关部门应当负责调查，依法处理。"[①]

可见，在湖北省的选举办法中也没有明确规定对于贿选行为应当

---

① 《湖北省村民委员会选举办法》，1999 年 1 月 22 日湖北省第九届人民代表大会常务委员会第七次会议通过，2002 年 8 月 2 日湖北省第九届人民代表大会常务委员会第三十四次会议通过修改。

给予怎样的处罚。这样，就使贿选行为难以杜绝。

（五）乡村宗族问题

在农村，很多农民都是世代居住在一个地方，经过时间的累积，就逐渐形成了一个错综复杂的宗族和血缘、姻亲关系网。在选举过程中，他们通过劝说、诱导或者威胁的方式逼迫村民按照家族利益最大化原则来参与选举，这样，往往是哪个宗族大，就能够掌握村委会选举，造成选举过程和选举结果的不公正。而且，一旦选举结果出来不符合宗族的期望和利益，他们就会以各种形式来干扰村委会选举工作，造成选举工作中断，无法正常进行。在有些村，几个宗族之间斗争激烈，他们往往在选举过程中拉拢村委会成员或者利用自己的势力给村委会制造麻烦，影响村委会工作的正常进行。荆门市在选举过程中，公安部门虽然抽调大量的警力，并保证每个村委会至少有两个警务人员负责维持选举秩序，但是，在实际村委会选举过程中，还是出现一些家族、宗族以及帮派性势力的干扰，影响选举结果的公正性。

第二节　农村流动人口选举权
缺乏保障的原因探析

一　现行户籍制度对农村流动人口选举权的限制

现行户籍制度是计划经济时代的产物，在当时的社会背景下，户籍制度起到了很大的作用，尤其在证明公民身份、维护社会稳定、控制城镇人口的过快增长以及向政府提供人口资料服务方面发挥了巨大的作用。但是，随着计划经济的解体和市场经济的建立，户籍制度的弊端在当前也日渐突出。它是按照"人户一致"的原则，严格限制人口的流动，尤其是农村人口向城市的转移，同时根据人们的职业不同将全国人民的户口分为农业户口和城镇户口两种。但是，这两种户口又严格实行两种不同的待遇，尤其是对农民而言，在就业、住房、福利等方面享受着完全与城市人口不公平的待遇，这也使通过市场配置劳动力资源的机制难以很好地发挥作用。

现行户籍制度的这种硬性规定严重阻碍了农村流动人口选举权益的实现，农村流动人口要想享受宪法赋予的这项权利，必须要回到户口所在地参加选举，虽然近些年来一些沿海城市允许农村流动人口参与到居住地的选举，但是，办理的手续和要求也是比较严格的，最终形式往往大于结果。所以，为切实保障农村流动人口的选举权益，现行的户籍制度必须要进行改革。

二 执行机关——执行主体的失范行为

（一）选举委员会成员的"暗箱"操作

由于流动人口居住地的不确定性和大量的流动人口对乡村选举认识的不足，以及他们不愿回去参加选举，这些因素都导致了乡村选举中大量委托投票的产生。每当需要选举的时候，这些流动人口就委托自己的亲朋好友进行选举，且这些委托都是通过口头的形式进行传达的，很少有书面的委托，所以，这就为选举人员提供了"暗箱"操作的机会。目前在农村中，哪家人口外出务工了，村干部基本上都知道，所以，在选举的时候，哪些人需要委托投票村干部也知道，他们就可以为了达到提前设计好的选举结果，做好受托人的工作，要么请客吃饭，要么送金钱和礼物，让受托人在选举的时候按照他们的要求进行投票。这些操作是很容易控制的，而且如果让一个受托人答应了，那么就可以弄到几张选票，因为一个受托人不仅可以代表他自己，而且还代表多个委托人，所以，一些选举人员很自然地乐意进行"暗箱"操作。

（二）选举委员会成员对换届选举的落实执行不够专业

我国村委会选举法中明文规定，在村民自治选举中严格按照《村民委员会组织法》的规定进行村民选举，在村民选举委员会的产生程序上，村民选举委员会成员或者个人不得任意指定、撤换，必须严格按照村委会选举法进行，在整个选举过程中，选举程序也必须严格规范，不得任意修改。但是在实际中，一些选举成员由于受自身文化素质的影响，对村民选举法没有进行认真研读，所以，在选举的时候并没有严格按照《村民委员会组织法》的规定进行，尤其是在选举名额、选举程序上表现得比较突出。一些乡村在选举的时候，利用村民对选举程序的不了解，乱设选举名额，在选举程序上做手脚，以期达到他们的目的。

（三）选举委员会成员和候选人员的贿选行为

近几年，随着社会经济的发展，在农村地区贿选行为有愈演愈烈之势。在一些村委会选举中，往往会有少数候选人或者其亲属通过请客吃饭、送金钱礼物或者许诺当选之后给予一些好处来笼络感情，以此来收买选民或者其他候选人，拉选票，达到当选的目的。这种现象在法律上是明确予以禁止的，但是，法律并没有对贿选行为的惩罚给予明确的规定，加上现在村委会主任的权力也越来越多，竞选村委会主任职位的人员也在不断地增加，直接导致竞争不断升温，所以，这种贿选行为也在不断地扩大。简言之，贿选行为发生的原因主要是既得经济利益者为了维护现有的经济利益或者为了对既有的一些经济利益进行有利于自身的再分配，从而通过与选民进行利益交换影响选举的结果，这种行为必然会破坏基层选举所倡导的民主和公正性。

三　目标群体——政策客体自身素质问题

（一）经济层面：物质需要得不到满足

我国长期以来实行的是城乡二元经济结构，这种结构使国家在新中国成立初期将大量的资金投入城市，优先发展城市工业，而在我国农村基础设施落后，人口众多，生产力不发达，科教文卫事业落后，使很多矛盾日益凸显出来。

对于广大村民而言，由于受到城乡二元经济结构的影响，特别是经济不发达地区，大多数村民关注的还是自己的温饱问题，而对政治上的关注较少。按照社会学家马斯洛的需求层次理论，将人的各种需要归纳为五大类，这五大类需要是相互作用的，按其重要性和发生的先后次序分为生理需要、安全需要、感情和归属需要、地位和受人尊重需要、自我实现需要。马斯洛指出，人们的需要都是由最低的生存需要向最高的自我实现需要不断递进的，也就是说，只有当人们最基本的生存问题解决了，他们才会去考虑更高层次的需要。这些需要层次是相互递进的关系，只有前面一个需要得到满足了，才会向后一个需要发展。"在现代社会中，第一级需要得到满足的概率为85%，第二级为70%，第三级为50%，第四级为40%，最高一级得到满足的概率只有10%。"① 所以，对广大的农村流动人口而言，只有当他们的经济价值得到实现之后，他们才会去考虑政治上的问题。

（二）理性层面：预期收益与实际收益不相关

根据经济人假设，追求个人利益最大化是个体行为最基本的动机，也就是说，利益驱动是村民参与民主选举的决定性动机。对于村民，尤其是对于广大的农村流动人口而言，他们作为乡村选举的主体，在进行乡村选举投票之前，肯定会进行预期收益分析，只有当他们认为某一候选人当选能够为其带来个人收益的时候，他们才会主动地将自己手中的票投给他。

如果村民预期谁当选村干部都与自己的生存和发展没有任何关系，那么就必然会导致村民对农村政治市场的冷漠，降低他们参与选举的积极性。而农村中的流动人口更是如此，他们为了参加乡村选举，从现居住地返回户籍所在地参加选举，如果最后的选举结果和自己的预期利益毫无关系，势必会影响他们的热情和今后选举的可能性。

表4-2显示，被调查的4589人中，村民参与村务治理的时候只关心与自己利益相关的事情共1484人，占32.3%，这说明以小农经济为基础的我国村民在处理村集体事务时仍然有相当一部分村民以个人利益为主要考虑标准。所以，村民在乡村选举投票之前必然会进行预期收益和实际收益的考虑，权衡两者之间的大小，也就是说，当选举的预期收益大于实际收益时，村民才会积极主动地参与到乡村选举中来。

表4-2　　　　　　　　村民参与村务治理的情况

	人数	百分比（%）	有效百分比（%）	累计百分比（%）
村民参与日常村务管理热情高	2055	44.8	44.8	44.8

① Mayo Elton, *The Human Problems of an Industrial Civilization* ［J］. New York：Macmillan Co., 1933.

续表

	人数	百分比（%）	有效百分比（%）	累计百分比（%）
村民只关心与自己利益相关的事情	1484	32.3	32.3	77.1
只有少数人有热情，经常表达自己的意见	660	14.4	14.4	91.5
村民关心村务管理问题，但无参与机会	390	8.5	8.5	100.0
合计	4589	100.0	100.0	

（三）文化层面：对民主选举的认识不充分

1. 封建传统的"官本位"思想对农村流动人口的束缚

邓小平同志曾经指出："旧中国留给我们的，封建专制传统比较多，民主法制传统很少。"[1] 我国几千年封建专制统治孕育的官场文化，使人们的思想长期受到封建文化的侵蚀，形成"官本位、权本位"的思想，主要表现为官贵民轻，在家庭中，家长是一家之主，任何大小事务都是由家长说了算，家庭中的其他成员只有发言权，而没有参与权和决策权。这种思想反映到政治生活中就是对上级的绝对服从，只要按照上级的指示办就可以了。所以，长期以来，中国人尤其是在广大的农村中，很多村民就没有参与民主生活的习惯。

2. "文化大革命"和旧习俗对农村流动人口产生的消极影响

"文化大革命"的发生有其特殊的社会背景，给我国社会经济带来深刻的变化，当时很多人积极响应国家的号召进行思想"改造"。同时，农村中大量旧习俗和封建迷信思想的存在，使村民的思想一般比较传统保守，宗法思想比较深厚，往往认为很多事情都是命中注定，不积极、不主动地去争取属于自己的权益，在面对利益竞争时，势单力薄的村民就只有屈服了。在乡村选举中，大部分村民也只是等村干部通知选举才会参加，自己从来不积极、不主动地参与乡村选举，也从来不过问政治，形成一种被动的政治参与局面，对乡村选举很难有足够的认识，民主意识落后，民主权利得不到有效保障，而这

---

[1] 《邓小平文选》第二卷，人民出版社1994年版，第332页。

种现象在流动人口身上表现得尤为突出。

3. 农村流动人口法律意识淡薄

改革开放以来，我国农村流动人口法律意识的增强和社会经济水平的提高没有形成正相关关系。农村流动人口法律意识的淡薄主要表现为权利和义务的模糊、对权力的崇拜和畏惧、主体意识的淡薄以及法律知识的匮乏。当自身权益受到侵害的时候，要么屈从于权威，忍气吞声；要么置法律于不顾，"以暴制暴"，很少有村民通过法律途径，向有关国家机关申诉维护自身权利，保障自己的正当利益。更有一部分人在自身权利受到侵害的时候，处于浑然不知的境况，这些人可以称得上是完全的"法盲"。农村流动人口法律意识的淡薄，必然导致他们对政治参与的冷漠，降低他们对乡村选举的监督力度。

表4-3是对被调查者的文化程度以及他们对选举的认知程度所做的简单相关分析，在做相关分析之前，我们可以提出原假设和备择假设。

（1）原假设（我们假设被调查者的文化程度不能预测他们对选举的认知程度）

H_0：$\beta = 0$。

（2）备择假设（我们假设被调查者的文化程度能够预测他们对选举的认知程度）

H_1：$\beta \neq 0$。

表4-3　　　村民的教育文化程度与选举认知程度的相关分析

		5. 您的文化程度	16. 您觉得村民的选举权重要吗
5. 您的文化程度	Pearson 相关性	1	0.078 **
	显著性概率（双尾）		0.000
	样本数	4589	4589
16. 您觉得村民的选举权重要吗	Pearson 相关性	0.078 **	1
	显著性概率（双尾）	0.000	
	样本数	4589	4589

注：＊＊表示在0.05的显著性水平（双侧）下显著相关。

表 4 - 3 的结果表明，被调查者的文化程度和对选举权的认识程度之间的 Pearson 相关系数为 0.078，表示两者之间存在比较高的相关性。其相关系数检验的显著性概率 P 值都为 0.000，小于 0.05，表明系数与 0 之间有显著性差异。因此，应该拒绝相关系数检验的原假设，说明村民的文化程度与村民对选举的认知程度相关系数 0.078，在 0.05 的显著性水平下显著相关，由此可以推断出村民文化程度越高对选举的认知程度也越高。

（四）现实层面：村中事务难以真正决策、管理和监督

1. 农村流动人口流动的不确定性

流动人口的一个最大特点就是流动的不确定性，即往往因为工作的调动、居住地的改变、外出务工等原因，而发生的户口与居住地的分离，即"人户分离"状态。对于农村中广大的农民工而言尤为突出，为了能够获取更多的经济利益，广大的农民工会经常选择更换地点，哪个地方能够带来更大的经济效益，就去哪个地方务工。农村流动人口的不确定性也让选举委员会很难将乡村选举的事宜通知到他们，家中有亲人的可以通过与亲人的沟通知晓，但是，那些一家人全部外出的就很难知道乡村选举的情况以及村里面的一些集体事务。所以，农村流动人口流动的不确定性让他们很难对村中事务进行真正的决策、管理和监督。

2. 农村流动人口与选举委员会缺乏有效沟通

在乡村选举之前，都会有选举领导小组通知具有选民资格的人参加选举，选举领导小组通过走门串户或者电话通知选民参加乡村选举。被通知的村民往往是在村中的村民，而对于外出的广大流动人口而言，选举小组就很少会通知。这也有多方面的原因：一是通知流动人口的方式不科学，即使通知了，流动人口也很少回来参加选举，更多的是他们选择委托参加选举。二是通知流动人口需要花费一定的资金，这是一笔不小的开支，受选举经费的限制，选举领导小组也往往会放弃通知。三是现在一些乡村虽然采取了信件、函、电话等形式通知，但是，最终的结果往往不尽如人意。在笔者的家乡，乡村选举的时候，由村干部挨家挨户通知村中村民，但对流动人口则不会通知，流动人口只有家人告知才知晓，他们的选举权很难得到保障。

在表4-4中，被调查的4589人中，有3032人认为，村里日常集体事务的决定方式是由村干部走村串户，征求大家意见，占66.1%；认为村干部征求少部分人的意见和村干部未经多数村民认可，直接做出决定的共有1557人，占33.9%，可见，仍然还是有很大一部分人认为村民难以参与决定村里日常集体事务。而这些调查也是针对在农村中的村民设计的，对于那些常年在外地务工的农村流动人口而言，他们就更难参与村中事务的决策、管理和监督了。

表4-4　　　　　　　村里日常集体事务决策情况

	人数	百分比（%）	有效百分比（%）	累计百分比（%）
村干部走村串户，征求大家意见	3032	66.1	66.1	66.1
村干部征求少部分人的意见，未经多数村民认可就决定的	1144	24.9	24.9	91.0
村干部未经村民认可，直接做出决定的	413	9.0	9.0	100.0
合计	4589	100.0	100.0	

（五）心理层面：个人意愿表达不充分

在我国农村的村民自治选举中，有两个环节是需要村民进行投票的。一是投票选举产生本届选举委员会成员；二是投票选举产生下届村委会候选人和正式人选。但是，在实际中，村民往往是处于被动表达的状态，因此不能真正反映本人的意愿。

为了更加详细地了解村民对选举的积极性，在本书设计的调查问卷中，设计了"村民对选举感兴趣吗？"的问题，该问题为单项选择问题，备选项有5个："非常不感兴趣""不感兴趣""一般""比较感兴趣"和"非常感兴趣"。表4-5是被调查者对该问题的回答情况。表4-5显示，回收的4589份有效问卷中，对选举权"非常感兴趣"的有322人，"比较感兴趣"的有993人，两者占28.6%；选择"非常不感兴趣"的有443人，"不感兴趣"的有1022人，两者占

32.0%；选择"一般"的有1809人，占39.4%。需要指出的是，选择"一般"的被调查者，他们对选举权的重要性认识不足，只有当涉及自己利益的时候，他们才会去关心，否则完全不去理会。

表4-5　　　　　　　　　村民对选举权感兴趣情况

	人数	百分比（%）	有效百分比（%）	累计百分比（%）
非常不感兴趣	443	9.7	9.7	9.7
不感兴趣	1022	22.3	22.3	32.0
一般	1809	39.4	39.4	71.4
比较感兴趣	993	21.6	21.6	93.0
非常感兴趣	322	7.0	7.0	100.0
合计	4589	100.0	100.0	

通过数据我们可以看到，在很多村民意识中，并没有将选举看作是自己的一项权利，而是将其看作是一种形式，没有实际意义。村民普遍认为，自己参加乡村选举与否，与自己没有多大的关系，最后的结果基本上都已经被确定了。

四　环境因素——政策系统支撑环境的缺失

（一）农村政治环境

我国长期以来在农村实行村民民主自治制度，村委会在农村选举中发挥着重要的作用，是农村选举有效进行的组织保证。但从目前的农村民主政治发展来看，在它的运行过程中还存在一定的问题。

在一些农村地区，由于村委会和党支部在具体分工上没有明确，导致在村中出现二元权力结构，这种二元权力结构在工作中往往会产生摩擦，使工作无法正常开展。同时，作为基层政权的乡镇政府与村委会之间也经常出现矛盾。按照《村民委员会组织法》的规定，村民事务应该由村民自我管理而不受乡镇政府的干预，但是在现实中，乡镇政府习惯于对村委会进行领导和干预。这些因素都使农村流动人口选举权利的正常行使缺乏良好的政治环境作为支撑。

（二）农村经济环境

由于受我国国情的影响，农村经济发展比较落后。很多地方尤其是西部地区，农村经济的发展程度十分低下。国内外历史经验表明，经济利益驱动是民主政治发展最本源的动力。只有当村民的经济利益得到满足之后，他们才会有更大的热情投入到政治选举中去谋求更多的政治和经济利益。同时，一项活动的展开需要一定的经济资本作为支撑，所以，流动人口的选举权利是离不开经济作为支撑的。

（三）农村教育环境

当前我国农村教育面临着比较突出的问题，教育体制不完善，教育环境落后。很多乡村中仍然是以前计划经济体制下形成的国家办学的单一体制，私人办学的模式很少，民办教育和职业教育在农村基本上是一片空白。农村中的教育无论从教学的硬件还是从教育的软件上讲，与城市相比都是相差很远的，体制的不完善和教育环境的落后必然导致农村教育质量的低下。同时，当前农村很多适龄儿童没有正常上学以及出现很多因外出务工而辍学的现象，这也反映了当前农村教育环境的落后。

表4-6和表4-7的数据来源是国家社会科学基金项目"农民权益保障政策研究"的另一种问卷，该问卷有效回收5002份。表4-6显示，被调查的总人数中对当前农村中小学办学条件和教学设施的整体状况的评价，认为"非常不好""不好""一般"的人数总共为3792人，占75.8%；而认为"比较好""非常好"的只有1210人，占24.2%。表4-7反映被调查者关于当前农村义务教育存在的最突出问题状况，选择"教学条件"和"教师质量"的有2708人，占54.2%，这充分说明了我国农村教育办学条件和教学设施的落后以及教师质量的低下。

表4-6　被调查者对当前农村的中小学办学条件和教学设施的整体状况评价

	人数	百分比（%）	有效百分比（%）	累计百分比（%）
非常不好	296	5.9	5.9	5.9

续表

	人数	百分比（%）	有效百分比（%）	累计百分比（%）
不好	824	16.5	16.5	22.4
一般	2672	53.4	53.4	75.8
比较好	1096	21.9	21.9	97.7
非常好	114	2.3	2.3	100.0
合计	5002	100.0	100.0	

表4-7　　调查者对目前农村义务教育存在的最突出问题的反映

	人数	百分比（%）	有效百分比（%）	累计百分比（%）
教学条件	1073	21.5	21.5	21.5
教师质量	1635	32.7	32.7	54.2
学校离家太远	1020	20.4	20.4	74.6
住宿费、饮食及其他杂费过高	658	13.1	13.1	87.7
其他	616	12.3	12.3	100.0
合计	5002	100.0	100.0	

（四）农村社会环境

历史上，由于我国长期实行计划经济体制，事事基本上都是由政府包揽，强调管制和干预，经济和社会生活的各个领域都带有很重的政治和计划色彩，同时受到几千年的封建文化的影响，造成市民社会基础薄弱，社会利益机构的组织化程度不高，至今没有建立一个专门为保障农村流动人口选举权益的正式组织。虽然当前在我国的城市中社会组织和公民自主意识有了一定程度的提高，能够承担一定的社会职能，但是，由于一定历史时期内实行过于严格的民间组织的管理政策，加上很大一部分公民社会组织带有浓重的官办色彩，导致公民和社会组织缺乏自治的环境，同时政府的权力涉及社会的各个方面，使公民和社会组织在心理上对政府存在很大程度的依赖性。农村流动人口没有相应的选举权益代表组织机构，即使人多也无法依靠正式的组织来维护自己的正当利益。

五　农民利益表达机制不完善的成因分析

（一）公共政策执行不到位

"公共政策执行，是一个动态的过程，是指政策执行者通过建立组织机构，运用各种政策资源，采取解释、宣传、实验、协调与监控等各种活动，将政策观念形态的内容转化为实际效果，从而实现既定政策目标的活动过程。"[①] 本书研究问题主要是从利益表达主体（农民）、利益表达客体（政府等政策制定者）以及利益表达渠道之间的关系来探讨。但是，从公共政策执行的视角出发，我们将利益表达主体转换成政策执行对象，而利益表达客体则转换为政策执行主体（见图4-2）。

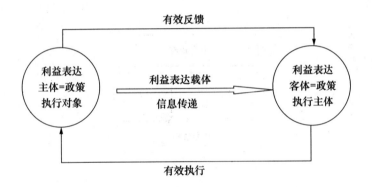

图4-2　利益表达机制及政策执行三个要素之间的关系

在这个过程中，农民既是利益表达主体的身份，也是公共政策执行对象，本来中央最初政策的制定是有利于农民的发展的，但是，当公共政策在执行中出现偏差时，原有的政策落实就会损害到部分利益。利益受损后，农民就要进行利益表达，可是，一旦利益诉求无法得到充分表达，公共政策的制定就失去了原有的意义，也会引发起农民等弱势群体的不满等负面情绪，造成社会的不稳定。

---

① 陈振明：《政策科学》，中国人民大学出版社1998年版，第279页。

（二）公共政策执行主体的因素干扰

公共政策执行是一种典型的组织行为，需要依托一个坚强有力、行动高效的组织体系。一般来说，幅度越大、层级越多，指令和信息传递出现偏差的概率就越高，政策目标和执行方案被淡化和扭曲的可能性就越大。与发达国家较为普遍的三级管理体制相比，我国的行政管理体系层级偏多，分为国家、省级、市级、县级、乡级，上下级政府之间存在一种公共权力与责任委托—代理关系链（见图4-3），层级过多必然导致关系链过长，使信息在传递过程中失真度较大，而大量公共政策的执行工作则是由基层的行政机构完成的。因此，在从中央政府下达的政策信息传到乡级基层政府过程中，可能就会出现问题。

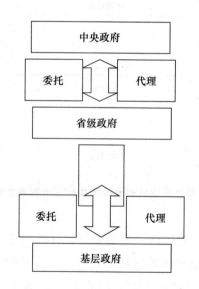

图4-3　我国政府间公共权力与责任委托—代理关系链

1. 基层组织

随着市场经济体制的逐步确立和以"财政包干""分税制"为代表的放权让利过程的推进，地方利益逐步显性化，地方政府的利益结构也开始逐步清晰。在继续代表中央政府全局利益的同时，地方政府也成为区域性公共利益的代表者，并更多地承载了政府组织利益和内部成员的个人利益。

地方利益显性化已成为现在社会一个普遍的客观事实：第一，地方政府加快本区域的经济发展速度，提高社会福利水平，保持社会稳定状况；第二，千方百计创造地方财政收入，提高公务人员的福利待遇；第三，地方保护主义，使各区域的经济利益，在本区域内尽可能得到最大限度的保护。地方政府自身利益的扩张必然导致中央与地方政府之间、上级与下级政府之间、同级政府之间利益冲突的形成和积累。当政府间利益矛盾激化到一定程度时，只要条件允许，"上有政策，下有对策""地方保护主义""囚徒困境""公地悲剧"等围绕自身利益最大化而展开的政策博弈就会随之形成。

当前，我国公共政策执行博弈的类型主要有政策附加、政策替代、政策残缺、政策敷衍、政策截留、政策抵制、政策合谋以及政策"寻租"。在民主权益表达方面，最常见的扭曲现象就是政策敷衍。政策敷衍，是指政府制定的政策虽有益于下层群众，但在制定之初或者执行过程中有损于自身利益，于是在贯彻实施过程中便敷衍塞责，空喊口号，"只打雷不下雨"，只做表面文章，而不落实具体的行动，最终使上级政策成为一纸空文，使政策执行流于形式的行为。政府敷衍既阻碍了政策的落实，又在很大程度上浪费了公共资源，有损公共政策的严肃性和权威性。

基层组织除上述常见的政策敷衍外，还有一种在政策执行中常见的问题就是政策附加。所谓政策附加，是指执行政策的主体，在执行上级政策时，为谋取自身不正当利益的目的，附加不恰当内容，乃至执行的政策与原政策形成偏差，有碍原政策的忠实表达。表面上看，是贯彻落实上级政策的表现，实际上却是打着具体问题具体分析的幌子，利用附加条款，为该执行政策的利益集团谋取利益。

基层组织的公权力在没有有效的制约和约束的情况下，容易产生自我膨胀和扩张，伴随着这种扩张会无法避免地侵犯农民的政治权利。基层组织只注重政绩，没有重视上级政府传达的文件和政策方针，将口号停留在宣传上面，做表面功夫给上级政府看或者进行政策附加，将一些有利于自身利益发展的不合理的条款添加到上级政策中，扭曲上级政策的原始目的。同时，对于不利于基层政绩发展的农民利益表达，他们将其掩盖在其权力控制之下，对真实的民情视若无睹，因此，能够代表农民表达利益诉求的基层组织往往成为阻碍真实民主权益表达的第一道屏障。

2. 基层干部

组织是个体的有序集合，任何大型的公共政策都需要具体的个体在相互配合的前提下加以落实和完成。因此，作为政策执行个体的执行人员，其对政策目标的认同程度、对政策方案的理解程度、对执行行为的投入程度以及责任心、创新精神、管理能力、政策水平等，都会反映到执行效果中来。一般而言，公共政策失效的一个常见原因就是执行者对政策目标和政策方案缺乏认同感或者理解错误、政治或业务素质不足。

公共选择理论认为，非市场决策主体——政府公务人员的行为往往具有自利性倾向。仅仅通过政府行为的自律来约束决策主体显然是远远不够的，公共选择理论有关"寻租"行为的分析，其本质原因就在于政府也是"经济人"，政府官员与其他社会成员一样都追逐个人效用最大化，因而可能会为了其自身利益而"越位"[1]。政府虽然是公共利益的代表者，但是，在履行社会责任、维护公共利益的基础上，政府公职人员客观上也存在增进个人利益和组织利益的潜在冲动，维护公共利益并非其唯一的目标导向和行为动机。

执行组织是由执行人员组成，因此，执行组织会对农民民主权益表达造成一定的影响，在一定程度上也说明是执行人员的问题在影响公共政策的执行。执行人员的利益、心理、知识和能力等因素影响整个执行系统的运行。在基层，由于受行政官僚机构中的官本位思想的影响，"报喜不报忧"、弄虚作假、欺上瞒下等不良风气比较严重，基层干部个人素质和修养又不高，在自身利益和他人利益面前往往选择

---

① 谭晓：《论基于公共选择理论的我国公共政策制定机制》，《现代商贸工业》2010 年第 7 期。

前者，即牺牲农民的民主权利换取个人的经济效益和政治升迁，不顾农民感受，肆意篡改农民利益侵害的案件，埋没农民真实表达的声音，严重阻碍了基层民主的发展，使农民对基层干部产生负面印象，失去信任感，表达的需求也会变得消极。

（三）公共政策执行对象的因素干扰

公共政策执行对象，也就是公共政策的目标群体，它是指公共政策执行直接作用和影响的公众对象。公共政策是社会利益的"调控器"，它首先要确认特定对象的利益，随之进行利益分配，继而调整利益，对特定对象的行为进行指导、制约和改变。因此，不能一厢情愿地想要达到预期的执行效果，执行的效果并非单方面取决于执行者，还与目标群体对待政策的态度有密切的联系。"三农"政策执行对象主要是农民，本书分析农民自身因素对于政策执行的干扰，主要有农民思想文化因素和农民缺乏组织性两方面。

1. 传统封建思想束缚

利益表达意识的缺失在很大程度上是由于传统封建思想的严重束缚。几千年来，小农经济、封建文化下的"臣民意识""民本思想"严重影响着一代又一代农民，农民民主意识的缺乏已导致农民对于国家或社会权威产生了严重依赖性，对于任何权威性的政策似乎已习惯于沉默，习惯于被动表达，义务观念浓厚，而权利意识则相对淡薄。

新中国成立后，伴随着社会主义市场经济体制的建立，自由、民主、平等观念开始冲击着农民的传统封建思想，农民的民主意识也开始萌芽和发展。但是，由于中国区域经济发展的不平衡，农村大部分地区还是处于经济发展水平之下，特别是中西部地区，这些地方还是受到封建传统思想的限制，农民的民主意识仍停留在初级萌芽状态。

在实地调研中，我们发现，农村的一些旧习俗仍然发挥着其消极影响，例如，大家族式的宗族宗法观念，许多农民表示跟着这些"大姓"家族走，他们在村里"拿主意"就行，他们心中根本就没有民主的概念；又或者有民主权利的想法，却因为大家族的权威而牺牲自己的民主权利。

2. 自身文化素质不高

农民实现政治参与的基础就是要掌握一定的科学文化知识，只有在这个条件下，才能形成民主意识。农民如果受教育程度高，家庭环境允许有"吃穿住行"基本需求以外的政治需求，他们对村民自治、村委会选举以及民主法治知识的了解也就会高，会借助自己的文化知识积极投入到民主权益的表达当中，维护自己合法正当的民主权益。"受过良好教育的公民因为有健全的认知技巧，学历高的公民政治关心程度也高，这在某种程度上强化着教育与政治参与的关系。"① 文化素质较低是制约农民实现参政议政的一大阻碍。

农民对民主政策的心理认知度不高，参与民主的主动性和积极性也不高，认为民主就是简单地投票、选举，提出一些意见，村委会尽心尽力办事负责任，没有认识到民主权益所带来的影响。真正的民主意识应包括主体意识、权利意识、参与意识、法治意识和监督意识，这样，才能对自己的民主权益有一个较为全面的认识和理解。但是，笔者在实地调研中发现，有很多农民特别是留守在农村的老人和妇女，不知道"什么是民主"，只知道大家选谁就投谁的票，只要不损害到自身的利益，选择似乎毫无意义。

家庭的贫富程度与农民的受教育程度有关，同时也与农民能否参与村中事务决策有关，即受教育程度以及能参与村中事务决策的农民较大比例是来自相对富裕的家庭。

3. 农民利益取向

受几千年小农经济下封建文化的影响，我国农民义务观念比较浓厚，缺乏参与意识、自主意识，权利观念比较淡薄。就现在国情来看，农民生活得不算富裕，只能说基本上解决温饱问题，农民生活比较窘迫。在民主观念比较淡薄的情况下，绝大多数的农民会选择最直接的眼前利益即经济利益，而民主权益只会在影响其经济利益的前提下，他们才会开始进行民主权益的表达，一般情况下是不会引起大家重视的。

---

① 王浦劬：《政治学基础》，北京大学出版社 1995 年版，第 222 页。

在调研中也发现了如下问题（见表4－8），32.3%的村民在参与村务治理这题中选择了只关心与自己利益相关的事情，占有相当比例。所以，农民对于所谓的政治民主权益的关注度相对于经济效益的关注度来说是偏低的，农民的满足感现阶段还是经济所带来的，而不是民主政治。因此，农民以利益取向为主导，重眼前经济价值，轻政治民主权益。

表4－8　　　　　　　　　村民参与村务治理状况

		人数	百分比（%）	有效百分比（%）	累计百分比（%）
有效		69	1.5	1.5	1.5
	村民参与日常村务管理热情高	1985	43.3	43.3	44.8
	村民只关心与自己利益相关的事情	1484	32.3	32.3	77.1
	只有少数人有热情，经常表达自己的意见	660	14.4	14.4	91.5
	村民关心村务管理问题，但无参与机会	390	8.5	8.5	100.0
	合计	4588	100.0	100.0	
缺失	系统	1	0.0		
合计		4589	100.0		

（四）公共政策环境的客观因素干扰

1. 经济环境

经济基础决定上层建筑，特定的经济利益问题是公共政策作为社会利益"调控器"所针对的最重要的问题之一。任何公共政策的执行都无法脱离特定的经济环境。

农民政治权益丧失的根本原因就是经济上的弱势地位，发展经济是保护农民民主权益的根本措施。农民之所以对参与政治进行民主表达没有呈现出积极性，一个很重要的原因就是吃穿住行问题还没解决。现实中，农村经济还待发展，还有很多地方仍然是处在小康水平之下，因此，农民的主要精力还是放在经济发展上，通过经济手段摆脱贫穷。只有解决了这些生存问题，农民才有可能转移到政治诉求上面。经济环境是公共政策执行的最深层的环境，是公共政策执行的物质基础，农民的经济环境现状成为他们无法充分民主权益的又一制约"瓶颈"。

2. 文化环境

文化是社会体系的基本倾向或心理，它包括特定时期社会群体普遍奉行的态度、信仰、情感等基本趋向。文化，尤其是政治文化，直接决定着社会大多数人的价值判断，会影响目标群体对公共政策乃至公共权力机构的认可程度。

文化环境主要是指政策执行系统之外人们的社会价值观念、传统习俗、社会心理和行为模式等。在农村，农民受传统风俗习惯影响，特别是"宗法家族观念"，使普通农民长期处于愚昧的状态，处于权势力量下的从属地位，在民主参与当中往往处于很被动的局面。另外，中国传统思想中对政治的不宽容，使农民谈"政"色变，这些文化环境的因子都成为民主发展的阻力，因此，农民的民主权益得不到重视，更谈不上表达。

华中师范大学中国农村研究院发布的我国首个《中国农民状况发展报告》指出，农民尊严感很低，而且在以后的发展中会继续下滑。过半的受访者认为，农民是社会的弱势群体，比其他人低一等，对自己的身份认同感持消极态度，务工者和务农者持这一看法的比重更高。《中国农民状况发展报告》还指出，农民的尊严感很低还表现在与相关人员交往中，特别是有钱人、政府官员、医护等专业人员，农民的社会地位有待于继续提高。在整个大社会环境中，城镇对于农民以及农民工是存在某种程度的歧视的，在这种文化氛围里，他们自然会感觉低人一等，在这种自卑感中也无法做出很强烈的利益表达。

3. 社会政治环境

首先，在乡村官员制度下，党支部与村支书往往高高在上，具有高高在上的威信，这种威信坚实、厚重，不可动摇，因此，村民选举往往只能改变次一级权力的村委会成员的当选。并且在村委会选举的各个细枝末节中，党支部与村支书还可能会施以各种限制，以期有利于自身的利益诉求。村民代表更多半由村支书指定具体的人选，更不会开会讨论，实际上难以对村干部形成有效制约。

村务工作相关信息被党支部与村支书牢牢把控着、封闭着，这种工作的不透明，更妨碍了村民对村务的知情权和监督权，极大地拉开了干部与农民的心理距离，削弱了农民对乡村政府的信任感与认同感。对农民而言，他们既不受重视，又失去了参与民主法治建设的机会，其内心的民主意识与对民主的渴望，也会在日积月累下渐渐淡化，乃至消亡。

其次，尽管民主政治鼓励采用竞争机制，主张公平竞争，但市场自由化倾向最终会导致垄断的产生，诸多利益集团、宗族势力、帮派势力等都浸染进来。他们的利益诉求既阻碍了公平竞争，又伤害了公共利益的实现。此外，他们的非正式组织的存在形式，又是自由主义与无政府主义滋生的温床，破坏了组织方针与目的的贯彻和实现。

再次，选举人政治背景与信息的不完备、不透明，村民对他们了解得不清晰、不透彻，也使选举带有盲目的倾向。在选举过程中，村民对候选人往往一无所知，对方的能力、政绩都难以得到有效的了解。即便了解一二，也可能是经过候选人竞选前的刻意包装，与实际情况或往后的工作中，存在较大的差距。

最后，由于政治具有多方面的复杂性，也使村民个体往往并不看重自己的选票，认为自己只是沧海一粟，难以对选举大势造成有效的影响。

六　内部监控机制和外部监控机制不完善

我国政府体系的公共政策体系执行力存在的主要症结之一就是政策执行过程监控力不足。

（一）内部监控机制

内部监控机制主要是指行政机关内部的各种监控和监督，上级政府部门对下级政府开展的是一般监督和业务监督，在一定程度上存在对监控工作重视不够、监督制度不完善、监督手段单一、监督方式陈旧等问题。除此之外，来自行政监察机关和审计机关等专门监督又在一定程度上存在监督工作缺乏独立性，责任大、权力小等问题。总结一下可以发现，内部监控机制主要存在以下两个方面的问题，而导致内部监控执行不力。

第一，部分监控主体存在虚置现象。由于行政隶属关系的制约和人事财务方面的联系，纪检监察部门对同级政府部门的政策执行监督存在一定难度，其监控主体地位难以得到切实体现；受职责权限和操作程序等方面的影响，地方人大的监控效力也存在一定程度的虚置现象，政策执行的监督控制作用发挥不够充分。

第二，监控内容有失偏颇。政策执行的监控的目的是通过对政策执行全过程的监督，及时作出执行偏差的纠正，确保上级政策意图得以有效落实。但是，实际情况并不尽如人意，各类监控主体对政策执行的监督事后多于事前、结果多于过程、形式多于内容，监控力度分布不均，监控效果不够理想。

当"三农"政策由上而下落实到基层时，政策反应的好坏，需要作为政策对象的农民在实践中反映情况，可是，由于基层政府阻碍了反馈信息的渠道，使农民民主权益表达不充分，或者说反馈了不真实、不全面的意愿，作为基层政府的上级政府却没有做到有效的监督，没有进行对基层的深入调查来发现农民民主权益表达的渠道是否畅通，表达的意见是否真实可信，也没有组织专门的督察组织来审核基层政府政策落实的真实与否，造成了农民群体与上级政府的信息沟通的断层，容易造成公共政策实施的偏差。

（二）外部监控机制

外部监控机制包括人大机关、民主党派、利益集团、社会公众以及大众传播媒介等对公共政策的监督。这里说的监控主要是指当"三农"政策开始实施的时候，作为外部监控机制的一部分，一是有没有做好对相关政策落实的监督；二是当这些政策实施到基层后出现政策扭曲，致使农民利益受损时，监督农民是否能够充分进行利益表达，农民的反馈信息是否通畅和真实有效。但是，现行的政策执行监督制度还是存在一些不足：人大机关监督制度化水平有待于进一步提高，地方人大对同级政府的政策执行行为缺乏实际的约束力；民主党派的监督意见缺乏法律强制力，是否能够被接纳取决于政府及其领导民主意识强弱；社会公众监督政府政策活动的正式渠道还不够畅通；新闻舆论监督独立性不够强；等等。

农民群体在现实社会中是弱势群体，也没有组织可代表农民群体利益说话，那么其影响力不足以引起大众传播媒介以及公民的广泛关注，往往只有在农民权益受到严重侵害后才予以特别的关注，外部监控特别是大众传播媒介的监督，没有发挥其应有的舆论监督作用，来帮助基层农民提供及时有效的渠道表达民主权益问题。

结合上述现状中的大众传播媒体的问题，导致其出现的原因分析以下两个方面：

第一，在现代社会中，市场竞争激烈，信息增长迅速且密集，信息所带来的利益也在不断发生变化，媒体产业为了在这个信息化的市场生存，为了获取更多有市场的新闻资讯，其关注点不可能过多地放在农民等弱势群体上，相反可能更多地关注快速消费的娱乐资讯。

第二，关于舆论监督的法制建设还不够完善。例如，在采访活动的授权问题上比较受限制，限制导致了不利于进行正常的采访报道以及监督。另外，除政府存在"寻租"现象以外，新闻媒体的"寻租"现象也广泛存在。例如，有的地方电视台的记者为了赚取封口费，本来可以曝光的新闻，在利益牵涉者的金钱攻势下而被扼杀在摇篮中。这样的行为严重影响了大众媒体在广大社会群众中的信任感和正义感，大众媒体其舆论监督的作用效度也必然会削弱。

第三节　农民民主决策与管理
保障政策的实践困境

一　农民参与村级公共事务的程度较低

农民民主素养的高低在很大程度上取决于农民受教育程度。农民受教育程度越高，就越有助于提高其民主素养，增强其权利观念和政治参与的兴趣及能力，从而提高其参与程度和质量；同时也有助于培养法治观念、责任义务观念、理性认知能力和正确表达思想的能力，真正实现制度化的有序参与。但是，从整体来说，我国的农村教育仍然很落后，大多数农民的综合文化素质仍然偏低。2004 年，农村人口为 7.69 亿，文盲、半文盲人数占 7.39%，接受小学教育的占29.94%，接受初中教育的占 50.24%，接受高中教育的占 9.68%，接受中专教育的占 2.11%，接受大专以上教育的仅占 0.64%。由于我国农民文化素质的低下，导致农民民主素养普遍缺乏，限制了农民参与政治、管理国家生活所必需的知识和技能，从而制约了农民的制度化政治参与。

另外，农民文化素质普遍低下也导致其作为公民的独立人格缺乏。公民之所称"公"，不但要意识到自己和他人都有不可剥夺的自由平等之基本权利，而且还在于每一个公民都有相应的、无可推卸的社会责任，公民权利与社会责任不可剥夺、不可回避、不可转让，公民不但有责任和义务积极参与与公共利益相关的公共事宜，还有责任对公共权力机关进行监督，不断地促进政府改进工作，使政府职能既要到位又不越位。农民在村民自治过程中的种种心理和表现，反映出我国大部分农民还停留在传统的官管民的思维中。在农民村级选举中，许多人对村级领导班子评价不高，意见甚多，愤愤不平，但对基层选举却又缺乏参与热情，不肯积极地通过选举来改善村民自治的权力运行，认为选举没有太大作用。大部分农民缺乏强烈的权利责任意识和独立人格，不能正确地利用法律赋予自己的选举权利，不善于、不敢于用法律抗拒来自乡政府或宗族的种种不合理要求，认为自己"人微言轻"，只好默默地忍受种种不公。因此，农民缺乏作为公民的独立人格，使奠基于政治参与基础之上的村民自治的发展失去了内源性动力，加大了国家的农民民主权益保障政策在基层的执行难度。

二　村民自治中"乡村关系"和"两委"关系的矛盾

乡镇是国家在农村的基层政权，由乡镇政府代表国家对本地区进行行政管理。但是，乡镇管理的区域较大、人口较多，不可能由乡镇政府工作人员与农民直接交往，乡镇政府必须通过村组织来完成工作。因此，村干部在本村代办乡镇政府交给的任务，扮演着政府代理人的角色，其代理权来自乡镇政府。实行这一体制后，国家通过乡镇政府对农村社会进行行政管理，其主要内容是贯彻执行国家有关法律、法令和政策，办理上级政府交办的任务和本行政区域的相关政务。对于村民来说，村委会是村民群众自治性组织，村级公共事务由本村村民共同自我管理。村干部是村民共同利益的代言人，除管理本村事务外，还要负责向政府反映村民的意见、要求和建议，实际上，相当于本村这个大家庭的当家人。由于村干部将政府代理人与村民代言人这两种角色寓为一体，因此，不可避免地存在身份上的冲突，这种冲突随着经济社会发展而愈加突出。随着经济社会的转型，政府要求村干部完成的任务大大加重，如计划生育任务、维稳任务等。政府在下达任务时，并没有给予相应的财政与人员支持。为了完成任务，政府主要通过强化村干部的影响，保证使那些能够努力完成政府任务的人成为村干部。而村民对村干部的要求也大为提高，不仅希望村干部能提供良好的服务，公正处理日常事务，还希望村干部能带领群众迅速致富，否则，村干部就会失去权威基础。而《村民委员会组织法》实施后，又为群众挑选其领导人提供了法律依据和合法渠道，使他们可以通过选举方式选择自己满意的村干部。这种双重压力加剧了村干部双重角色的内在冲突，而冲突的焦点又集中反映在村干部的选举过程中，致使农民的选举权从根本上无法做到公平公正，要么流于书面规定，要么流于形式和程序。在许多情况下，法定的村级权威组织成了上级政府的驻村办事处，它更多地体现上级政府的意图，而不是村民的愿望。此外，地方政府还通过向村里派驻政府官员等多种方式直接干预村务治理。乡村治理中的"强行政"，严重削弱了村民的自治程度，与"强行政"相伴随的只能是"弱自治"。

三　村务公开制度的困境

村务公开制度由于面临技术和财政困境，也难以充分保障村民的知情权、决策权、参与权与监督权。在 2004 年中共中央办公厅、国务院办公厅颁布的《关于健全和完善村务公开和民主管理制度的意见》中，意见对村务公开的内容、程序及保障和监督制度做出了明确和具体的规定，强调在村务公开过程中，国家有关法律法规和政策明确要求公开的事项，如计划生育政策落实、救灾救济款物发放、宅基地使用、村集体经济所得收益使用、村干部报酬等必须公开，以及国家其他补贴农民、资助村集体的政策落实情况等也应纳入村务公开的范围，向村民群众公开。然而，现在有些地方的农村村级组织面临财政困难、财务管理混乱、债务负担沉重等问题，不仅难以为村民提供公共服务，也难以保证乡村干部队伍的稳定，严重影响到村民自治组织的正常运转。村务公开制度的难以推进已成为制约农民监督权、参与权的一块重要短板。目前，一些农村在村务公开方面还存在一些问题，在一定程度上制约着农村社会的全面发展，制约着农村基层民主建设的进程。主要表现在以下三个方面：（1）村务公开的内容不全面按照中办发〔1998〕9号文件有关规定，在实际工作中，一些村组公开的项目有的过于笼统，或者残缺不全；有的摘要含混不清，或者说明生搬硬套；有的只有"主目"，没有"子目"；有的干脆一言以蔽之，"总收入"多少元，"总支出"多少元，有的最多再配以"其他支出"多少元。至于这些"总收入"由何而来，"总支出"到何处去，"其他支出"包含些什么就不得而知了，对一些财务敏感支出项目、焦点问题或者打折，或者回避，或者笼统抽象，让村民"雾里看花"。（2）村务公开的程序不规范。（3）村务公开的监督措施不力。

四　农民自由结社的发展与困境

目前我国的农村合作组织以新农村综合发展协会（以下简称"综合农协"）为主。新农村综合农协发展协会模式主要来自东亚地区日本、韩国、中国台湾地区小农户社会和组织经验。回顾我国的农村组织历史，早在民国时期以及1949—1956年和改革开放以来，都曾有过局部性的同类经验。在"一五"时期，还有过从互助组走向合作社的经验，只是后来演变成政府公共机构（人民公社），没能处理好两者的关系——既要保持农民经济合作的自治组织性质，又要为农民提供所需要的超越经济的各项公共服务。综合农协是由专业农户和兼业农户为主要成员，以互助合作为基础，跨地域、跨行政村、覆盖全体农户的新型农村合作组织，并通过该组织提供与"三农"相关的购销、加工、商业、信用合作、农业推广、文化教育与福利事业等多功能服务，促进农业的可持续发展和农村的繁荣稳定。不同于以往的专业合作社，因为专业合作社是以单一产业为链条的经济组织，在发展产业经营、带动小农户抵御市场风险方面的能力十分有限。它们以松散型为主的多，经济实体的少；重盈利、轻服务，重分配、轻积累，与农民买断关系的多，可持续的成熟发展的少；局限于技术、信息服务的多，农产品加工、销售、投资的少；发展运作依靠大户的多，独立开展有组织的批量采购活动、创建品牌、有市场影响度的少；多产业覆盖、跨区域经营的多，能够在主导产业、优势产业上有带动作用的少；最终，大户得到的利益多，小户得到的利益少。

而综合农协是一个伞状组织，可以容纳各类专业合作社作为自己的团体会员，同时，为实现经济功能和社会功能，可以试办农村金融、兴办大宗农产品销售、农业生产资料购买、农产品加工、农业技术推广、社区教育、社区健康、社会福利、社区文化事业等。办好了，不但可以大大增强带动小农户抵御市场风险的能力，还可以提高农民的收入和公共服务消费水平。在农村建立综合农协是当下建设社会主义新农村的客观要求，也是走出"三农"困境、实现农村就地现代化的需要。这些年，土地先行的城市化已经造成了农村和城市发展两方面的灾难，一是农地荒芜，老幼留守，城乡差距日益扩大；二是生态毁坏，气候反常，生物圈循环遭到破坏。还有两三亿农民工漂泊在城市中，无法扎下根。他们在城市打工收入很低，而且职业不稳定。都像城市人一样消费，资源耗费不起，盖房子这一项就做不到。在农村，农业收入更低，加上分散小农户无法抵御市场风险，丰产往往歉收，增收很难。要走出这个困境，需要在建设好城市现代化的同时，进行农村就地现代化建设。不能将农村排斥在现代化之外，农村的就地现代化要和城市现代化并行、共进、共存。农村的就地现代化指的是生态维持、资源保护、多种就业、多样收入、公共服务、方便生活、组织自治、城乡结合、综合生活质量提升。要达到这个目标，需要打造农村的社会基层组织，这种组织要让农民抬头——达到共同富裕、集体发声的目标。这种组织要有集体的资产、集体的规则，既要为全体农民服务，也要为执行政府富民政策服务。这样的组织，就是综合农协。

　　随着改革开放的进一步深入，我国的综合农协也得到了初步的发展，如上文提到的山西运城地区永济市的蒲韩乡村社区农民合作组织已初具雏形，并有效地带动了农民发家致富，推动了农村的经济发展，进而促进了村民自治的完善。然而，我国大部分的农村仍然处于无组织状态。尽管政府大力投资农村公共设施和公共服务，不过，由于缺乏一个能够同时整合分散小农户经济利益和社会利益的团体与政府连接（村委会没有经济职能，专业合作社没有社会职能），导致农民与政府之间的关系日渐疏远，政府的政策贯彻不下去，大量对农村的投资被浪费和侵吞。现行的乡村治理结构缺乏自我发展的需求和动力，陷入发展的困境。要走出困境，进行乡村治理结构的创新，就必须形成让农民和基层政府都能有作为的新的组织和机制。从建设基层农村治理结构的长远方向考虑，一个乡镇建设一个将经济、社会功能统合起来的全体农民都参与的经济社会组织，并与政府之间形成指导、监督关系，是最合理的组织和制度选择。

第四节　我国农村民主监督制度执行中存在问题的原因分析

一　理想化的政策制定

（一）农村民主监督是我国民主监督体系中的薄弱环节

　　美国公共政策学者托马斯·B. 史密斯提出，"政策执行是由一系列行动构成的活动，其中首要的是通过政策制定过程形成理想化的政策，它包括政策的形式、政策的制约性、政策的范围、政策的形象等"[1]。我国是实行人民民主专政的国家，一切权力属于人民。从对我国民主监督制度的追溯可以看出，党和国家历来重视人民民主监督制度，并且制定了完善的民主监督体系：人大监督、行政监督、司法监

---

[1] Smith, Thomas B., "The Police Implementation Process", *Police Sciences*, Vol. 4, No. 2, 1973, pp. 203 – 205.

督、民主党派监督、群众监督、舆论监督这一整套适合中国国情的监督体系，对于实行村民自治的农村也颁发了《村民委员会组织法》，对民主监督制度从法规上进行了规定，因此，从制度上保障了人民民主监督，在一定程度上抑制了政治、经济、文化、生活中的不和谐因素。但不可否认的是，我国目前实行"统一政策，分级决策"的政治权力分配体制，民主监督制度的制定是为了规范农村社会的利益结构，制度的执行才是最终调整各个利益体和稳定农村的社会发展的关键环节。但是，国家在政策、制度制定过程中，代表着整个国家范围内农民的利益，而制度在执行过程中，经过层层分解，逐渐呈现出区域地方利益或者个人利益。特别是民主监督制度，所规定的条例大多是重原则性规定、轻程序化规定，且制度实施过程中不具备法律性的奖惩措施规定。"任何一项完整、理想的制度都必须是行为模式和制裁手段的统一，应当由规范性制度安排和惩戒性制度安排构成。"① 规范性制度安排，是告诉人们应该做什么，应该怎么做；惩戒性制度安排，是告诉人们不遵守规范性制度安排会受到怎样的惩罚。在《村民委员会组织法》中，关于民主监督制度，只对监督制度内容进行了规范性制度安排，并未设定实施细则，只是要求"具体选举办法由各省、自治区直辖市的人民代表大会常务委员会规定"，而对于执行过程中，各个乡镇、村庄在实施民主监督制度时，会根据主观、客观因素对实际程序进行执行，对不执行或者执行不当行为没有进行明确规定。因此，这一薄弱环节是需要我们政策、制度制定者去不断完善的。

（二）制度制定中缺乏与公民的合作

亨廷顿曾说："高水平的政治参与总是与更高水平的发展相伴随，而且社会和经济更发达的社会，也趋向于赋予政治参与更高的价值。"② 在村委会对民主监督制度执行程序的制定过程中，村民参与度

---

① 梁开、贺雪峰：《村级组织制度安排和创新》，红旗出版社 1999 年版，第 221—223 页。

② ［美］塞缪尔·P. 亨廷顿：《变动社会的政治秩序》，上海译文出版社 1989 年版，第 128 页。

低。这是由于：第一，农民收入低，直接导致村民个人科学文化素质不高。在我国，相当一部分农民只是解决了温饱问题，相当缺乏对国家相关政策、法规的了解，因此，个人综合素质还未上升到参与制度制定的层次上，这样，就导致部分村委会在制定民主监督制度的相关规定时，出现少部分人专断的情况。第二，伴随着市场经济的发展，使农民的社会观念和价值观发生了重大改变，农村经济成分呈现多样化，部分农民常年在外打工，长期不在农村，缺乏参与民主监督过程，部分农民出于自身利益的考虑而不愿意监督村干部。因此，在政策制定中出现了缺位，导致民主监督制度实施过程中出现了偏离，且不具有务实性。

江西省遂川县左安镇丰城村，1999 年 12 月 7 日，选举产生了村委会，包括三名委员。12 月 7 日晚，当选的村委会主任在一名委员不在场、一名委员有不同意见的情况下召开党员和村民代表会议，并按照个人意愿宣布了当选村委会委员的分工。村民了解情况后，对其做法有异议，要求查看《村民委员会组织法》是否有相关规定，但是却很难找到《村民委员会组织法》的册子，于是村民自掏腰包，每户购买了一册《村民委员会组织法》①。

二 执行机构

（一）乡镇政府对村民民主监督制度重视度不够

各地乡、镇政府作为村民自治制度的主要宣传者和推动者，在对村级民主监督制度的指导中出现了"缺位"现象。

首先，乡镇政府缺乏对村务公开的指导和监督。村务公开是村民对村务进行监督的一种重要方式，乡镇政府也是督促村务公开的重要保证。但是，在实际村务公开中，出现村务公开内容不全面；村级财务公开内容未经审查，不真实。由此引发的村财务离任审计出现的问题等都是由于乡镇政府的指导、监督不力造成的。乡镇政府对村务公开不主动，反而等村民来反映，有的甚至村民反映出问题，乡镇政府也不及时检查纠正。

---

① 徐付群：《村民自治现状与案例分析》，海洋出版社 2011 年版。

其次，乡镇政府对村民拥有的罢免权保障不力。村民所拥有的罢免权是村民唯一可以制约村干部的权力，但是，众多实证调研显示，村民罢免有成功的也有不成功的，其中乡镇政府起着关键作用。如1999年辽宁兴城市某满族乡，超过半数的具有选举权的村民联名同意罢免村主任，村委会拒绝召开村民会议，乡里也拒绝出面召开村民会议就罢免提案进行表决，以致该村主任罢免不成。新浪网也报道了浙江省宁波市宁海县大祝村《村民自罢村官 镇政府宣布无效》，"2004年2月13日大祝村在罢免程序合法的情况下罢免了该村的村委会副主任，但是乡镇府以'罢免理由不充分'为由否认罢免结果"①。从这些事例我们可以看出，乡镇政府缺乏对民主监督权的保障，还会出现越权或者"缺位"的现象。

这种现象主要是由以下几个原因造成的：第一，自改革开放以来，各地各级政府为发展本地经济，把经济指标作为衡量政府业绩的唯一指标，乡镇政府抓大放小，重点发展拥有集体产业经济的村，对于经济发展稍微落后的村不管不问，导致绝大多数村民主监督制度执行处于空置状态。第二，由于传统领导方式的存在，乡镇政府还拥有对村的主流控制权。对于各村下发的重点任务必须完成，由于依赖村基层权力，因此，村民自治未做到完全的自治。

（二）村委对各种形式监督制度照抄照搬，应对上级检查

"一定的利益需求取向决定了利益主体的行为倾向"②。村委会作为村级公共权力的运作机构，同时又是被监督的对象，因此，村委会成员与村民在村务治理中进行利益博弈的过程，也是导致村委会对民主监督敷衍了事的又一重要原因。村干部除是权力"代理人"角色外，也要追逐自身利益。"权力作为一种资源分配方式，权力的运行过程也是社会价值和资源的分配过程。"③ 因此，村干部在被监督过程

---

① 吴萍：《农村社区公共权力监督动作和制度的偏离》，博士学位论文，浙江师范大学，2004年。

② 唐晓腾：《村干部的"角色冲突"——乡村社会的需求倾向与利益矛盾分析》，《中国农村观察》2002年第4期。

③ 王寿林：《权力与权力制约论纲》，《天津社会科学》1997年第6期。

中失去个人权力和利益，对民主监督制度走过场，并不积极执行。为了应对相关部门检查，照抄照搬现存的民主监督制度形式，并未实际执行，导致了民主监督制度不能得到执行。

（三）缺乏以公民参与为主导的监督机构，监督机构缺乏独立性

监督机构与村委会之间的独立性直接影响着监督效果。但是，由于监督机构的人员大多数并非选举产生，因此，对村委会的监督并不具备完全的独立性。部分村庄设置的村务监督小组、理财小组都是由村委会成员兼任或者和村委会关系密切的"能人"组成，因此，监督组织实质就是一种形式，不具备监督功能。

（四）执行人员对监督制度区分软硬，选择性执行

塞巴梯也尔和马兹曼尼恩指出，政策执行过程中，务必提供相应的财政资源，足以聘请适当的人员，以其专业的技术进行分析并发展执行的规定，推动计划的管理。但是，在民主监督制度的执行过程中，执行人员的不专业性，以及部分执行人员所代表的利益不同，一定的利益需求决定了利益主体的行为倾向。由于部分执行人员并非由选举产生，利益倾向于村委会，因此，对于涉及村委会利益事项，睁一只眼闭一只眼，不对群众公开，如低保名额、低保数额等。对于各家分得的田亩数，经过村民大会讨论决定的事项则向村民公开。

三 目标群体：个体理性因素

在民主监督制度中，"目标群体"主要是村民。村民对通过民主选举选出来的村委会干部在实行村务管理的一切行为和活动进行监督。

（一）民主监督制度对于农民没有实际权力效力，只流于制度层面

中国当前的情况不是缺少制度和法律，而是执行不力，"在一些关键领域，纸上的法规远不同于具体实施的法规"[1]。虽然在《村民委员会组织法》中明确规定，村民有监督村委会活动及村干部行为的权力，但是，没有赋予村民对于村委会违反相关规定的惩戒法制规定，因此，村民不具备实际的权力。对于集体经济发展较好的村，村

---

[1] 莫勇波、张定安：《制度执行力：概念辨析及构建要素》，《中国行政管理》2011年第11期。

民虽然有民主监督的欲望，但是，对于民主监督的具体步骤、程序及方式缺乏足够的认知。还有一个问题就是，村民缺乏真正意义上属于村民自发组织形成的村民监督小组，因此，仅凭个人的力量是难以监督的。对于经济发展不好的村，有的一个村就是一个家族，经济情况如何，大家都心知肚明，而且，在我国几乎都生活在"熟人"社会中，谁监督谁，就显得谁好像对谁有意见，因此就忽略了民主监督。

（二）缺乏公民参与文化的培养，公民主体性意识薄弱

我国传统的政治文化，未能使农民完全从受压迫的小农经济个体转化为社会公民角色，因此，同时作为国家主人的农民，并未汲取公民参与社会治理的文化。当代西方参与式民主代表人物卡罗尔·佩特曼（Carole Pateman）指出，"参与式民主最主要的功能就是教育功能，包括心理方面和民主技能、程序的获得"[1]。由此可见，公民参与政治本身就是民主文化的一种培养，通过参与的教育功能，可以发展和培育民主制度所需要的个体品质，个人的参与越是深入，他们就越具有参与能力。治理理论也明确肯定了"公民参与的不可或缺性"，因此，在村民自治中，为了达到善治，必须将公民参与文化的培养，作为村民自治前进的方向。

（三）农民参与民主政治与市场化密切程度相关

"一个地区人均收入水平对一个镇的投票率有着显著的促进作用"[2]（见表4-9），这说明民主政治的兴起取决于社会对民主政治的要求，而不取决于居民的所谓受教育程度。从一定意义上讲，个人受教育程度并不与个人的民主政治要求成正比，特别是在农村，农民对于村集体公共权威的信任或依赖是源于对乡绅精英个人权威的认可。

---

[1] 李光宇：《论正式制度与非正式制度的差异与链接》，《法制与社会发展》2009年第3期。

[2] ［美］卡罗尔·佩特曼：《参与和民主理论》，陈尧译，上海人民出版社2006年版，第103页。

表 4 - 9　　　　　乡镇层面的投票率的影响因素的模型估计结果

	最小二乘回归模型 Ⅰ	最小二乘回归模型 Ⅱ
人均收入对数值	0.177 **	0.149 *
人口对数值	− 0.048	—
财政收入对数值	0.009	—
人均财政收入对数值	—	0.028
截距项	− 0.584	− 0.524
拟合优度	0.283	0.081

注：* 和 ** 表示变量在 10% 和 5% 的显著性水平下显著。

资料来源：中国社会科学院农村发展研究所课题组：《农村政治参与的行为逻辑》，《中国农村观察》2011 年第 3 期。

从实地观察说明，村民对农业的依赖程度越高，村民参与监督的积极性就越大，这是由于村委会负责土地调整、灌溉，以及农业技术采用等和农业密切相关的事务。村庄的集体企业和集体资产也是影响村民理性选择的重要因素，集体资产较多的村庄，村民更愿意参与民主监督，关注和自身利益密切相关事务；反之，村民则认为监督的意义不大。

四　民主监督制度执行中的环境因素

（一）经济因素

从现有的研究来看，东南沿海经济发达的省份，民主监督制度推行得较为广泛，并且出现了地方创新与发展，如温岭市的"民主恳谈"，武义县的"村务监督委员会制度"。但是，对于西部偏远山区，民主监督制度的执行就未能得以贯彻实施。在中部省份，拥有集体产业或者集体经济的村，民主监督也能得以实施，但是，稍微偏远点的山村，民主监督制度也未能执行。从走访的几个村我们了解到，拥有集体产业的白沙村，设立了较完备的监督机构，村民普遍了解自己拥有民主监督权力，对于村民代表和党员都积极加强对村务的监督。但是，对于经济发展较差的肖庄村，监督机构设置得就不是特别完善，村委干部兼任着监督的职能，实际也就流于形式。

（二）舆论、媒体宣传不足

自 1998 年《村民委员会组织法》颁布实施以来，村民自治制度不断完善，村民对村民自治也都耳熟能详，电视、网络新闻媒体频繁地报道全国各地关于村民自治的重大新闻，但大都是关于经济方面取得的成就，就民主监督制度来说，村民还是感到比较陌生。可见，舆论、媒体宣传的不到位也是村民对民主监督制度不重视的又一重要原因。

（三）监督渠道不畅通

相对于我国其他层次的民主监督来说，目前村民自治的民主监督相对比较单一，村民自治对于村委会、村干部的监督只能通过对村干部进行批评和 1/5 群众联名罢免这一渠道进行监督，尽管《村民委员会组织法》规定，在对于村委会监督无效情况下，可以向乡镇或有关部门反映情况，获得解决办法。但是，这种渠道往往是最容易堵塞的渠道，在有些情况下，村委会的一些行为，是由乡镇政府默许的，而且当事情严重性未达到一定程度时，乡镇政府也无暇监督。我国目前呈现的村民上访事件逐年增高现象，正是非正常公民参与方式。

第五节　信访中农民维权焦点问题的成因

信访工作是一项复杂的系统工程，运行过程会受到各种因素的影响制约，对于信访相关政策而言，能否顺利实施取决于政策系统的整体运行环境状况。"美国政策学家 D. 梅兹曼尼安和 P. 萨巴提尔在他们提出的公共政策执行综合模型中指出，政策执行的效果往往主要受到政策执行者、政策目标、政策本身缺陷、政策环境以及政策执行制度、体制等方面因素的影响。"① 笔者通过实地访谈和资料分析发现，农民维权中信访政策执行失范问题主要是由信访机制不健全、信访农民权利意识淡薄及组织化程度较低、信访人文环境的恶劣以及信访法

---

① 陈振明：《政策科学》，中国人民大学出版社 1998 年版，第 313 页。

制规范的缺失而导致的。

一 信访机制不健全导致农民维权困难

公共政策的运作机制完善与否是决定政策能否顺利实施、能否实现预期效果的重要制约因素。信访工作中反映出的诸多问题，与当前我国农民信访工作机制不健全、信访渠道不顺畅、信访部门职能运作不规范、信访救济制度欠缺以及信访运作机制不成熟有直接关系。

（一）农村信访工作渠道不通畅

公共政策运行中的单向沟通模式制约了民众利益表达的发展。作为信访政策实施主体的政府机关和信访部门掌握着政策主导权力、舆论、信息资源等独特优势，与分散的、力量微弱的民众形成鲜明对比。在信访政策执行过程中，广大底层民众成为不平等的政策对象，其自身权益在很大范围和程度上被忽视。在调查中笔者发现，当地的信访政策在整个制定或实施过程中呈现出明显的自上而下的单向沟通模式，往往只存在自上而下的行政要求而缺乏自下而上的利益表达、政策吸纳的过程。

（二）信访职能部门运作不规范，合法化程序缺失

党和政府的宗旨是为人民服务，维护社会公民合法权益。现行信访制度在程序上存在重大缺失，同时，处理信访问题的程序和形式不合法的问题也不容忽视，由于现存制度对信访人和信访部门及处理信访问题的行政机关约束力差，致使本来就不够健全的信访法规没有发挥应有的作用，有法不依、执法不严的情况时常可见。

（三）信访救济运作机制的困境导致权益保障阻滞

信访救济运作机制的一个显著特征就是它的非程序性，跨越官僚层级进行政治沟通是信访制度最大的优势，也是信访制度最大的弊端。信访人的权利斗争与行政主体的秩序追求之间的张力及其平衡是信访救济运作机制的核心，这种博弈式的运作机制导致在信访实践中许多上访人往往会选择采取"缠"和"闹"等非常规的手段，以使自己的问题能够在最短的时间里支付最少的成本的情况下得到关注和解决。首先，司法救济渠道不畅、诉讼成本过高、效率低下，司法的不独立和腐败官僚等问题的存在使司法救济渠道发挥作用的能力大大

受限，加重了群众对于司法体系的不信任。其次，行政救济力度十分有限。最后，各种救济制度之间相互协调和衔接不畅。突出表现在不同行政救济方式之间关系没有理顺，职权不明确，衔接不畅，极易产生互相推诿的现象。

（四）信访工作运作机制不成熟

1. 监督机制不完善

政策监督是政策执行必不可少的条件之一，行之有效的政策执行监督可以防止政策失真，矫正政策偏差，使政策能够有效实施。美国著名行政学家埃莉诺·奥斯特罗姆曾指出："在每一个群体中，都有不顾道德规范，有可能采取机会主义行为的人；也都存在这样的情况，其潜在利益是如此之高，以至于极守信用的人也会违反规范。"① 因此，完善的政策监督机制才能够保证政策的顺利执行。按照公共选择理论的观点，政府也是理性"经济人"，也会受到利益的驱动和诱惑。

2. 责任追究机制不到位

"公共政策是为解决社会问题而制定的行为准则，政策主体以法定权力执行政策，是责、权、利的统一体，对政策执行需承担一定的政治责任、道德责任和人格责任。"② 因此，责任制有利于激发政府官员提高政策素质和责任意识，控制政策执行方向，规范政策行为。但现实信访程序由于对侵犯群众利益引发信访的违法行政行为缺乏明确的责任追究机制，许多基层干部在处理信访问题时往往无所顾忌，采取行政不作为或消极行政作为，或者工作方法简单、粗暴，能压就压，能拦就拦，结果激化了矛盾，造成大量群众不相信基层信访部门的处理结果，大规模群众越级上访事件频繁发生。

二 信访权利意识淡薄和组织化程度较低导致农民维权弱势

按照公共政策理论分析，相对政府信访部门和工作人员而言，农

---

① ［美］埃莉诺·奥斯特罗姆：《公共事务的治理之道》，生活·读书·新知三联书店2000年版，第61页。

② 宁骚：《公共政策学》，高等教育出版社2004年版，第402页。

民是信访维权活动中的政策客体，也叫政策目标群体，是公共政策执行的直接或间接作用对象。政策客体对公共政策的顺从和接受程度对政策的执行顺利与否有极大的影响。政策目标对政策的认同度、利益取向及目标群体组织与结构都会影响政策的执行效果。农民信访维权弱势局面的形成，同样也是由于这些因素造成的。

（一）农民缺乏利益表达权利意识

利益表达的内涵，是指信访政策执行客体通过正当、合法的途径和方式，把自己的态度、情绪和想法、意见向社会、政府表达出来，以实现和维护自身的合法权益。而当前，我国农民政治参与意识还十分淡薄，尤其广大农村利益表达权利意识欠缺相对严重，有学者指出，农民这个广大的群体，正在成为最大的弱势群体，他们经济实力薄弱，政治地位低下，没有政治发言权，处于政策忽视或最后考虑的边缘位置。他们没有参与到农村信访政策实施中去，利益诉求和合法权利也没有得到有效保障。新中国成立已经 70 年，我们也早已摆脱封建制度的制约，但是，我国农民浓厚的封建思想仍根深蒂固，对农民利益表达产生了深刻的影响。由于我国农民深受两千多年来封建统治和封建思想文化的影响，小农经济思想很严重，又具有较强的"臣民意识"，农民群体势单力薄，制约了公民权利、国民待遇等在农民身上的实现，也使农民普遍缺乏公民意识、参与意识和自主意识，当他们的利益受到侵犯时，无法或不愿意自发组织一个公共团体、通过合法的利益表达渠道来表达自己的意愿。因为大多数农民普遍文化水平低，得不到有效的信息与沟通，法律意识也很淡薄等。这些因素使我国广大农民自身群众基本上没有表达权，也是我国农民利益经常受到侵犯的一种现象。

（二）农民利益表达缺乏组织性

"利益表达的实现机制也就是提供利益表达渠道，使利益表达这种主观行为得以完成的机制。"① 随着我国经济的快速发展，市场化、

---

① 姚望：《当代中国利益表达机制的构建研究》，中国人民大学出版社 2008 年版，第 21 页。

城市化步伐不断加快，农民已经成为中国社会中的弱势群体。农民之所以成为社会中的弱势群体，主要是因为他们自身的组织化程度低，没有凝聚力。中国社会的各行各业都成立了自己的组织利益团体，唯独农民没有自己的组织系统。农民组织资源少，缺乏表达利益的渠道，也无法参与。影响政策的制定，因而有时成为某些政策的受害者。例如，选举法规定农民有很多人，甚至是几个乡镇才能产生一个农民人大代表，占70%的农民所产生的人大代表比其他行业少很多。即使被选上代表的农民，由于他们自身文化水平低，整体素质不高，当利益受到侵犯时，也不可能替农民说话。而现阶段作为农村村民自治性组织——村民委员会表达农民的利益作用有限。根据我国《村民委员会组织法》规定，村委会有权向政府反映村民的意见、要求和提出建议。但是，在实际生活中，由于受传统体制的影响，乡镇政府工作人员对《村民委员会组织法》的漠视把对村委会的"指导性质"直接变成了领导与被领导者的关系，忽视村委会的自治性质。很显然，村委会带有比较浓厚的政府性质色彩，政府和农民的利益往往无法一致，从而使村委会不能很好地表达农民群体的利益。

（三）政治参与制度不健全

政治参与是现代民主政治的重要内容，它必须以完备、畅通的民主政治参与体制为依托。要实现和发展农民群体的政治参与，同样需要完备的政策参与机制。所以，一个阶层对国家政策的影响力主要取决于其利益表达的力度和有效性。对于农民弱势群体而言，自身政治参与的局限和环境制度的影响大大降低了他们政治参与的热情和积极性，导致农民这个弱势群体对政治的冷漠和不信任，甚至公开反对政策的执行，造成政府治理危机和社会安全隐患。因此，要消除农民弱势群体消极参与问题，政府必须出台相关的激励和推进政策，激发农民的政治参与热情，积极主动关注政策、支持政策、参与政策。农村村民自治是农民进行利益表达、有序政治参与的主要制度载体。但是，在实践中，一些具体制度还不够健全与完善。比如，作为农民参政议政最重要的载体是村民自治。目前，在制度设计上还不够严密，民主环节上还不完善，可操作性不强，民主选举、民主决策、民主管理、民主监督，是构成农村基本民主政治建设的一个完整体系，和民主选举制度相比，其他三种制度发展落后，农民享有的三种民主权利表达渠道不畅通，农村基层政治体系缺乏公开性和透明度，相关制度流于形式，甚至存在"暗箱"操作。

此外，农村基层党组织建设不到位。一些农村基层党组织滞后，对农村基层民主政治建设带来负面的影响。有些党组织缺乏畅所欲言、平等协商的民主氛围；有些党组织负责人对党务、村务的重要决策，喜欢独断专行；有些党组织习惯于包揽各项事务，村委会形同虚设；有些党组织缺乏监督制约机制，村务不公开，办事不公道；有些党组织软弱涣散，纪律松弛，一些党员干部甚至存在违法违纪行为，在群众中威信很低，缺乏凝聚力和号召力。制度不完善以及在实践中的偏颇，也必然阻碍农民有效地进行利益表达，抑制他们管理国家、当家做主的积极性。

（四）农民利益表达渠道不畅

当前，我国农民等底层弱势群体利益表达在很大范围和程度上被忽视，公共政策运行呈现出自上而下的单向沟通模式，往往只存在自上而下的行政要求而缺乏自下而上的利益表达、政策吸纳的过程。信访制度是农民权利救济和维护社会稳定不可或缺的制度保障，是一个具有中国特色的农民利益表达的唯一渠道，但是，由于制度本身的不完善，存在一些问题，从而导致了农民利益诉求不畅通。当农民以书面、电话等形式向基层党组织或有关部门反映情况时，却得不到很好的反馈。对于农民反映的问题，有的处理时间漫长，反馈不及时；有的则石沉大海，最终解决不了问题，使相当数量的农民不信任信访制度，农民的利益诉求无从上达，难以有效地通过这些制度性渠道表达自己的利益，不少重要的利益表达无法进行，不少合理的意见、要求和建议得不到及时有效的反映。屡见不鲜、绵绵不绝的农民越级上访现象就是利益表达渠道不畅的突出表现①。

---

① 王立新：《论我国社会分层中人民利益表达制度的建构》，《社会科学》2003 年第 5 期。

三　信访中人文环境的恶劣导致农民维权阻滞

政策环境是影响政策执行效果的关键因素，一定社会的政治、经济及文化环境现状及发展趋势都会对政策的整体运行产生很大影响。农民信访政策制定和实施如果未充分考虑到特定区域的社会环境，执行过程中就可能会受到未被考虑的不利环境的阻碍和制约，导致信访政策运行中的失真和偏离。

（一）农民群众与基层干部关系不和谐

1. 村干部方面的原因

村干部方面的原因主要表现在以下四个方面。

第一，少数村干部的思想素质不高，办事不公道，把人民赋予的权力当作自己谋私利的工具。如在农户申请建房时吃、拿、卡、要，在村集体项目建设上不公开招投标，这种做法很不公平。在农村信访问题中，几乎都存在村干部为政不廉、办事不公问题，成为产生矛盾的重要原因。

第二，村干部工作作风简单粗暴，民主意识不强。一些村干部在工作中，不讲究工作方式方法，不善于做群众思想工作，对有抵触情绪的群众，往往采取压制的办法，激化了干群矛盾。个别村干部家长制作风严重，个人说了算，给班子内部不团结留下隐患。干部在决策时不民主、不科学，不按程序办事，不尊重群众意愿，不充分考虑群众利益。

第三，村级财务管理混乱、不规范，不公开或虽公开但流于形式，缺乏有效的监督，导致干群之间互不信任、产生隔阂。

第四，一些村干部不注意自身修养，不注意自己的形象，有的自己带头拖欠村集体的承包款，生活作风不检点、参与赌博等，乱收费用。如在农民审批建房时，违反规定乱收费，群众对此虽有意见，但因有求于村里，只能无奈交款，在群众中影响较坏。

2. 乡镇党委、政府方面的原因

第一，少数不讲原则地维护村干部的利益和声誉。在下村工作和处理一些问题时，偏听偏信村干部意见，不愿倾听群众呼声，了解群众的意愿，甚至怕得罪村干部，在一些问题上无原则地迁就。在村干部做错事时，不敢大胆提出批评意见，对村干部的教育监督和管理失之于软，失之于松，失之于宽。少数乡镇干部甚至与村干部如出一辙，结成共同利益，这样，不仅有损党委政府形象和威信，而且致使问题不能及时得到纠正，导致干群关系进一步恶化。

第二，在村"两委"干部任免、提拔等方面把关不严。如在用人方面，习惯于将一些以为有魄力，但思想道德素质不太好的"强人"选进村领导班子。殊不知，这类人往往在群众中缺乏感召力，不善于做群众的思想工作，工作作风粗暴，方法简单，使群众产生逆反心理。虽然群众慑于其权威，敢怒不敢言，但一旦群众的承受力超过一定限度，加之有外界因素，容易发生大规模集体上访。另外，在村级班子搭配和培养村干部后备力量时，把关不严，出现村干部之间亲连亲、眷连眷，村主要领导和村财会人员是一家的现象，使权力过于集中，也是群众信访反映的热点之一。

（二）基层组织建设不完善

第一，村干部内部矛盾问题，其主要表现为：一是有些村在党员发展上把关不严。村支部书记为了巩固自己的权威，只把自己的亲属拉入党内，不发展其他村民入党，导致群众对党支部的不信任。二是部分镇党委、政府不重视村级班子的思想组织建设，对基层组织内部矛盾处理不及时、不公正，致使一些村班子工作涣散，战斗力不强。

第二，部分村"两委"工作关系不顺，相关制度还不完善、不规范或制度落实不到位；村党支部习惯于包揽村里大小事务，对村委会依法行使职权不支持、怕失权，或者村委会不尊重党支部核心地位，以为自己是全体村民选出来的，可以脱离村党支部开展工作。个别别有用心的人为了自身或宗族、帮派利益，从中煽动挑拨村"两委"干部之间的关系，制造矛盾。

第三，基层民主管理，民主监督不到位。随着法治的健全，村民民主意识的不断增强，基层民主法制建设不断得到加强，但离有关法律、法规的要求还有较大差距。如村级财务问题，这是基层信访的热点、焦点问题。现在，村村实行村务公开，都过于简单，程序不规范，使村务公开流于形式。当前基层组织的一些决策如土地承包等，往往不经过村民代表大会讨论，民主议事制度形同虚设，在一定程度上侵害村民的利益，加深了村民与基层组织的矛盾。

四　信访中法制规范的缺失导致农民维权运作失范

长期以来，农民在维护自身的权利同时，又受到当地政府信访工作者的压制，在一部分政府的信访干部头脑中，仍存在与依法信访格格不入的思想观念，甚至认为农民（信访人）是"刁民"，有些信访干部缺乏基本的法律意识，在信访工作中，强调行政主体的权力，忽视信访主体的自身利益。同时，绝大多数信访人对于信访的法定途径、方式、程序及信访工作机构的权利和义务根本不清楚，所以，在信访过程中难免出现触犯国家法律法规、危害社会政治稳定的行为。

（一）人治色彩严重

农村信访制度的产生和维系是根源于广大农民对政府的绝对忠诚与信任，甚至依赖。在广大农民看来，自己权益的保障和实现完全取决于当地政府的作为，而且是维护自己权利的有效途径。他们把一切问题的解决寄托于某个行政领导的命令或指示的做法，这显然是以往人治思想的体现。现行信访制度中的一些规定，其实是直接跟宪法或法律相抵触的，甚至出现了行政权僭越立法权或者司法权的现象。这既体现在行政法规和地方性法规或者政策中，也体现在具体的实践里。这些都有悖于建设法治国家的大方向。主要靠领导批示处理问题，法定依据不足。

（二）农民权利救济途径的匮乏

随着我国社会主义市场经济体制的确立和市场竞争机制的引入，农民由于其所处的行业特点及其自身因素影响日益被归入整个社会成员中弱势群体的行列。农民各方面的权利，经常处于不被尊重、不受保护的地位，对农民权利肆意侵犯的事例比比皆是。从近年来农村信访的情况来看，大多数农民信访的理由都跟其合法权益受到侵犯密切相关。而参加信访的人员主要是家境贫寒、生活拮据的残疾人、低保户、老年人等，他们大多处于当地平均生活水平线以下，即我们所说的弱势群体。他们大多数法律意识不高，加上自身经济条件限制，权利受到侵犯后，往往不会或者无力通过诉讼的方式去救济。即使有少数人能够认识到通过法律途径维护自身合法权益的重要性，也被那高昂的诉讼费和烦琐的诉讼程序所吓倒。

（三）司法救济权威的弱化

由于长期受封建思想影响，中国农村地区普遍存在"厌诉"现象，农民对司法救济方式具有天然的抵触情绪。同时，我国当前司法尚不够独立和司法腐败现象的存在，也是多数农民崇信信访而排斥司法救济的重要原因。在我国目前的制度体系中，司法存在严重的行政化，基层法院的人事、财政往往都隶属于地方政府，法院很难真正地实现独立审判，一些重大案件不得不听命于行政领导的命令或者批示。另外，当前我国法院普遍存在的审判质量不高、案件裁判不公、审判人员作风不佳、诉讼费用过高等，大大削减了司法裁判在民众心中的权威。在现行司法状况无法完全满足人民群众正义追求的情况下，老百姓基于谋求自身利益满足的驱动，只能转向法律外的途径以寻求保护和期待利益的实现。

第六节 《村民委员会组织法》的困境分析

根据《村民委员会组织法》存在的问题，可将这些问题进行综合分类，大体上分为四类：一是目标团体对《村民委员会组织法》认同度问题；二是《村民委员会组织法》制定主体问题；三是《村民委员会组织法》本身的问题；四是《村民委员会组织法》，的执行环境问题。

一 目标团体对《村民委员会组织法》认同度问题

目标团体对《村民委员会组织法》认同度问题主要体现在目标团体对《村民委员会组织法》认同度不高。造成目标群体对《村民委员会组织法》认同度不高的原因可以分为两个方面。

（一）《村民委员会组织法》的宣传不到位

《村民委员会组织法》的目标群体是生活在农村的广大农民，而我国农村经济相对落后，获得信息的手段相对缺乏，再加上政府在

《村民委员会组织法》的宣传上存在问题，使广大农民对《村民委员会组织法》的了解程度和理解不够，造成他们对《村民委员会组织法》不能很好地接受或者说是不能完全接受。造成《村民委员会组织法》宣传不到位的原因有：一是宣传方式的缺失。政府在对《村民委员会组织法》进行宣传时，不能结合农村的实际情况，选择合理的宣传方式，使农民不能很好地了解《村民委员会组织法》。二是宣传内容不科学。政府在《村民委员会组织法》进行选择时，没有选择科学的内容，不能把《村民委员会组织法》执行的有益之处，或者说没有把《村民委员会组织法》的执行效果与农民的切身利益关联起来，造成农民不愿意去接受《村民委员会组织法》。

（二）政策价值观的影响

随着农村经济社会的发展，农村的社会结构发生了很大的变化，广大农民已分化为不同的利益团体，这就使他们形成了不同的政策价值观，进而使他们形成了不同的政策情感和政策认知。最终影响他们对《村民委员会组织法》的认同度。

二　《村民委员会组织法》制定主体问题

《村民委员会组织法》制定主体问题主要表现为制定主体的结构不合理。公共政策问题的提出主体或制定主体主要包括政府部门、政治领袖、政党组织、利益集团、大众传媒、各类政策研究组织等①。在我国，政府作为全体人民利益的代表者，不仅在公共政策问题的提出上起到了主导作用，而且在政策制定上也占主导地位。但由于政府具有自身利益和价值的偏好性，所以，单纯的政府主导不能确保政策制定的公正性；政府在对一些问题的认知能力有限，难以保证所制定政策的科学性；由于政府的权威性，其可以将其他利益集团排除在政策制定的过程之外，使政策制定缺乏民主性。《村民委员会组织法》作为党和政府加强社会主义民主法治建设，推进农村基层民主政治建设的一项重要政策，同样也是在政府的主导下制定的。由于政策价值观会对政策制定主体产生影响，那么不合理的政策制定主体将会形成

---

① 宁骚：《公共政策学》，高等教育出版社 2003 年版，第 304—306 页。

不合理和不科学的政策价值观，进而影响政策制定主体的行为，造成政策的不合理和不科学。所以，《村民委员会组织法》制定主体的不合理将会造成《村民委员会组织法》的不合理和不科学，最终影响《村民委员会组织法》的执行效果。

三 《村民委员会组织法》本身的问题

《村民委员会组织法》本身的问题主要包括《村民委员会组织法》本身在内容上存在缺陷、《村民委员会组织法》不能及时进行修改和《村民委员会组织法》制定程序问题。《村民委员会组织法》本身存在缺陷的主要原因有以下三个方面。

第一，《村民委员会组织法》没有将社会整体利益与个人利益有效地结合，使其可操作性较差。社会福利理论认为，公共政策应该以实现社会整体利益为根本目标，同时也强调，在实现社会福利的基础上必须保障个人的利益。《村民委员会组织法》作为一项公共政策也应该以实现社会整体利益为目标，同时保障个人的利益，并将社会整体利益与个人利益有效地结合，使其具有更好的可操作性。

第二，《村民委员会组织法》作为一项公共政策没能及时进行更新修改。社会在不断进步，农村社会也在不断变化，农民素质也在不断提高。而《村民委员会组织法》作为一项公共政策，执行到今天，没有及时进行更新修改，出现了很多需要解决的问题。如村民会议及村民代表会议制度、村委会的职能、村级组织的任期、村委会成员任职资格等问题的规定与当代农村的发展已不相适应；对威胁、贿赂、伪造选票等新出现的问题没有明确的规定。这些问题严重影响了《村民委员会组织法》的执行效果。

第三，《村民委员会组织法》的制定程序不科学。《村民委员会组织法》的制定过程，大致可分为两个阶段：第一阶段是起草、征求意见、修改到国务院审议通过作为议案向全国人大常委会上报的阶段；第二阶段是全国人大及常委会审议到通过颁布试行阶段。但就目前我国的实际情况来看，由于信息的不完全，很可能造成《村民委员会组织法》是在信息不完全的情况下制定的；而政策议程的偏差会使《村民委员会组织法》未必能解决农民所迫切关心的问题；政策投票人的

"近视效应"使《村民委员会组织法》的制定不能将农民的长远利益与近期利益有效结合，影响《村民委员会组织法》的政策效果。这些因素使《村民委员会组织法》作为涉及广大农民切身利益的政策，完全按照我国的立法程序进行，必将使《村民委员会组织法》不能真正反映广大农民真正需求，造成《村民委员会组织法》的政策缺陷。

四　《村民委员会组织法》的执行环境问题

《村民委员会组织法》的执行环境问题是指《村民委员会组织法》执行环境对其执行效果的影响。"政策总是处于一定的社会环境之中，任何政策的执行都无一例外地要求与其他社会因素发生相互作用，都受到一定社会环境的制约和影响。适宜的社会环境无疑有助于政策执行的有效执行；反之，不良的社会环境则会有碍于政策的顺利实施。"① 公共政策执行的社会环境是指由人们以及人的活动形成的，并对政策执行活动产生交互影响的各种社会因素。这些因素主要表现为社会政治环境、经济环境和文化环境。《村民委员会组织法》作为一项政策，同样要与社会系统中一定的社会因素发生相互作用，受到一定社会环境的制约和影响。《村民委员会组织法》的执行环境可以分为政治环境、经济环境和文化环境。农村作为《村民委员会组织法》的执行地区，其政治、经济、文化相对落后，将影响《村民委员会组织法》的执行效果。

---

① 张金马：《公共政策分析：概念·过程·方法》，人民出版社2004年版，第438页。

第五章　农民享有民主权益保障政策的优化

第一节　选举过程中的农民民主权益保障政策优化

一　选举过程中的农民民主权益保障政策优化

经过 30 多年的发展，村委会选举制度不断成熟，村委会选举的相关法律、法规也不断完善。但是，在不断变化的现实社会中，伴随着选举过程的发展也出现了一些新问题。为了实现更好地保护农民民主权益的目的，针对村委会选举中存在的问题，应该从以下三个方面来努力。

（一）从政策制定层面保障

改革开放 40 年以来，把发展城乡基层民主与推进依法治国的政策，健全法制紧密结合起来，使之纳入法制化轨道，是党和政府推进基层民主的方针。《村民委员会组织法》和各地区制定的村委会选举办法和实施办法是国家以法律、法规的形式将村民的民主权益固定下来，使之法治化、制度化、规范化，不受任何组织和个人的侵犯。在保障农民民主权益的村委会选举实践中，要坚持以制度建设为根本，保证广大农民依照法律规定的步骤和程序来行使选举权利，开展村民自治活动，保障农民的民主权益得到有效保护。

但是，在村委会选举的实践过程中，随着村委会选举的不断发展，原有的一些选举办法与选举措施已经很难适应村委会选举的实践需要。村委会选举中出现的一些问题很难从村委会选举办法和选举措施中寻找解决问题的政策依据，这样，使村委会选举工作经常显得"无章可循"，不利于选举工作的正常进行。因此，要保证村委会选举工作的顺利开展，达到切实保障农民民主权益的目的，就要首先从完善政策的层面着手。

1. 国家制定专门的《村民委员会选举法》

《村民委员会组织法》颁布至今十几年，在这十几年里，村民委员会选举在不断发展的过程中也引发了大量的问题，矛盾和争端不时出现，影响了农村的政治稳定和经济发展。究其原因，焦点在于没有一部《村民委员会选举法》。现有的《村民委员会组织法》中涉及村委会选举的只有6条500多字，过于粗略，可操作性较差。虽然国家已开始着手进行修订《村民委员会组织法》，但是，面对村委会选举中的众多问题，简单的修改可能无法满足现实的需要，要切实保障农民的民主选举权益，颁布一部专门的《村民委员会选举法》势在必行。

《村民委员会选举法》是顺应时代的发展要求产生的，较之于《村民委员会组织法》，新制定的《村民委员会选举法》必须具备以下特点：

首先，有针对性。1998年制定的《村民委员会组织法》对村委会的性质、产生方式、职责、权力运作方式等都有所阐释，但是，对村委会选举的相关内容作出的规定却十分有限，对选举的相关规定不具体，针对性较差。《村民委员会选举法》应该专门针对村委会选举进行规定，包括选举人和被选举人资格、候选人和当选人资格、选举的程序和方式、选举的工作机构、罢免和补选、破坏选举的法律责任等，这样，才能保证村委会选举做到有法可依。

其次，原则性与灵活性相统一。《村民委员会选举法》作为一部国家制定的专门指导村委会选举工作的法律，是各省、自治区和直辖市制定该地区选举办法和实施办法的主要依据。由于各地区人口的构成和规模、农民的文化素质和各地区经济发展程度不同，在村委会选举过程中就难以实施统一的标准。因此，《村民委员会选举法》在制定过程中必须坚持原则性与灵活性相结合的原则。坚持原则性可以保证各地方制定村委会选举办法有宏观上的指导，而坚持灵活性则可以保证各地方发挥地方特色，因地制宜地制定适合于该地区的选举办法，保障村委会选举活动公平、公正、公开，真正实现村民自治。

最后，不得与其他法律相冲突。村委会选举是一项历时长、过程复杂的工作，在制定选举法的过程中，由于具体情况的不同，可能与其他法律产生矛盾，如该不该对候选人资格作出规定。对候选人资格进行规定是为了保证当选人具备一定的能力和要求，能够履行相应的职责，更好地保障农民的权益，在各省、自治区、直辖市制定的选举办法和实施办法中都或多或少地对候选人资格作了规定。但是，我国《宪法》第三十四条规定，"中华人民共和国年满十八周岁的公民，不分民族、种族、性别、职业、家庭出身、宗教信仰、教育程度、财产状况、居住期限，都有选举权和被选举权"。村委会选举法在制定的过程中，必须要以宪法为依据，不得与宪法相抵触。同时，在对破坏选举工作的行为进行处罚时，要根据情节的严重程度，结合我国《刑法》和《民法》等相关法律法规，不得与其他法律相冲突。

2. 地方坚持适度授权原则，适时地制定适应性强的地方法规

《村民委员会组织法》第十四条和第二十九条专门给省级人大常委会立法授权，各省、自治区和直辖市人大常委会按照该法律的规定结合地方实际制定了选举办法和实施办法。地方在制定选举法规的过程中必须坚持以下两点。

首先，立法的内容要以《村民委员会组织法》为依据。各地方在制定地方法规的过程中一般采取单独立法模式和附属立法模式，大多数地方选择了单独立法模式。不过，无论采取哪种立法模式，都必须坚持在《村民委员会组织法》的指导下进行，不能超越《村民委员会组织法》的立法内容之外。

其次，地方立法要顺应时代的变化，根据选举过程的发展不断调整法律规范。《湖北省村民委员会选举办法》是湖北省制定的关于村委会选举的政策依据。但是，该选举办法自 1999 年制定，经 2002 年修改，至今已有 8 年时间。经过 8 年的发展，这部村委会选举办法已

经不能很好地解决实践中的难题。如流动选民的选举权问题；大学生村官的选民资格问题；候选人的任职要求；随着"两委"交叉任职和书记、主任"一肩挑"带来的监督问题；还有贿选和乡村宗族干扰选举的处罚问题等。这些实践中面临的问题亟须政策指导，因此，对《湖北省村委会选举办法》中的相关内容进行修改，使其更具指导性和可操作性，是现实的迫切需要。

（二）从政策执行层面保障

公共政策执行是政策过程中的实践环节，是将政策目标转化为政策现实的唯一途径。美国学者艾利森认为："在实现政策目标的过程中，方案确定的功能只占10%，而其余90%取决于有效的执行。"①可见，政策执行在整个政策过程中占据着十分重要的地位。对于村委会选举来说，政策执行过程显得尤为重要，它是确保农民的民主权益得到落实的关键环节。从政策执行层面，保障农民选举过程中的民主权益应该着重从以下两个方面来考虑。

1. 要保证在选举过程中依法、依程序开展选举活动

村委会选举过程的程序性很强，缺少其中的任何一个关键环节都可能导致选举结果的不公正。在村委会选举过程中，有些关键的环节和程序一定要确保执行到位，如村委会选举工作指导小组和村民选举委员会对选举工作的具体安排和宣传工作，要确保选民对村委会选举有一个比较清楚的认识；选民登记和选民名单公布，要牢牢把握选民资格的标尺，对具备选民资格的人要保障其选举权与被选举权；候选人产生的具体流程要按规定进行，明确候选人的资格条件，严格按照村委会选举办法的规定产生候选人，不得指派、委任候选人，保证由公民直接选举产生候选人；投票的过程和唱票、计票工作以及选举结果的公布，要保证唱票人、计票人与候选人没有利害关系，在村委会选举工作中，实行必要的回避政策等。这些环节的执行情况直接影响着选举结果的公正性，对选民的民主权益实现状况也有重要影响。因此，在村委会选举过程中，严格按照法律规定的程序和步骤实施选

---

① 王福生：《政策学研究》，四川人民出版社1991年版，第167页。

举，是实现维护农民民主权益的根本保证。要保证在选举过程中依法、依程序开展选举活动，可以从以下三个方面来努力。

第一，提高村民对选举法律、法规的认识水平。提高村民对选举法律、法规的认识水平是保证选举活动依法、依程序开展的重要保障，要提高村民的认识水平就要加大对选举法律、法规和政策文件的宣传力度。虽然在村委会选举中，大多数地方政府都有意识地加强了对村委会选举工作的宣传，采取各种形式来增强村民对选举工作的认识，农民对选举工作的了解确实有一定程度的增加。但是也应该认识到，有很多地方对选举工作的宣传过于形式化，只重数量不重质量，他们对选举法律、法规的宣传只是敷衍上级或者向上级报告虚假消息，并没有真正让农民了解选举的相关法律和政策。因此，在提高村民认识水平的过程中，一定要坚持数量与质量并重，使农民对选举法律、法规有比较清楚的认识。

第二，扩大选举工作人员的培训规模。选举工作人员是选举活动的直接执行者，他们对选举法律和程序的认识直接决定着选举活动是否能依法、依程序开展。湖北省下发《省委办公厅、省政府办公厅关于认真做好2008年全省村级组织换届选举工作的通知》中规定："各地要采取分级培训的方式，对指导和组织换届选举工作的人员开展集中培训，通过组织学习党章、《村民委员会组织法》《湖北省村民委员会选举办法》、'两推一选'以及村级组织换届选举工作规程等有关法规政策，提高他们依法指导换届选举的能力和水平。"① 扩大选举工作人员的培训规模对保障选举依法开展具有重要作用。

第三，加大对选举过程的监督力度。加大对选举过程的监督力度是保证选举依程序开展的重要手段。对村委会选举过程的监督可以采取多种形式，如湖北省在村委会选举过程中设立观察员制度，由一些专家、学者、大学生、社会人员对村委会选举的过程进行观察和记录。湖北省还在村委会选举过程中在各村成立村民选举监督委员会，

---

① 《关于认真做好2008年全省村级组织换届选举工作的通知》（鄂办法〔2008〕18号），中共湖北省委办公厅，2008年。

监督选举各个环节和步骤是否依法进行。此外，还有一些地方在村委会选举时邀请媒体参与，保证选举过程的公开、透明。这些方式都可以在一定程度上保证选举过程的公正性和公平性，实现维护农民民主权益的目的。

2. 要排除破坏势力对选举活动的干扰

在选举过程中，要排除用暴力、贿选、威胁、毁坏选票和票箱等手段干扰村民依法行使选举权和被选举权的情况发生，要制止乡村宗族对选举结果的不利影响和破坏。政策执行的环境对政策执行的效果影响很大，在一定程度上还可能颠覆政策执行的目的。在村委会选举过程中，在执行相关选举政策和法律的同时，要消除不利环境因素的影响，保证选举工作能在公开、公正、民主的环境下进行。

要排除不法分子对选举活动的干扰，保证选举的正常进行，可以从这样几个阶段着手：在选举前，熟悉选举村的相关情况，对选举过程中可能出现的情况进行预测，提前制订应急预案，将事件的发展保持在可控制的范围内；在选举过程中，加派警务人员到各村依法维持秩序，要保证对破坏村委会选举的行为进行惩罚，制度制约是最有力的武器，对各种违法行为要制定详细的处罚规定，并严格按规定来执行，要做到"有法可依、有法必依、执法必严、违法必究"。

（三）从政策评估和监控层面保障

"公共政策评估就是评估主体依据一定的评估标准，通过相关的评估程序，考察公共政策过程的各个阶段、各个环节，对政策产出和政策影响进行检测和评价，以判断政策结果满足目标群体需要、价值和机会的程度的活动。"[①] 公共政策监控是一种特殊形式的政策评估，是建立在政策评估基础上的一种权力行为，其目的是保证政策过程各项活动的合法性、合理性和有效性，能够及时发现和纠正各个环节中出现的偏差，保证政策目标能够实现，保障公民和组织的合法权益不受侵害。公共政策评估和公共政策监控都是一个完整的政策过程中的重要环节，它们对政策过程的结果和新政策的产生都会有比较大的

---

① 宁骚：《公共政策分析》，高等教育出版社 2003 年版，第 408 页。

影响。

为了更好地保障农民的民主权益，政府必须对农村的村委会选举政策进行政策评估和政策监控，这是保障达成农村村民自治的重要手段。笔者认为，政府对村委会选举政策进行评估时，应该从两个方面进行。

首先，政府必须对村委会选举过程中的各个阶段、各个环节进行评估，检验选举过程中的各个阶段、各个环节的选举工作是否依照法律规定的程序和内容进行。这就涉及选举前期对村委会选举工作指导小组和村民选举委员会的组织、安排、动员、培训和宣传等工作情况进行评估，考察政府有关部门和村民选举委员会的工作是否按照规定的要求来开展；在选举过程中，要对选举工作开展的每个阶段和环节进行评估，观察选举的每个阶段和环节的工作是否按照预期的方向发展，依照选举程序对不合要求和违法行为进行纠偏，保障选举过程朝着预期的方向发展；选举完成后，对选举结果进行检验，选举的结果是否合乎选民的期望，选举的结果是否能体现选举的公正性、公开性和民主性。

其次，在实施选举的过程中，要通过座谈、随访、调查问卷等形式对农民进行调查，评估农民对选举政策的知情度、对选举过程的参与度、对选举过程和结果的满意度、对政府在村委会选举过程中的工作表现的认可度、农民监督权和罢免权的实现度等，真正做到把农民的权益放在第一位来考虑。

当政策评估和政策监控过程完成后，要总结整个选举过程中的问题和成就，对于好的方面要积极推广。对于不利的方面要进行研究，考察导致问题的原因，探索解决问题的办法，形成反馈意见，实现对村委会选举政策的不断修改和完善，以更好地维护选举过程中的农民的民主权益。

二　优化农村流动人口选举权保障政策的建议

（一）制定完善有效的公共政策

1. 进一步完善选举法

选举制度制定的初衷是要为了切实保障广大人民群众的选举权能

够得到平等、公正的尊重和履行。针对日益扩大的流动人口，为了使他们的选举权能够得到有效的保障，对选举制度的改革势在必行。

（1）选区划分的改革。根据我国《宪法》和《选举法》规定，我国的选举制度主要采取的是地域代表制，同时兼行职业代表制。由于我国户籍制度的限制，很多农村流动人口只能在自己的户籍所在地参加选举，并且又游离于所在城市的选举之外，使他们只好放弃选举权益，选举权益基本上得不到任何保障。针对日益庞大的流动人口，可以灵活采取有效的形式保证他们的选举权利。在相关的法律法规中可以规定，流动人口在现居城市有工作单位的，可以把他们划分到所在单位的选区参加选举；在现居城市没有工作单位的，可以把他们划分到现居住的街道所在的选区参加选举。同时，要采取多种通知方式，保证通知到位，切实保障流动人口的选举权。

（2）完善流动人口的选民登记和选民资格的确定。①主动登记和自愿登记相结合的原则。我国《选举法》规定，"一次登记，长期有效"的目的在于减少选举登记机构和选民的麻烦，但是，在实际中，由于社会的发展和农村流动人口规模的扩大，在每次选举之前都要重新进行选民登记。因此，国家可以考虑构建固定的选民登记机构，在选举之前，选民登记机构应主动根据户籍资料的内容进行选民登记，并及时更新选民的信息和选民名单。同时，流动人口也要主动为保证自己的权利而去办理登记手续，领取选民证。

②网络登记和手工登记相结合的原则。利用网络工具，充分通过信息化的手段来进行选民登记。当然，在进行网络登记之前，必须要做好相应的宣传工作，让有条件的选民采取网络登记，并设置相关的查询事项，方便选民查询确认。对于中西部贫困地区的流动人口，由于受经济条件的限制，所以，可以手工登记为主。

③农村流动人口选民资格可以做必要的居住或工作年限的限制。通过国外一些关于流动人口选民资格确定方面的规定，农村流动人口的现居住地都有一定的时间限制。我们可以借鉴一些国家的成熟经验，结合我国直接选举进行的周期，确定一定居住或工作年限较为合适。

④以居民身份证管理为基础，建立选民登记系统。将公民身份证信息和公民其他相关登记信息统一，使选民凭身份证号码就可以知悉其姓名、年龄、常住户口所在地以及证件的有效性等基本信息，以便对选民进行统一管理。

⑤在选民登记的时限上进行规定。明确规定选民登记的起始时间和截止日期，并规定在选举开始日之前的若干日终止选举登记工作。同时积极公布选民登记名单，采取在指定的地点公布和选民主动到选举登记地点查阅相结合的方法，并用国家法律的形式固定下来。公布选民名单的指定地点可以设置在选举登记机构所在地，也可以是选举组织机构的所在地，在实际操作中，可以结合农村流动人口的具体情况灵活执行。

⑥尝试统一全国的选举日。按照我国《选举法》规定，"每一选民在一次选举中只有一个投票权"，由于当前很多地方的选举日不统一，经常可能会产生"二次选举"的问题，这是与宪法相违背的。如果统一了全国的选举日，农村流动人口就可以方便地在工作地点进行选民登记和投票选举，可以减少流动人员的选民转移证明，从而可以避免"二次选举"的发生，也可以避免委托投票，杜绝利用委托投票进行作弊的现象。同时，农村流动人口在现居住地参加选举，可以减去流动人口回户籍所在地参加投票的费用，减少了对农村流动人口进行选民登记的核实，从而减少了选举经费的总支出。所以，全国选举日的统一会为农村流动人口选举权的实现提供方便、有效的保证。

2. 进一步完善代表候选人产生和介绍程序

在代表候选人产生方面，严格按照我国《选举法》和《村民委员会组织法》的规定，对经过选举委员会合法提名的，都应该列入初步候选人名单，不得随意地隐瞒、调换或者增减，并对违法行为作出具体规定，加大严惩的力度。初步候选人一律平等，经过充分协商和讨论，根据大多数选民和代表的意见，确定正式的候选人。必须把代表的广泛性建立在合格的候选人资格的基础上，严格按照法律的规定，为选民创造选举的有利条件和氛围，充分尊重和积极听取广大代表的意见，才能让选民和代表能够充分行使民主权利，真正代表人民的意志，同时也能增强当选人的责任感。

在改进和完善代表候选人介绍办法方面，主要做好以下几个方面的工作：首先，负责乡村选举的机构和推荐者在介绍代表候选人情况时，要客观、公正、全面、详细，包括候选人的简历、思想品质、以往的工作业绩、参政议政的能力、身体素质等方面的优缺点等。总之，让选民能够全方位地了解候选人的基本情况，从而使选民能够选举出高素质的代表。其次，积极地引进竞争选举机制，逐步建立起中国特色社会主义的竞选制度。我国目前的村委会选举中，关于竞选的法律及制度的规定非常少。竞选是选举的高潮和最重要的组成部分，对候选人而言，竞选有利于吸引有素质的人才参与到选举中，为候选人展示自己的能力和争取当选提供了良好的机会；对于广大的选民而言，竞选有利于选民对候选人做充分的了解，从而在比较中做出理性的选择。将竞选机制引入选举中来，对于完善我国的选举制度，加快政治民主化的进程具有很大的意义。

（1）建立独立有效的监督机构。在乡村选举过程中，成立专门的对整个选举进行监督的独立机构。这个机构必须是通过民主选举产出，不能担任任何选举的工作，是与选举组织机构相分开的，具体实施中，规定各个乡村在召开村民会议建立村民委员会的时候，要同时投票产生两个组织机构：一个是村民选举委员会；另一个是村民监督委员会，它的唯一职能就是对村民委员会工作和本村的整个选举工作进行全面监督。如发现选举中的违法行为，经审查后，必须进行当面制止，对选民提出的有关选举方面的问题及时帮助村委会进行解释和答疑，保证乡村选举的公正性。选举监督委员会的成员可以采取人大代表和村民代表的组合，代表必须是政治觉悟高，一贯关心村中事务的群众和本村人大代表等。只有建立独立于乡村选举组织机构之外的监督机构，才有利于保证整个乡村选举的公正性和合法性。

（2）地方政府因地制宜地制定配套法规。到目前为止，全国基层选举缺少统一的标准，很多地方政府也制定了比较具体详尽的《村委会选举办法》及实施细则。这在一定程度上说明了当前我国基层政府对村民选举的重视力度。不可否认，这些地方政府制定的规则弥补了选举程序中出现的一些漏洞，对乡村选举起到了积极的作用并取得了良好效果，但在实际操作中，仍然存在一定的问题。

因此，国家应该在充分调研的基础上，从宏观层面制定全国统一的村民选举法，并对相应的选举程序和违反选举的惩罚力度进行规定。作为各级地方政府在此基础上进一步结合当地的实际情况，制定更加详细的选举办法，对选举的准备阶段、选举的过程阶段、选举的结果阶段都作出尽可能详细的规定。在配套的选举规定中，要特别关注农村流动人口这一特殊的群体，正确处理好这类群体的选举权益的保护问题。

（3）改革现行的户籍制度。我国当前的户籍制度原本是为了适应计划经济体制的需要而建立起来的，随着我国建立了社会主义市场经济体制和农村流动人口数量的急剧扩大，户籍制度的改革应该是适应社会经济发展的需要，适应人口流动的需要，使户籍制度朝着健康有序、全面自由的方向发展。主要有以下几三个方面的改革。

①转变户籍的管理功能。户籍的建立是为了更好地了解人们的户口和身份信息情况，但是，后来随着各种利益与户籍的挂钩，使户籍原本的意义发生改变，户籍管理的目标也发生变化。当前户籍管理已经丧失原来的信息服务功能，并且已经不能准确地反映户口的真实情况，很多地方人户分离、空挂户口的现象比较严重，其中登记的一些信息准确性也不可靠。所以，转变户籍的管理功能，使其能真正为人们的户口和身份证明服务。

②逐步取消户口的城乡划分。城乡户口的划分是为了适应当时社会经济发展的需要，严格限制农村人口向城市的涌入，这是一种对人们身份的强制区分，这种区分容易产生社会不公平现象。当前一些城市比较早地实施了"蓝印户口"，上海市 1994 年 2 月施行的《上海市蓝印户口管理暂行规定》规定，在上海市投资 100 万元人民币及以上，或购买一定面积的住房，或在上海市有固定的住所及合法稳定工作者可申请上海市蓝印户口，持有蓝印户口达到一定年限后才可转为常住户口。这些规定显示了申请蓝印户口资格的条件是多么苛刻。同时关于一些户口的名称称呼主要有"常住户口""蓝印户口""暂住

户口"   "临时户口"   等，从这里我们也可以看出在我国存在很大的
"户口歧视"。因此，应该逐步取消城乡户口的划分，实行全民统一的
户口政策。

③科学合理地改革户籍制度对人们自由流动和迁徙的限制。迁徙
自由是现代公民人身自由权利的体现，而不应受到限制。"迁徙自由
是指公民选择居住地的自由，是在法律允许的范围内自由选择、变更
居住地的公民基本权利。"① 人口流动是当前社会发展的一种趋势，也
是经济发展不可避免的，不应该通过户籍制度来限制流动人口的选
举。国家应对当前的户籍制度进行科学而合理的改革，通过对人口流
入城市进行重新规划，注重提升城市政府自身的管理能力和管理效
率，并且借鉴其他国家城市的一些有益做法，使非该城市人口更加有
序健康地流入。

（二）规范政策执行主体的行为

1. 确保政策的有效执行，依法开展选举活动

公共政策执行是政策过程的实践环节，是将公共政策目标转化为
政策现实的唯一途径。美国学者艾利森认为："在实现政策目标的过
程中，方案确定的功能只占10%，而其余90%取决于有效的执行。"②

一项完善的法律法规，只有得到有效的贯彻和执行，才能达到法
律法规设定的目标。为了能充分保障农村流动人口的选举权益，必须
要在对农村基层做充分调查和论证的基础上，结合农村当前的实际情
况，制定和健全《村民委员会选举法》和《村务管理法》等法律法
规，这些法律法规的制定应条文详细、具体，规范太粗就会缺乏可操
作性，必然会影响法律的时效性。在实际执行中，严格按照《村民委
员会组织法》和《村务管理法》的相关规定和要求，积极贯彻和执
行乡村选举的各项政治制度，在乡村自治的基础上，将法律规定的选
民的各项民主权利交给选民，规范选举程序，细化组织实施的步骤，
让选民能够按照自己的真实意愿去选择，充分行使自己的政治权利。

---

① 俞宪忠：《流动性发展》第一版，山东人民出版社2006年版，第261页。
② 王福生：《政策学研究》，四川人民出版社1991年版，第167页。

同时，对于阻挠和破坏农村流动人口选举的违法行为，一经查实，要毫不留情，严格按照法律制定的规定进行惩罚，确保基层民主的充分实现，严格按照有法必依、违法必究、执法必严的原则，让农村流动人口在不受干扰的时候充分表达自己的政治意愿和政治诉求，从而调动农村流动人口政治参与的积极性和主动性，推动我国基层民主政治建设的发展。

2. 规范委托投票，严禁"暗箱"操作

农村流动人口常年在外，在乡村选举的时候必然会产生大量的委托投票。由于大量的委托投票给一些不法分子提供了更改选举结果的机会，因此，在实践中，必须对委托投票的行为进行规范，完善委托投票的使用规定和程序，将委托投票使用控制在一定的比例内。具体应该做到以下六个方面。

（1）严格规范委托投票的操作程序。必须严格规定委托人和被委托人都是本地区的选民，非本选区的选民不得在本选区内进行委托投票。选举委员会成员应经常性地对农村流动人口，尤其是被委托人进行宣传教育工作，让他们切实知道委托选举的权利和义务，不能随意进行投票。同时可以考虑在流动人口集中的地方，设置流动投票箱，让农村流动人口直接参加选举，尽量减少委托投票的数量。

（2）控制委托投票的人数。在选举之前规定，符合选民资格的村民如没有其他原因，一般不能进行委托投票。如选举期间没有外出，或者除选民中有文盲、残疾等原因不能填写选票的选民外，选民一般不能委托投票，同时其他人也不能接受委托。让选民充分认识到选举的重要性，并严格依法行使自己的选举权利。

（3）委托必须采取书面形式加以固定。选举委员会必须明确规定委托投票是书面形式，口头的委托形式一律无效。农村流动人口委托他人进行投票，必须出具《委托投票书》，注明委托人和被委托人。同时被委托人在选举的时候要凭《委托投票书》和自己的选民证，才能领取委托人的选票，否则不给领取。选举委员会工作人员发放选票时将《委托投票书》收回，并在选民登记表上予以注明。

（4）规范《委托投票书》的操作程序。按照当前农村选举的程序，《委托投票书》都是在各个乡村选举之前事先统一印刷，然后进行发放。实践中，一些地方为图省事，将步骤颠倒，事先就在《委托投票书》上盖公章，这是不规范的。委托人在填写好委托投票书以后，只有选举委员会或者选举委员会授权的选举工作领导小组盖章确认，方可生效。

（5）规范选民可接受的委托人数。按照当前我国选举的操作办法，规定每一个选民所接受的委托人不得超过三人，委托人只能委托一个人投票，多头委托视为无效。对于选民是文盲或者残疾不能亲自填写选票时，可以委托他信任的人代为填写，但是，告知被委托人自己想选的候选人，而不能让被委托人任意填写。

（6）选举委员会或者选举领导小组对委托选票必须严格把控。选举委员会或者选举领导小组是乡村选举的主要执行者，他们对委托投票的把控程度，直接关系到乡村选举的结果。所以，选举委员会或者选举领导小组必须要提高自己的政治素养，公正、公平、合法地对委托投票严格管理，一切按照选举法的要求办事，保证乡村选举顺利有效地进行。

（三）提高政策客体的综合素质

1. 加大宣传力度，提高农村流动人口的权利意识与参政能力

积极转变农村流动人口对乡村选举的冷漠态度，加大乡村选举的教育和宣传的力度。"转变受教育的程度和水平是影响政治参与的重要因素"①。

在农村实际的工作中，要经常性地开展一些选举法的宣传工作，让村民树立起权利意识，对村民进行自身权利灌输，让村民知道选举权是国家宪法赋予自己的一项基本的权利和义务，利用多种形式积极开展宣传教育活动；充分利用广播、电视、报纸、杂志等大众传媒以及板报、宣传画、宣传册、座谈会、讲座等形式，经常对广大村民进行国家大政方针以及村民对自己所享有权利的认知宣传，让广大村民

---

① 丁永刚、张羽：《经济欠发达地区农民政治参与存在的问题及对策》，《深圳大学学报》2006 年第 3 期。

能够真正地体会到民主，从而提高其知民主、用民主的意识；结合当前的社会主义新农村建设，在农村的公共图书室中，不定期进行相关知识的培训和素质教育工作，提高广大村民的文化素质和修养能力；深入开展农村法制宣传教育，加大农村普法的力度，为提高农民的法律素质创造良好的环境和氛围，积极培育农民的民主法制意识，引导农民依法行使自己的权利和履行法律规定的义务；针对广大的农村流动人口，平时可以采取信函、邮件等形式告知村中事宜和关于农村民主建设的方针政策，在年终的时候，利用流动人口回家过节高峰期，村干部和村里相关工作人员认真做好宣传工作。

2. 充分发挥家庭关系在农村流动人口中的功能和作用

当前，由于农村经济的发展现状和选举经费的缺乏，选举工作小组在每次选举之前通知选民时，一般只是通知在村中的选民，而对于外出的流动人口很少主动去通知。外出的流动人口知道乡村选举事宜更多的渠道是通过家中的亲朋好友。他们常年在外，对家乡发生的事情并不知晓，只有通过家庭关系来获取。所以，家庭在乡村选举和流动人口之间形成了一个纽带和桥梁的作用。

鉴于此，在乡村每次选举的宣传工作中，积极完善村务公开制度。村务公开是在农村基层发展社会主义民主政治、推进社会主义政治文明建设重要举措。村务公开可以采取多种形式加以结合，如固定公开栏、会议公开、入户公开、点题公开、定期地举办"民主日"等活动，充分保障群众的知情权。值得一提的是，选举工作小组要充分发挥和利用家庭关系在农村流动人口中的功能和作用，对家庭中的成员首先要做好宣传教育工作，让其明白参加乡村选举是其权利，只有首先让家庭成员树立起权利意识，才能更好地提高外出流动人口的权利意识。

（四）创造稳定和谐的农村环境

为充分保障农村流动人口的选举权益，必须积极为农村流动人口参加选举创造良好的内外部环境，为农村流动人口参与乡村选举提供系统环境支撑体系。

1. 大力发展农村经济，提高农民群众的物质生活水平

马克思指出："权利决不能超出社会的经济结构以及由经济结构制约的社会的文化发展。"① 经济是决定政治的基础，没有经济作保障，政治可以说难以得到有效发展。农村流动人口政治权益的丧失从根本上讲还是经济上的弱势地位导致的，是生存权和发展权得不到有效的保障从而导致政治权利无法得到保障。通过我们的几次乡村调研，农村大量的人口外流主要还是农民工阶层，他们为了富裕，背井离乡地来到城市打工。所以，要提高农村流动人口参与乡村政治选举的积极性，最根本的还是要大力发展农村经济，结合各个农村的实际情况发展，努力构建社会主义新农村，让群众学有所教、劳有所得、病有所医、老有所养、住有所居。只有满足农村流动人口的经济层面的需求，他们才会去关注政治方面的诉求。

2. 完善政治体制改革，为基层民主的发展提供组织保证

《村民委员会组织法》第五条规定，"村民委员会协助乡、民族乡、镇的人民政府开展工作。""乡、民族乡和镇人民政府对村民委员会给予指导、支持和帮助。"乡镇政府是我国政治权利结构中的最低一级，他们的民主实施效果直接影响到广大的人民群众对政府的态度。当前，我国正在大力倡导构建服务型政府，强调政府对社会的公共服务功能。

随着城市化进程的加快，乡村逐渐衰落，小城镇在提供社会公共服务和公共物品方面的能力日益加强，因此，有必要扩乡并镇，逐步强化小城镇的地位。同时，基层政府要积极地适应社会发展要求完善政治体制改革，转变政府职能，合理定位自己的角色，改变其传统的命令式的工作作风和管理方式，指导乡村社会的有序发展，向乡村社会提供社会公共服务。而作为基层政府的行政官员也要从自身出发，转变陈旧的观念，解放思想，尊重人民群众的主人翁地位，从维护农民群众的根本利益出发，不断地为发展基层民主建设而努力。

---

① 《马克思恩格斯选集》第 3 卷，人民出版社 1995 年版，第 305 页。

3. 加强市民社会的建设，积极构建社会自治组织

市民社会的建设可以充分展示我国民主政治发展的程度，对政府职能的转变和民众政治参与程度的提高有很大的助推作用。当前，我国市民社会发展还不够完善，各项法律制度和措施还不健全，直接导致公众和社会组织不能得到较为全面的发展。

（1）充分形成政府与公民和社会组织的双向互动机制。政府作为公共权力的代表者，在适当的时候，应当将手中的部分权力进行下放，对一些可以由社会组织提供的管理和服务交由社会组织提供，将对农村流动人口的管理交由相关的社会组织进行管理，政府把握好宏观的发展方向，以给予社会组织进行自我经营、自我管理、自我监督和自我服务的空间及环境。

（2）不断培养和提高公民的主人翁意识。通过加强基层民主建设，充分发挥公民的参与能力，不断提高公民意识的宣传力度，尊重农民群众的主人翁地位，政府应还权于社会，还权于民，让有条件的公民参与到公共政策的决策中，充分听取广大公民的意见，使广大的公民切实感受到政府相关部门在尊重他们，重视他们，这样，才能进一步提高广大公民参与的积极性和主动性。

（3）借鉴国外有益经验。针对当前缺乏一个维护农村流动人口权益的社会组织，可以结合国内外城市一些社会组织建设的经验，尝试构建一个正式的专门为维护农村流动人口选举权益的组织，该组织可以接受农村流动人口选举前后发生的一切与选举相关的事宜，积极保障农村流动人口选举权益。

（4）大力发展农村教育，积极提高农村教育水平。列宁说过，文盲是站在政治之外的，必须先教他们识字，不识字就不可能有政治，不识字就只能有流言蜚语，传闻偏见，而没有政治①。当前农村教育水平的落后局面，要求我们转变农村教育的狭义教育观念，拓宽教育视野和思路，将农村正规教育之外的非正规教育、非正式教育纳入农村教育的体系内，形成广义的教育观。中央和地方政府应加大对农村

① 《列宁全集》第42卷，人民出版社1995年版，第200页。

教育的投资力度，改善农村的教学设施和教学设备，全面加强农村教师队伍的建设，积极开展各种定期的教师培训，提升教师的教育水平，提高教师的待遇。同时，积极调整农村教育结构，在坚持农村义务教育的基础上，大力发展职业教育和成人教育，与当前的社会实际相结合，以构建社会主义新农村为契机，提高农村教育的针对性和实用性，提高农村整体教育水平。

（五）落实好公共政策的监督和评估

公共政策的监督和评估是政策执行的延续工作，是检验政策结果的必要途径，通过对公共政策的监督和评估，可以提高政策的合法性、合理性与有效性，从而真正体现公共政策制定主体为保障公民合法权益的目的。"科学完整的公共政策过程离不开公共政策评估活动与公共政策监控活动，它们两者都是整个政策过程的有机组成部分，贯穿在政策过程的始终，制约着政策制定过程、政策执行过程和政策调整过程的功能发挥，影响政策结果的形成。"①

1. 加大政策执行的监督和评估力度

一项政策制定之后，为了能够得到有效执行，达到政策制定的效果，必须对政策进行有效的监督和及时的评估反馈。加大政策执行的监督和评估力度，主要从以下四个方面进行着手：一是建立健全监督制度，制定详细和可操作性的制度，同时对监督程序进行把控，严格按照监督程序进行。《村民委员会组织法》第三十九条规定："地方各级人民代表大会和县级以上各级人民代表大会常务委员会在本行政区域内保证本法的实施，保障村民依法行使自治权利。"二是要提高监督人员的道德素养，并对监督人员的职责和相应的失职行为的惩罚力度作具体规定，防止监督人员的不作为，让监督人员能够真正对政策的执行起到监督作用。三是将内部政策监控机制和外部政策监控机制有机地结合起来，扩大监督人员的范围。内部监控机制主要是各级行政机关之间的自上而下或者自下而上的监督。外部监控机制主要是立法机关、司法机关、政党组织、大众传媒以及广大的人民群众对公

---

① 宁骚：《公共政策学》，高等教育出版社 2003 年版，第 405 页。

共政策的监控。在农村选举的具体操作过程中，尤其要把上级主管部门和人民群众的监督结合起来，加大人民群众监督的权重，并采取多种形式进行监督和评估。只有公共政策的对象亲自参与到公共政策执行的监督和评估中，才能更加有利于公共政策执行的完善。四是将对政策的执行和评估结果作为村干部的年度考核的程序和内容，与村干部的工作业绩挂钩，以此来提高村干部对政策执行和评估的重视，严格落实好这一项工作。

2. 积极开展知情度、参与度和满意度的调查

选举委员会或者选举工作小组在选举前后可以采取电话、问卷、走访、座谈等形式收集农村流动人口对本次选举的意见和建议。尤其在每次选举工作结束之后，必须认真做好这项调查，通过这项工作可以很好地了解农村流动人口在本次选举之前的知情度，在选举过程中的参与度以及选举之后的满意度。值得一提的是，当前很多乡村选举中，并没有将选民因对选举不感兴趣或因有其他事情需要处理而不能参加选举所产生的委托投票作为单独统计和及时公布，而是和正常投票一样统计，这在很大程度上给一些人创造了弄虚作假的机会。

在具体的做法上，选举委员会或者选举工作小组可以利用春节前后，到农村流动人口家庭中做一些访谈，认真询问和听取他们的想法，并做好相关的记录工作，将他们的意见和建议及时进行整理，并在村委会中进行认真讨论，指出选举工作的不足之处，为下次乡村选举总结有益的经验教训。只有这样，才能更好地了解农村流动人口对乡村选举的看法，也才能更加充分地保障农村流动人口的选举权益。

（六）案例分析：浙江省宁波市流动人口现行的选举模式

浙江省宁波市流动人口现行的选举模式可以给我们提供一些借鉴和参考。

1. 浙江省宁波市外来流动人口概况

宁波市是中国副省级城市，计划单列市，浙江第二大城市，有制定地方性法规权力的较大的城市，是浙江的三大经济中心之一。全市总面积9816平方千米，总人口760.57万（2010年）。目前，宁波外来人口已经突破430万，占43%。外来人口总量超过温州，居浙江省

第一位。据宁波市第六次全国人口普查数据，宁波市常住人口中市外流入人口为228.85万，占全部常住人口的30.09%，而全省常住人口中省外流入人口占21.72%，两者相差8.37个百分点。这些外来人口中绝大部分是农村进城务工的农民工。

"十一五"时期，宁波全市户籍人口年均增速为0.5%，而外来人口的增速则高达13%。2000年，宁波的外来人口只有75万左右。十年间，猛增近5倍。据估计，"十二五"时期，如果外来人口继续保持这样的高速增长，宁波的外来人口总量将可能突破700万。

按此最粗略估算，到时将有1300多万人生活在这座城市里。流动人口的利益诉求意识和维权意识也在不断加强。流动人口的快速增长，既为宁波现代化建设做出了巨大的贡献；也对宁波的资源环境、城市设施、公共服务以及财政支出，提出更高要求。

为了适应这种趋势的发展，更好地保障流动人口的选举权益，宁波市根据当地的实际情况，不失时机地推出了相应的改革措施。依法保障流动人口的政治利益和经济利益，让流动人口参与到城市的选举中去，让他们充分行使法律授予的选举权和被选举权。只有这样，才能更好地体现社会的公平公正。

图5-1、图5-2、图5-3、图5-4和图5-5的资料来源于2010年宁波外来劳动力样本调查结果，调查结果显示了2010年宁波市外来劳动力的基本特点，分别反映了2010年宁波市外来劳动力人口总

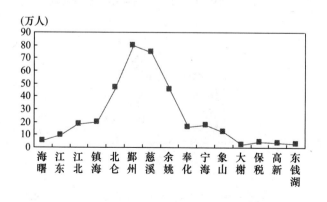

图5-1　2010年宁波市外来劳动力总数

数、外省来宁波市劳动力就业情况、宁波市外来劳动力年龄构成、宁波市省内跨地区流动劳动力就业情况和宁波市外来劳动力技能情况。

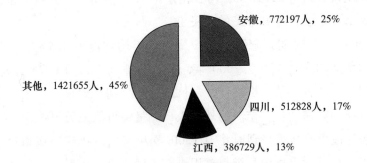

图5-2　2010年外省来宁波市劳动力就业情况

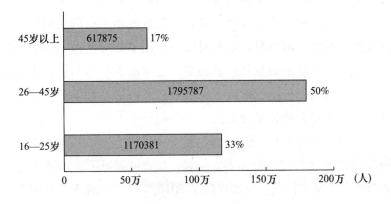

图5-3　2010年宁波市外来劳动力年龄构成

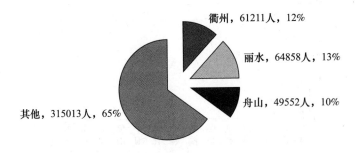

图5-4　2010年宁波市省内跨地区流动劳动力就业情况

高级及以上，57577人，5%
中级，179547人，16%
无技能，223309人，20%
初级，648368人，59%

图 5 - 5　2010 年宁波市外来劳动力技能情况

2. 浙江省宁波市的主要做法

宁波市推动流动人口选举改革的依据是《浙江省县、乡两级人民代表大会选举实施细则》，其中，对流动人口选民登记的规定是该实施细则第二十六条，规定户籍不在宁波的外来流动人口在取得户籍所在地选区开具的选民资格证明后且在现居住地居住一年以上的选民，可以在现居住地选区进行选民登记。宁波市结合本地的实际情况，主要采取了以下做法：

（1）确定选民登记的资格。宁波市按照浙江省选举办法规定，在实际操作中，一是选民在选举期间临时在外工作或者居住，不能回户籍所在地参选的，经户籍地选举委员会认可，可以书面委托其他选民代为投票。二是在现居住地一年以上并持有《浙江临时居住证》的人员，在取得户籍所在地选区开具的选民资格证明后，也可以在现居住地选区进行选民登记。

（2）加大宣传的力度。宁波市积极鼓励本市流动人口进行选民登记，在全市范围内做好宣传工作，通过电视、报纸、网络等新闻媒体及时宣传，让符合条件的流动人口就近进行选民登记，并在流动人口居住相对集中的社区设立选民登记站，选举工作人员提投票箱上门，方便流动人口登记。

（3）实施积分落户制度。宁波市为了吸引和留住人才，对外来农民工的落户，制定了《宁波市外来务工人员积分落户暂行办法》，规定在本市行政区域就业生活的外来务工人员，根据相应的条件和材料，可以申请登记为本市常住户口（非农业户口）。这种积分落户的办法为外来流动人口参加选举奠定了良好的基础（见表5–1）。

（4）积极开展社区管理。为了充分保障流动人口的选举权益，宁波市针对流动人口居住比较集中的社区进行统一管理，让流动人口参与社区治理，实行流动人口自我管理的举措，充分行使自主权。2006年7月，北仑区新碶街道银杏社区34名外来居民通过代表选举的形式，选出了社区委员会主任，由此产生浙江省首个全部由外来人口投票选举的社区居委会，并实现外来人口自我管理社区。

表5–1　　　　　　宁波市外来务工人员积分落户评价标准

序号	一级指标	二级指标	分值
1	职业资格指标	取得技师或中级专业技术职称及以上	40分
		在本市取得高级工或初级专业技术职称	30分
		在本市取得中级工职业资格	15分
2	担任职务指标	在本市同一用人单位担任高层正、副职或相当职务一年以上	40分
		在本市同一用人单位担任中层正、副职或相当职务连续两年以上	30分
		在本市同一用人单位担任班组长连续三年以上	15分
3	荣誉称号指标	在本市获得县级及以上劳动模范，或优秀党员，或省级及以上优秀外来务工人员	30分
		在本市获得市级及以上技术能手，或市级首席工人，或市级优秀外来务工人员	20分
		在本市获得县级技术能手或优秀外来务工人员	15分
4	素质提升指标	本市在职进修或已取得国家承认的本科学历	25分
		本市在职进修或已取得国家承认的大专学历	20分
		取得高中（中专、职高或技校）学历	15分
5	技术创新指标	在本市取得发明专利或实用新型专利，或获得县级以上科技进步奖	20分
		在本市获得县级及以上职工技术创新成果奖或参与县级以上科技计划项目研发	15分
6	社会保险指标	按规定参加本市社会保险，每满一年加1分，最高为15分	15分

续表

序号	一级指标	二级指标	分值
7	社会服务指标	每献血一次加3分，最高为6分	15分
		在本市注册成为志愿者，一星志愿者计3分，每增加一星加3分，最高为9分	
8	企业认可指标	在本市用人单位被评定为一次年度优秀的计3分，每增加一次年度优秀加3分，最高为9分	15分
		企业根据外来务工人员的贡献度和忠诚度来确定分值，优秀为6分，良好为4分，一般为1分	

注：本表社会服务指标和企业认可指标中的二级指标分值可以叠加；其他指标的二级指标分值不能叠加，以最高分值计分。

资料来源：《宁波市外来务工人员积分落户暂行办法》。

浙江省宁波市允许外来流动人口参加当地的选举并当选为乡镇及县市一级的人大代表，是继《义乌市关于流动人口管理办法》之后而采取的相应做法，说明我国在保障农村流动人口选举权益的做法在不断地扩大，这也是适应社会经济发展趋势的需要，对于完善我国的选举制度，推进基层政治体制的改革，加强我国民主政治建设都有重要的意义。

三　对完善农民民主权益保障中的利益表达机制的思考

（一）从政策制定角度出发，优化政治制度建设

1. 完善人民代表大会制度

全国人民代表大会是我国的最高权力机关，是包括农民在内的弱势群体行使参政权表达利益诉求的主要途径。完善人民代表大会制度，需要做出三个方面的改善。

第一，增加农民在人民代表的比例，严格把关候选人竞选。农民代表必须为农民真正推选出来的代表，认真贯彻落实党的十七届三中全会关于"逐步实行城乡按相同人口比例选举人大代表，扩大农民在县乡人大代表的比例"的规定，保证农民代表在全国人大代表中的比例至少是三分之一，健全代表候选人制度。在代表名额的分配上，要确保普通农民在代表中的一定比例，缩小村干部以及企业家的比例，

在候选人名单上要严格筛选，不允许严重挤占农民代表名额或者给予其他阶层代表。在设计候选人比例上，要考虑城乡户籍、干部、收入水平等因素进行比例设计。

第二，逐步扩大农民直接选举范围，建立人大代表与选民的沟通机制。扩大农民直接选举的范围，有利于增加农民代表的竞争性，有利于农民利益表达中信息传播的真实性，防止信息失真。当然，由于我国地广人多，经济社会发展不平衡，扩大直接选举要渐进扩大，慢慢扩大到省市一级。沟通机制的完善，要求人大代表和选民要有千丝万缕的联系，要去主动收集农民群体的意愿和想法，并且将信息进行有效整合转变成具有代表性的利益诉求，成为农民真正意义上的代言人。

第三，落实农民对人大代表的监督权和罢免权。落实农民的监督权和罢免权，其实是加强农民选出来的人大代表的代表性，可以确保农民的意愿真正可能进入到政策议程当中。

2. 改革信访制度

信访工作实质上是为人民群众排忧解难的工作，大多数情况下，面对的都是像农民这样的弱势群体，从事的是化解社会矛盾、促进社会和谐的工作。中国信访制度有其存在的客观必要性，解决信访问题的关键是在基层。要把好基层这道关口，就必须对现行的信访制度进行改革和完善。

第一，建立由国家（或省以下）垂直管理的信访机构。垂直管理信访机构使其纵向到基层，横向到所有国家公权机关，以便信访机构能够全面承担和认真履行相关职责。垂直管理这样的设计有利于中央能真实地了解基层的实际情况，能客观、真实、科学地制定政策；有利于信访部门监督地方党委和政府各司其职，及时地解决群众反映的问题；有利于抑制腐败现象的发生，在一定程度上增加了信访机构对地方党委及政府领导进行监督的压力，有利于在一定程度上节约信访成本，提高行政效率。

第二，加强关于信访的法制建设。加大对省一级信访工作的监督的力度，并督促尽快制定和出台相关的法律法规，使信访制度在法制体系上的规范化、程序化，同时对农民的权利和义务进行重新定位，使农民信访活动走上法制化轨道，用法律保护农民的权利。

第三，引入回避制度和听证制度。为了保证信访制度的公正性，切实保障信访人的合法权益，严厉惩处随意干涉、压制和打击报复农民及广大信访群众的行为。只有这样，才能切实保障广大农民信访权益不会受到非法侵害，保证广大农民畅所欲言，使信访者的声音能够表达畅通，从而推动民主社会的构建，维护国家稳定。

3. 完善乡村政党领导体制

第一，完善乡村政党领导体制，首先就是完善乡镇人大选举制度。在很多乡镇，名义上是全镇农民选举出来的人大代表，其实由于现实原因，大多数是由县委提名候选人，再由乡镇人民代表大会投票选举产生，这种选举程序不能从根本上保证真正能代表农民利益的代表进入乡镇人民代表大会；相反，有的时候还存在很多"猫腻"，让农民对选举出来的人大代表的真实性产生怀疑。所以，为了使真正的农民代表选举成为乡镇人大代表，就要加强监督和改革选举方式。设立村民代表大会常设机构，不要让其受制于村委会，一方面要由大会确定会长、副会长和秘书长，由他们组织和召开村民代表大会，而不是由村委会来确定；另一方面要突出村民代表的代表性，要能反映农民各个阶层的真实情况，例如，适当增加一些女性代表的人数，可以代表农村妇女的利益，同时注重发展青年代表，作为农村青年阶层的利益表达者。

第二，选举方式的改革，可以汲取"全体式""组合式"和"首长式"的各自优点，因地制宜地综合三种方式进行选举。党委组织成员采取"两推一选"方式产生，而村委会委员采取"组合制竞选"方式产生。村委会要举行选举大会，针对可以来到现场投票的村民，同时针对不能到现场进行投票的，采取流动票箱的方式，挨家挨户地进行投票，确保村民的选举权有效。另外，要完善现场投票流程，严格按照秘密划票、公开计票、现场宣布选举结果的原则，不得"暗箱"操作，幕后交易。

第三，改革现有的乡镇干部任用、考核机制。领导干部产生，尽量采取公选的领导任命方式，而不是自上而下的任命制，公选出来的领导更容易受农民群众监督，对农民负责。在领导的考核方式上，要把乡镇人大对乡镇领导干部的评议结果同干部的提拔任用挂钩①。另外，对于上级传达的指标完成情况不能作为考核干部的唯一指标，只能作为干部升降去留的主要参考指标之一。

4. 完善保障农民民主权益的法律法规

完善现有的《选举法》以及地方选举制度，逐步缩小城乡选举比例不均的局面，增加农民在各级人民代表大会等相关机构的人数。改革现有的户籍制度，取消城乡二元身份的界限，实施新的户籍管理政策，大力完善与户籍制度配套的相关制度改革，设立合理且合适的"进城门槛"，将农民与城镇居民同等看待，享受同等的国民待遇，消除对农民的歧视环境，给予农民公平、平等的社会地位。

完善关于农民民主权益的侵权行为法，落实行政处罚法、行政复议法和行政诉讼法，保障农民在行政侵害后有法可依、依法维权。对于农民的权利和义务方面的规定，要进一步完善权利法制，增加农民权利种类，准确明晰权利和义务的相关规定，并制定专门的农民权益保护法。

（二）从影响政策执行因素角度出发，优化政策执行元素

1. 强化基层执行能力

（1）基层组织。第一，完善农村基层组织的监督约束机制，抑制基层公权力的肆意扩张。基层组织实行账务村务公开，组织农民群众来检查村务以及账务等，增强农民的监督和维权意识。深入走访农民群众，了解最真实的农民生活及农民最关心的、反映最多的问题，政策要紧贴民意。地方及乡镇人大要发挥对农村基层组织的监督作用，对村委会进行监督制约，对村干部违纪违法等腐败问题进行深入调查，纠正错误，净化基层组织，树立良好的政府形象。

第二，转变基层政府职能，规范行政管理体系。基层政府应该转

---

① 汪燕：《从制度层面探析农民民主权利的保障问题》，《临沧师范高等专科学校学报》2008 年第 3 期。

变政府职能，改变以前"高高在上"的官僚行政作风，应该加强"以人文本"的执政理念和"以顾客为导向"的公共服务理念。改变以前政府部门的绩效评估标准，例如，应该将农民的上访率作为衡量政府绩效的标准之一，因为在很多地方信访案件不断地发生常常被看作相关政府部门执政能力不佳的表现。

第三，建立较完善的基层政府回应机制。政府回应机制的建设，既包括中央政府，也包括基层政府在内的所有政府组织。首先，要建立公示制。在公共政策制定前，基层政府要向乡镇这个区域公共表明政府的职责、政策内容及目标，自觉接受群众监督。其次，要建立承诺制。政府承诺在处理农民反映的问题时最终需要的时间的方案，不会行政拖沓。再次，要建立责任追究制。明确政府工作人员的法律责任和社会责任。最后，要建立监控机制，来保证农民利益输入能得到回应。这种回应机制就是让农民可以参与到行政决策的流程和运作中来，形成一个农民（弱势群体）—政府回应载体—政府决策部门—农民（弱势群体）的政府政策回应系统（见图 5-6）。

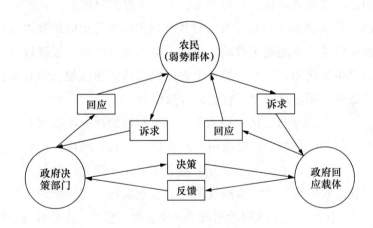

图 5-6　政府政策回应系统

（2）基层干部。第一，完善基层干部的选拔任用机制，加强基层干部的素质能力培养。对于基层干部的任用，要进行全面的综合考察，不能只以政绩作为衡量标准，要将个人素质、学历、能力以及民意调查等加入干部的考核当中。加大对基层干部的党性教育培养，提高民主意识和服务意识，一旦发现村干部对农民的利益表达出现漠视、拖延和相互推诿，甚至采取非法手段威胁农民，阻碍民主权益的表达渠道，要及时作出相关的惩处或者罢免。

第二，针对村干部加强民主、法律等相关知识培训，并且进行相关知识的考核，将成绩作为考核乡村干部是否合格的重要指标之一，以此提高乡村干部的民主法律意识，能够在基层干部层中营造良好的作风氛围。

2. 提升农民的利益表达能力

（1）基层组织要加大对农民文化素质的提高。农民民主表达不充分，一个很重要的影响因素就是农民本身的问题。农民民主意识不高，远离社会政治中心，所以，基层组织就要加大相关政策法规的宣传，定期组织农民进行相关法律法规的培训，培养农民的主人翁意识和权利意识。另外，针对农民文化普遍偏低的特点，要加大完善农村基本义务教育制度，加大对农村教育的投入，帮助农民消除顽固的封建思想，改变被动服从、平均主义、人身依附的旧观念。

（2）农民要加强自我学习、自我表达和民主意识的培养。农民自身要摆正位置，不能处于被动的角色，可以通过电视、报纸以及网络来学习科学文化知识以及了解关于农民权益的法律法规，用知识武装自己的头脑，用法律来捍卫自己的合法权益。

（3）建立属于自己的农民组织。基层政府的报喜不报忧和干部的不作为，使农民利益表达渠道堵塞或者信息失真。所以，建立可依托的利益代言组织是必要的非官方渠道之一。在法律允许的范围内，鼓励农民建立农民协会等有组织性的利益表达机构，明确组织的权利和义务，让农民组织代表农民参与政治决策、发表意见，在政府与农民之间搭建一座有效沟通的桥梁，维护农民的合法权益。动员农民形成组织，有利于将分散的个体凝聚成与其他利益集团进行有效博弈的力量。

3. 优化相关农民政策环境

进一步完善村民自治制度，加快农村经济的发展，加强农村民主制度建设，增强农民民主权益意识，增强农民社会化程度，及时更新信息与思想认识。

（1）在经济环境方面，要加快农村经济的发展，缩小城乡发展差距，改善农村现有的贫困状况。经济基础决定上层建筑，农民许多政治权利的丧失是因为贫困造成的，农民如果连最基本的温饱问题都解决不了，何谈参政议政，经济上的弱势地位决定了农民政治权益表达无法充分。因此，要改善经济环境，政府就要加大政策对农村的倾斜，对农村发展、农业增产和农民富裕予以大力的支持，通过政府的财政转移支付和优惠政策来加大对农村公共产品的投入，加强基础设施和教育的投入，创造优越的招商引资环境，提供农民自主创业就业的机会，普及电视、传真、电脑等现代化信息设备，及时学习和推广新技术，促使农业逐渐向集约化和产业化发展。鼓励农民走出农村，向城市发展，开阔眼界，增长收入，学习技术，最重要的是使民主意识得到提高。

（2）在文化环境方面，要创造良好的教育环境，加大对农民的政治文化教育，通过各种形式强化思想意识，基本内容包括社会主义、爱国主义、集体主义思想和价值观。另外，不断加强对农民的科学文化教育、民主法制教育和进行移风易俗等，引导农民摒除落后的封建思想观念，从根本上扫除农民政治参与存在的文化心理障碍，改变农民的政治冷漠感，树立正确的民主权利意识，激发农民投身到政治生活的积极性，以认识到自身民主权益表达的重要性。

（3）在社会政治环境方面，要进一步完善村民自治制度，包括健全民主选举制度和完善村民代表大会制度，这一点在上述的制度优化建设中有详细的描述。

（三）从政策评估与监控的角度出发，优化内外机制监督

1. 加大内部机制监督力度

由于政策执行系统内部的专门监督机构很难充分发挥政策监督职能，所以，应该切实增强专门监督机构在人事、财务以及日常运作方面的自主性和独立性。建立一种以垂直领导为主的新的领导体制，从根本上改变监督主体与监督客体并存于同一个组织单位、相互存在密切的人事财务关系等相互掣肘的状况，使专门监督机构的重大事项均

有上级党政部门和监督机关作出决策，减少同级党委、政府对监督执法的干预，使其真正获得相对独立的组织地位，从而在根本上建立起独立运行的监督体制。

2. 提升大众传媒在农民利益表达中的作用

农民民主权益表达是否充分，整个过程是需要内部政策监控的，一是上级政府对乡镇政府政策落实的监控，监督基层组织是否利用农民赋予的权力为农民谋求利益，为农民办实事，为农民权益表达提供畅通的渠道；二是乡镇级政府应该对上级县市政府的行政行为进行监控，监督自下而上的意见表达是否能够得到重视，监督上级职能部门是否按照国家提供的财政计划为农村发展提供切实有效的经济援助等。

农民民主权益表达一旦出现障碍，外部监控机制要发挥其监控的作用。由于农民组织较为涣散，很难形成集中的利益集团对政策加以影响，那么大众传播媒介就应该发挥其舆论监督的作用，如图5－7所示。

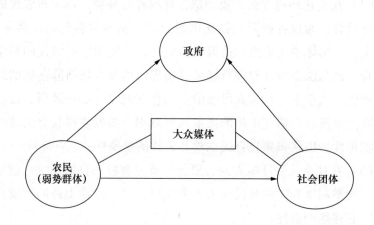

图5－7 利益表达渠道中大众媒体的位置

我国农村基础设施建设比较落后，因此，在传媒、通信领域中，农民更是弱势群体，在媒介资源的占有和使用上远远不如城镇居民。为了实现社会公平、公正，要加大对新闻媒体的投入，充分利用先进的传播媒介来强化舆论监督。由于农民通过基层组织进行民主权益表达时，会受到基层的各种阻挠，使农民的民主权益受到侵害，那么大众传播媒介如电视、广播、报纸、网络要发挥其信息传播和制造社会舆论的作用，承担相应的社会责任，多为农民说话，做他们的代言人，将他们最真实的声音及时传播到党和政府以及公众的视野，让决策机构了解到农民真实的生活状况，揭露事实的真相，督促政策制定者对政策进行修改和调整，实现维护农民民主权益的目的。

第一，依靠传统媒介进行舆论监督，以创新精神开发新栏目，吸引更多的受众群特别是像农民或者农民工这样的弱势群体，提高他们的参与度。

另外，信息时代应更多地发挥网络媒介的作用，网络已成为新时代信息沟通与传播的重要工具，它凭借其时效性和报道的自由度等优势，能为农民等弱势群体利益表达提供很强大的表平台。因此，应该加大网络覆盖的推广空间，使农村等更多地方可以接触到互联网。

第二，新闻机构应该相对独立，新闻监督权才能有效落实。作为舆论监督的主要载体，大众传播媒体应当能够真实地反映公众舆论。主流媒体应该坚持正确的舆论导向，准确传达权威信息，杜绝炒作；密切联系群众，及时收集大量可靠的消息，并进行有效上报，为政府执行再决策提供重要依据。

第三，加强新闻从业人员的道德思想品质建设。新闻事件的真实与否、舆论导向的正确与否，无不与相关人员的思想道德素质和文化素养息息相关。新闻工作者在工作中应该杜绝"寻租"行为，自觉抵制拜金主义和极端个人主义，严格禁止"有偿新闻"。

农民利益表达机制的构建是时代的要求。在当代中国的政治体制中，农民属于弱势群体，他们的心声由于缺乏完整健全的表达机制，很难自下而上传达给政府，故而容易导致利益诉求不满，从而影响社会稳定，同时更可能在长期被忽视状态下，完全丧失对民主与权利的需求，而游走在政治活动的参与之外。农民利益表达机制研究既是一项崭新的课题，又是一项艰巨的任务。本书在调查研究的基础上展开了探索，从公共政策学的角度出发提出了一些解决问题的办法，如从公共政策制定的角度出发提出完善农民利益表达机制的相关制度，包括人民代表大会、信访制度、乡村政党领导制度以及相关法律法规；

从公共政策执行的角度出发提出优化政策执行环境的措施，包括基层政府与干部、农民自身以及政策环境等；从公共政策评估与监控的角度出发提出优化内外机制监督的建议等。笔者希望能够引起相关学者的重视，抛砖引玉，使党和国家能够采纳更多的可行性方案，在未来的政治活动中，逐渐建立起一套完整的表达机制，尽可能地维护农民的利益，对国家的长治久安起到积极的作用。

第二节　农民民主决策与管理保障政策优化

一　提高农民参与村级公共事务的积极性及有效性

我国是一个农业大国，旧中国留给我们的封建传统比较多，而民主法制传统比较少。所以，民主意识及权利意识缺乏是我国农民的普遍状态，这导致农民自我保护能力弱，缺乏主动争取自身应有权益的意识，对政治参与持冷漠态度。随着改革开放的进一步深化，民主意识逐渐进入乡村，总体上说，农民参与村级公共事务的积极性较以前有很大的提高，但仍然非常薄弱。从各国的民主历程来看，只有不断地进行民主的实践和有效的自觉式参与，才能逐渐培养民众的民主素养。托克维尔认为："用什么办法能使人们养成权利观念，并使这种观念能被人们所牢记？结果发现，这只有让所有的人都和平地行使一定的权利。"村民自治制度正是通过在广大农村地区设立群众性自治组织，依法自我管理、自我教育、自我服务的民主实践形式，应继续大力推进村民自治，让农民在实践中逐步培养其民主素养。除通过民主实践来提高农民的民主意识外，国家还需加大对农村的义务教育投入，使农村居民在小学、初中、高中等各个阶段受教育的机会和权利与城市居民平等。提高农村教师待遇，培养高质量的农村师资队伍，保障农民的受教育权，以此来提高农民的民主意识及权利意识，以更好地维护其各项权益。衡量民主发展的关键在于公众的参与程度。俞可平认为，只有在广泛的民众参与和推动下，"民主"这只陀螺才会运转起来。提高农民政治参与的积极性，需要结合当地乡村文化传统和社会组织基础，以乡村实践需要为本、以村民参与为基础，对现有的乡村治理方式进行创新与改革。国家需要改善外部政治体制环境，制定相关政策，鼓励乡村治理方式创新，同时给予一定的资金扶持。应该通过积极发展乡村项目，在村民参与到项目的过程中，让他们学习民主管理和公平发展观念，进而促进他们对乡村公共事务的管理意识和管理能力。现在，由于农民没有正式的组织，意见和行动都比较分散，因此，在公共资源的分配以及公共议题上都无法表达出他们的声音，一旦其权益遭受侵害，很容易产生不利于发展和稳定的非制度性政治参与。应该设法在正式的决策过程中鼓励农民代表及其团体的参与，而不仅仅是让农民在实际上影响成效不大的人大选举中被动员去投票。转变乡村治理方式的目的还在于改善我国农村经济相对落后的现状，薄弱的物质基础制约着我国基层民主政治的健康发展，同时也制约着农民政治参与的深度及广度。因此，在我国当前的情况下，要提高农民的政治参与水平，也要大力发展农村生产力，发展农村经济，改革农村落后的经济面貌，提高农民的生活水平和生活质量，为农民的政治参与提供坚实的物质基础。

二　改革乡村治理体制，实行国家与乡村的共同治理

作为国家农村民主权益保障政策执行的直接主体，村干部的行为对政策的顺利执行起着至关重要的作用。作为农村基层"桥梁"的村干部这一独特的"利益群体"，处于"政府代理人"与"村民利益代言人"的角色冲突中，他们在日常治理过程中，会更多地关注国家下达的任务，而减少对于提高村民福利事务的关注。一定的利益需求取向决定了利益主体的行为倾向。为了防止政策执行主体——村干部的主观执行偏向与人为阻滞，首先要满足村干部这个群体的利益需求，理顺其角色定位。当前，由于公共财政没有覆盖到广大农村，造成基层公共服务供血不足，其中要求村干部的报酬由村庄自付治理费用，国家不给予财政补贴。可现实情况却是：在实行家庭联产承包责任制后，全国大部分行政村的集体经济和集体财产丧失殆尽。另外，大量农民工进城务工，使大量的村庄变成了"空壳村"，村级公共服务和社会管理经费来源近于枯竭。在这样的背景下，他们难以真正按照制

度设计来自我承担治理费用，只能无为而治，导致大量"瘫痪村"存在，村干部对村务管理的积极性可想而知。有学者建议对当前的"乡政村治"进行"适度转型"，明确由国家财政支付村干部工资和一些福利待遇，使村干部逐步"公职化"，不脱去村民身份，但成为国家聘用的民选的公职人员。这不但具有可行性，同时也能让村干部更多地关注村民福祉，使国家的农民民主权益保障政策得以顺利执行。

三 加大村务公开的力度，更好地保障农民的知情权

项继权（2006）认为，对我国村民自治、村务公开以及民主管理的研究以及对未来村民自治发展的设计均不可能忽视税费改革的实践影响、发展动向以及所提供的政策环境和制度条件。他认为，加大村务公开力度，我们不仅应着力解决村级组织的财政来源问题，也应切实解决村级财政的管理问题，尤其是加强和完善村级民主理财制度。通过广播、电视、网络、宣传栏、民主听证会、反馈箱等村务公开的有效形式来加大村务公开的力度和影响力。随着现代信息技术的发展，村务公开的方向是实现村务管理和村务公开的信息化。早在1998年，广东省南海市所有行政村在实现财务电算化的基础上，全面推进农村管理信息系统建设，使农村基层村务、财务等各项事务实现信息网络化管理，有效地提高了农村基层组织民主决策、民主管理和民主监督的水平。南海市西樵镇政府也于2000年5月率先在民乐村进行"农村管理信息系统"应用试点，全村的所有村务信息全部在网上公开，村民可以到村委会前面的"电子触摸屏"查询。村管系统的普及和应用提高了村务管理水平，方便了群众的有效监督，得到了村民的认可，也加强了村民对村干部的信任度。这些为村务公开、基层民主管理提供了实践经验和范例。为了更好地与信息化社会接轨，应将计算机和网络技术应用到农村村务管理的工作中，普遍建立和推广规范、高效、透明和低成本的"农村村务管理信息系统"，提高村务管理的公开性和透明度，提高村务管理效率和公共服务质量①。

---

① 项继权：《"后税改时代"的村务公开与民主管理——对湖北及若干省市的调查与分析》，《中国农村观察》2006年第3期。

四　培育村民自治的多样化组织

农民作为弱势群体，由于缺乏组织的有效保护，使其在与其他利益群体博弈时常常处于不利地位。经验表明，农民的组织化程度越高，自身发展的能力就越强，化解矛盾的能力也越强，农民就越能在弱势地位的改变中获得更多的权益。因此，要通过大力发展农村社区性合作经济组织、专业性合作经济组织、股份合作制经济组织，将农民有效地组织起来，建立互助、互济机制，改变农民在经济社会中的弱势地位，切实有效地维护农民自身权益。首先，可以从经济结社开始，加强结社培养社会资本，促进发展，加强对团体的认同与共同利益的巩固，进而发展成为具有社会或者政治参与意义的结社。我国许多沿海省份的农民已经成功地开展了"合作经济"或者"专业协会"，这种经济上的农民结社，可以培养农民与社区外部联系的社会资本，这种社会资本，有利于在必要时刻转化为重要的政治动员的社会资本。其次，鼓励农民结社进行跨域整合，如到其他地域的集团参与公共议题讨论，必将发展他们具有公民性质的公共性，从而摆脱地方性狭隘利益格局，增强公共利益意识。

第三节　完善农村民主监督制度执行的路径探讨

一　作为善治的治理：深化民主监督制度建设

治理强调的是众多利害相关者共同参与公共事务管理，并通过协商合作达成决策、规则、制度的过程。村民自治发展到今天，已经走过30多年，村民自治的治理理念、治理方式都发生了很大的变化，在当下以及未来很长一段时间，善治理念会不断地深入到村民自治中，其核心就是实现村民自治的合法性、透明性、责任性、法治性、回应性和有效性。村委会作为村民自治组织，成为民主治理最直接的表现形式。对于民主监督而言，更强调了善治理论的重要性以及在村民自治中实现民主治理的可能性，民主监督作为民主治理的重要组成部分，与村级民主治理相辅相成，民主治理为村级民主监督提供理论支持，民主监督为民主治理提供了实现的途径。

（一）完善民主监督制度运行系统

随着村民自治制度的实施，在实践中暴露出许多问题。2010 年全国人大常委会重新修订了《村民委员会组织法》，在加强法制化建设的同时，更应注重一项制度在层层运行过程中的实施。我国基层民主监督制度的运行涉及三个层面。

1. 加强区级层面的组织能力

村级民主监督是对村级公共权力的监督，如果村民只拥有民主监督的权利而无真正的权力，那么民主监督就不具备真正的抗衡作用。因此，区级在组织制定民主监督具体办法时，必须考虑如何提升村级民主监督的效力。民政部门作为村民自治工作的主要实施部门，必须成立专门的民主监督机构，越过镇级，直接处理村务监督工作，使村监督机构有直接的利益表达机构。

2. 加强镇级层面的指导能力，民主监督工作，在村级是最难开展的工作

设置专门的监督机构，不是每个村都有条件创立的。民主监督需要有对财务了解的专业人才，还需要在村里有威望的老人等，这些因素不是每个村都具备的，因此，在镇级工作部署中，应该全面落实这些工作；在村级不能实行监督的，镇应该派专门办事员，按时按期地对村级财务及重大决策进行监督。当然，这必定会付出很大的成本。所以，镇级应该成立第三组织即村级财务管理小组，挂靠镇政府下，赋予其权力，加大对村级财务监督。

3. 提高村级自治水平

村委会干部选举中要选出代表村民利益的干部，加强对村委会干部的培训，提高管理水平。村委会干部应严格执行民主监督制度。创建村民监督小组、理财小组，并召开村民会议或者村民代表会议选举监督机构成员，这些成员必须具备相关专业素质，并能代表村民利益，对村委会各项财务支出进行审核，监督村委会定期实行财务公开、按期举行村民代表大会，进行民主评议。

（二）全面规范民主监督制度

法治是"善治"的基本要求，善治是要建立在健全的法制基础之上的社会治理程序。因此，要实现民主监督的"有效"性，必须加强基层民主制度建设。

1. 提高村民代表大会的法定地位

《村民委员会组织法》中，应明确规定，村民代表大会对村委会干部具有法定约束力和责任追究权力，村民代表大会不受村委会领导。村委会、村民代表大会应该协商建构民主监督制度的相关规定，包括民主监督目的、内容以及具体程序，在经过广泛征求村民意见后，制定出成文的规章条例，并做到及时宣传，让村民了解监督制度的具体规定。

2. 组建民主监督机构

《村民委员会组织法》中，应明确规定，成立村监督机构，由村民提议监督机构合适人选，村民代表大会投票产生监督机构人员，对村民代表大会负责，具体实施民主监督制度。村民代表大会，根据各村具体情况不同，规定监督机构监督活动的实施程序、机构人员的权责划分和报酬补贴等事项。

3. 赋予监督机构法定权力

村民代表大会授权监督机构拥有以下权力：村财务公开项目必须经由理财小组审批，才可以在村务公开栏内公开，并监督村委会干部及时公开村内其他事务，特别是村民积极关注的低保名额及金额，还有村计划生育指标。善治理论的"透明性"要素着重强调政治信息的公开性，公民才能更好地参与公共决策过程，并且对公共管理过程实施有效监督。对于村临时性重大事务，比如，征地事项，在双方意愿达成、签订合同以及实施过程中对其进行全程监督，以保证村民权益。对于村重大决策，监督小组成员也应全程听证、监督。监督机构有权督促村委会按期实行民主评议，并监督实施评议结果。若村民联名要求罢免村干部，监督机构有权提议召开村民代表会议，实施罢免程序。对于违反《村民委员会组织法》相关规定的村干部，应及时向上级相关部门反映。

（三）建立追究监督机构执行人员责任机制

监督机构人员由村民选举产生，理应对村民负责。但是，若监督机构人员出现失职或者不履行监督职责时，村民代表大会有权追究其责任，若给村集体或者村民造成重大损失者，村民代表大会、村党支部、上级组织管理部门有权罢免其职能，若情节严重，应当赔偿相应损失。

上级相关部门提供监督机构必备的执行资源。民政部门作为主管村民自治工作的部门，应从权力分配、组织设置、人才选拔、物质支持等方面保证民主监督制度的执行。首先，应保证村级民主监督机构拥有独立的监督权，不受村党支部和村委会的领导；其次，应保证村监督机构人员在执行监督活动过程成中所必备的组织设置和专业人才，为执行人员提供物质和安全保证。

二 从权威型治理转向参与型治理

（一）科学、合理配置权力

任何公共权力的行使都离不开一定的监督机制。在村级治理中，村委会是村民权力行使的委托者，同时也是乡镇政府将行政权力向村级自治组织的延伸。在村民自治构成中，乡镇政府只有指导、协调、监督的职能，不能干预村民自治的内部事务。所以，村委会拥有绝对的权力，如何在村民自治组织内部实现权力的平衡，这就需要扩大村民代表大会的权力，提升村民监督组织的制约能力。任何一方的权力超过其他两方，都会造成权力的失衡。因此，合理配置村民自治权力是十分必要的。

（二）加强公民参与民主监督的文化培养，提高村民主体意识

"治理是政治国家与公民社会的合作"，善治是实现治理的手段，善治的过程就是还政于民的过程。因此，在村民自治中要实现善治，就是要使广大的农民和社会组织参与公共事务的治理，政府不是治理乡村事务的唯一权威，农民和社会组织也是乡村事务的权威之一，没有农民的积极参与是无法达到善治的。因此，要培养村民的主体意识，提高积极性。

首先，以农民的利益为中心发展农村经济。农民在与村委会、乡

镇政府的博弈中处于弱势地位，农民的利益得不到保障，就导致了村民参与村公共事务治理的冷漠态度，因此，必须以农民的利益为核心，发展村经济，为农民参与村务治理提供物质保障，才能使村民有参与村务治理的内在动力。近几年来，国家通过推进农村城镇化进程和提高农民收入两大措施，围绕着农民切身利益来发展农村经济。在农村城镇化进程中，通过发展小城镇经济，为农民创造更多就业机会，吸收农村剩余劳动力，带动了农村经济的发展，使农民不用到离家很远的沿海城市打工，在自己所在的乡镇就能找到就业机会。新农村建设，加大了公共产品的投入，村村通公路带来了便利的交通，解决了出门难问题等，这些都关乎农民切身利益，而且提高了农民的经济收入水平，有利于提高农民的参与村务治理的主体意识。在为农民增收方面，国家不仅取消了农业税，减轻农民负担，还加大了对农村的财政投入，制定有利于农民增收的相关政策（制定粮食最低价、补助地亩费等），这些措施都在很大程度上增加了农民收入。

其次，提高村民对民主监督制度的认识。让村民认识到监督和自身利益相关的具体规定，利益是驱动人行为的原动力，有了利益的驱使，自然会主动关注村公共事务，尤其需要发挥党员作用扩大宣传。从我们调查走访中了解到，村民自治过程中，真正关注村级事务尤其是村级财务的还是共产党员，这得益于我国党员党性的培养，党员的责任感和无私感就表现了出来。因此，要抓好党员这个群体，通过他们向村民传授民主监督的思想，扩大民主监督的主体范围，提升村民主体意识。

（三）加强农民参与监督的组织化建设，提高参与组织化程度

要提高农民参与的组织化程度。利益集团是增加村民参与民主治理的一种有效途径。由于村民在其个人利益受损时表现出分散、孤立、自发的特点，通过利益集团组织化的维权，有利于组织内部达成一致，更容易引起上级部门重视村民利益。且在团体内，相互交流、信息畅通，在培养公民参与文化与积极性上有着处于散漫状态下的个体政治无可比拟的效果和优势，农民利益集团可以借助集体的力量，加强对村务治理的监督。

三 优化民主治理的外部环境

（一）以农民增收为目标，为实现民主监督提供物质保障

解决政治问题不能仅仅局限于政治领域，经济基础决定上层建筑，要保障农村民主治理的实现最终是要转变落后的农业生产方式，实现农民增收，这是农村所有问题的总根源。农民仅仅依靠个人力量无法实现农业生产经营方式的改变。近几年来，国家对种粮农民进行直接的经济补贴，而且逐年增高，但是，这种方式不能从根源上解决农民收入问题，种粮农民必须实现产业化的经营耕作才是发展的出路。区县农业主管部门和乡镇政府作为农业管理的最终落实者，必须以实现农业产业化为目标，创建产业化的目标模式。我们可以借鉴广东省实施的"市场＋专业协会＋专业户＋分散农户"模式，带动农业产业化发展。同时，注重加强基层农业技术推广，保障农民增收。村委会作为村基层组织，带动搭建村集体经济合作组织平台，做到只支持不参与具体工作，发挥集体经济合作组织作用。村民经济的发展，必然提升村民实现民主自治的要求，有了经济发展做保障，必然有助于民主监督制度的实施。

（二）改革村委会传统治理方式，为民主监督营造公平的政治环境

要实现公平的政治环境，首先要从民主选举做起。我国的乡村治理离不开村精英人才的治理，但是，随着精英人才从农村的流出以及对村民自治的不关注，导致现在的村干部在村民自治中难以实现"善治"。因此，要实现农村的善治，必须扩大村委会干部的来源，不能仅仅局限于本村来源。通过对他方之石的借鉴，村委会干部的来源可以有以下三个方面：一是户口不在本村，但籍贯属于本村的人士。比如退休职工干部、有一技之长的务工人员、企业经营者等；二是引进村官，虽然现在大多数村官属于刚离校的学生，但是学生具有很强的适应能力和学习能力，他们可以更快更好地融入村庄治理中；三是从外应聘人才，外聘人才可以不担任村委会职务，但可以从事村庄村委会具体事务，比如理财人员。外来精英人士的流入不仅可以为本村带来先进的思想、服务于民的态度，也可以防止腐败在村委会内滋长，保持一种公平的治理环境。村委会实现民主选举是村民自治的第一

步，在村民自治过程中，要实现民主决策和民主管理。要让全体村民实现民主决策，在我国目前看来，操作还具有相当大的难度，使我们现在更认同代议制民主。召集村民代表大会，实现"一事一议"，但是我们不能像《村民委员会组织法》第二十六条所规定那样，"村民代表会议由村民委员会负责召集"，应该设立村民代表会议专门负责人，这个负责人必须独立于村党支书和村委会。在村庄治理中，实现民主管理，要实现村民的绝对参与必定不利于村级民主管理，这在理论与现实中都得以证明，最优化的民主管理方式，还是实现代议制民主，因此，要在村干部身上下功夫，这就需要加强对村干部的培训，既包括在村务管理的相关制度的培训，还包括引导提升农业生产方式上的培训，农民最终想要得到的是经济发展的问题而不是其他。有了以上三大民主制度的保障，民主监督制度的执行便有了更加独立、自主、公平的政治环境。

（三）扩大民主监督制度宣传，培养村民参与民主监督政治文化环境

农民经济地位的不断提高，必然追求政治民主、文化的提升，这种提升必须有良好的文化氛围保证，正如吉登斯所言：民主是一种意识的培养，这种文化不是市场经济所能给予的，也不是某种利益组织能够产生的。因此，培养村民参与民主的意识需要做到以下三点。

首先，冲破封建制传统观念，培养独立的主体意识。这种意识的培养是一种文化渗透，是一个渐进的过程，对于我国公民而言，"家""集体""国家"的概念根深蒂固，人们习惯于在"关系"中开展事务。由于治理理念的不断深入，国家在一些领域中逐渐退出，使治理的主体开始走向多元化，村民自治就成了村民参与治理的一个大的训练场，培养和提高公民的责任感、约束自己行为的自觉性以实现共同治理的重任。与此同时，我国公民素质近些年不断提升，公民要求改变原有权利边缘化的境地，逐渐渴望广泛直接的公民参与。

其次，打破等级观念，培养参与意识。一个民族传统文化，包括政治、价值、信仰等模式，直接构成民主化的动因或者障碍。因此，在推进传统文化的同时融入现代民主，把公民参与放在现代社会结构

中，培养公民参与社会治理的文化意识，积淀公民参与的深厚文化基础。

最后，需要注重民主技能的培训。民主化过程也是一个人们不断习得民主知识和技能、逐渐培养民主参与习惯的过程①。所以，随着民主习惯的养成和选举技能的提高，村民参与民主监督范围也会逐渐提高。

第四节　解决信访中农民维权焦点问题的对策

信访是具有中国特色的一种制度，是农民维权的重要渠道，信访本身所具有的利益表达和权利救济功能对于农民权益的有效维护有着特殊的地位。但是，由于农民的弱势地位和小农文化意识制约，农民在实际生活中的权利缺失和救济机制的缺乏双重困境使农民的政治话语权进一步丧失，政治地位极度低下，已经沦落为政治社会中最大的弱势群体，并且这种状况有进一步蔓延和固化的危险。当然，从社会发展进程和时代背景来看，作为一个社会热点和难点的农民信访问题凸显了转型期我国社会发展的深层次矛盾，是农民权利缺失的集中反映。维护农民权益是加快经济发展、维护社会稳定、构建社会和谐的应然要求。近年来，党和政府对农民权益保护工作的重视和关注，明显提升了农民的社会地位，改善了农民生存环境，对于农民权益保护政策措施的有力落实起了显著推动作用。但是，当前农民权益问题日益突出，已经成为制约农村经济和社会全面发展的重要因素，并由此引发了诸多社会问题和矛盾，影响农村社会的稳定。这就要求政府必须提高农民权益保护意识，完善权益维护体系，强化维权组织建设，构筑农民维权平台。特别要重视信访维权渠道，加强基层政府部门信访工作的组织开展，监督检查工作，完善信访制度，切实发挥其利益

---

① 黄季琨：《制度变迁和可持续发展：30 年中国农业与农村》，上海格致出版社 2008 年版，第 308 页。

表达和权利救济地位及功能，充分发挥信访的便捷性，自由性和灵活性维权优势，实现农民维权目的。

一 建立完善科学的信访政策处理机制

"任何一项政策的执行都是在特定的制度约束下进行的，因此，政策执行效果如何必然会受到各种各样的制度因素的影响和制约。"[①]对于信访制度改革和建设问题，当前学界众说纷纭，分为明显对立的两派：一派主张维持信访制度，强化信访作用和职能；另一派则坚决主张废除信访制度，维护法律权威，加大司法救济力度。有的则主张比较折中的观点，认为当前在法律不健全的形势下要适当保留信访制度，笔者同意此观点。信访的产生有着深层体制上的原因，在目前，相关改革还未到位，取消信访制度是无法做到的。而通过对信访立法，强化和改革信访制度，强化对农民权益的有效保护则是目前一个较好的化解办法。

（一）依法规范信访制度，畅通农民信访维权渠道

建构法治化的利益表达制度，既要有完善的法律机制和制度资源，也要有正确的政策导向和公正的司法，要充分发扬民主，构建合法有序的利益表达机制，发挥政策导向引导民众用合法理性的方式来表达利益诉求，进一步推动政府决策的民主化、公开化，让大多数群众通过制度化的渠道表达出来。无论对于公民权利救济，还是对于维护社会稳定有序，信访制度在目前都是不可或缺的。既然如此，我们应该积极完善信访制度，以便使信访制度的社会收益最大化，实现制度均衡。当前信访制度存在的弊端是程序性差，规范性弱，导致信息的非畅通性。因此，我们应从《信访条例》入手，依法完善信访制度的程序性和规范性。我国在 1995 年 10 月 28 日颁布了《信访条例》，其目的就是在于规范信访行为，化解社会矛盾。随着公共治理模式的逐步确立，旧的《信访条例》显然已经不适合现在的社会状况，因此，新的《信访条例》应运而生。

---

① 丁煌：《政策执行阻滞机制及其防治对策——一项基于行为和制度的分析》，人民出版社 2002 年版，第 172 页。

（二）整合各种社会矛盾调处机构，规范信访部门职能权力

信访政策执行也是一种政治过程，且政策执行过程本身给地方执行组织留有很大的自由裁量权的空间。英国学者米切尔·黑尧认为："政策执行过程实际上与政策制定过程一样，是一个充满着连续不断的交易、谈判和政治互动的复杂过程。"① 因此，实现信访工作顺利发展，需要加强各种社会矛盾调处机构的工作，加强组织协调，定期排查调处矛盾纠纷，发挥信访部门的协调督促检查功能，分流泄洪，真正形成党政统一领导、信访部门督促协调、统筹兼顾、标本兼治、各负其责、齐抓共管的"大信访"格局。一是通过基层社会治安综合治理工作网络及时了解群众关注政策的热点和难点问题，及时发现各种矛盾纠纷，加强组织协调，明确疏导化解责任，尽快采取措施加以解决。二是强化社会联动调处，将人民调解、行政调解和司法调解有机地结合起来，特别是加强新时期人民调解工作，把各种矛盾纠纷解决在当地，解决在基层，解决在萌芽状态。三是规范信访部门职责权力，提高信访工作质量。

（三）重塑司法机构权威，完善司法救助体系

保证公共政策运行的法治化，必须将我国迅速发展影响广泛的农民弱势群体政策参与纳入法制化轨道，在充分尊重宪法和法律赋予的政治权利和自由的前提下，建立健全法律法规体系，约束和规范他们的参与行为。坚持有法可依、有法必依、执法必严、违法必究，实现参与的制度化和法制化。司法机关信访制度的改革应纳入整个司法体制改革的大框架之中。确立司法权威是社会稳定的法治内容，要在全社会形成尊重司法判决，树立司法最终裁判权威的氛围，改变现有的申诉类信访案件行政化信访处理的模式，将其纳入正常的审判监督程序之中并加以必要的限制。同时，让权力机关的监督、社会监督（媒体、社会成员）与法律监督结合起来，促进司法公正，维护司法权威。强化各级司法机关接受公民告诉、申诉及处理案件的责任和能

---

① ［英］米切尔·黑尧：《现代国家的政策过程》，中国青年出版社2004年版，第129页。

力，由司法机关承办目前积压在信访部门的案件。

（四）构建与信访制度配套的软法体系，实现社会公民的民主诉求

信访的目的是实现公民的公正公平的民主诉求，在当今多元利益纠葛、充满复杂性和不确定性、信息不对称的社会局势下，只依靠硬法的强制，是很难达到公民权益诉求目的的。这是因为，软法侧重于社会公共性，相关的利益主体通过协商民主、共治和多方博弈表达其利益诉求，最终达到认同。能够回应多种利益诉求的软法，其实施过程是秩序下的利益诱导及公民道德下的内心服从，这是均衡和公正的外在表现。诚如哈耶克所言："秩序并非一种外部施加给社会的压力，而是一种从内部建立起来的均衡。"① 单纯依靠严格程序的硬法来进行控制，会出现法律实施滞后于问题产生，而灵活性很强的软法则可以及时地规范社会权力，防止法治真空出现，更有效地维护社会的稳定。

二　提升农民信访维权的利益表达功能

长期以来，由于政治生活的特殊敏感性和保密性，尤其是在下层民众的心目中，对"政治"一词不可避免地充满了神秘感和陌生感，认为政治本来就是政府的事情，与自身关系不大，对政治保持冷漠态度。因此，长期下来，就形成了公民社会对于政治的冷漠和被动，造成了权利的丧失和维权困境。因此，要改变农民信访维权困境，增强自身权益保护能力，就要培养农民现代公民意识，增强民主意识、法律意识、思想意识，加强农民组织化建设，提高农民权益表达能力。

（一）培养现代公民意识

中国文化中的传统价值观对农村社会的影响较为深远，虽然仍存有不少消极因素，但是，传统价值观中的诸多方面仍然可以转化为现代乡村公民意识培养的积极因素。应该在重视农村传统文化的保护和发扬的同时，通过组织农民群众喜闻乐见的文艺活动、农村先进人物

---

① ［英］哈耶克：《自由秩序原理》，邓正来译，生活·读书·新知三联书店1997年版，第183页。

学习活动等形式，广泛地发掘农村社会的深层文化资源以达到培养具有中国风尚的现代公民人格的目的。在教育引导农民继承和发扬民族文化的优良传统、摒弃传统文化中消极落后的因素的同时，还要适应经济社会发展不断有所创新，并积极汲取城市文化乃至民族文化积极因素，形成积极、健康、向上的文化内涵、社会风气和精神风貌，从本质上推进农民的知识化、文明化、现代化，实现农民"人"的全面发展。在信访工作过程中，政府及信访部门应遵循外力与内力结合的原则，破与立并重、教育与取缔并举的方针，引导农民采用合法渠道上访，强化理性思维观念，树立公共意识和社会责任感。规范和整治信访活动中违反政策的越级上访、进京上访及不达目的不罢休的上访"专业户"及提出超出政策和法律规定范围的要求、进行无理取闹的"缠访户"等消极信访活动的陋风恶习，大力移风易俗，培育具有爱国奉公、遵纪守法、开拓创新的现代公民意识和社会责任感的农民群体。

（二）加强农民组织化程度建设

健全社会组织，开辟公民权益利益表达社会化途径的专门渠道，加快社会组织的发展步伐，是完善社会公众利益表达机制的重要途径。由于农民深受"小农文化意识"的影响，自身素质不高，分散化、原子化、个体化的利益表达难以引起政策制定者的注意，因此，维权声音很弱，效果有限。"农民在政治结构中的弱势，正是由于人数多、分摊利益太少，因而团结的成本太高，同时，由于我国农民受几千年小农经济下封建文化的影响，还存在浓厚的封建思想，缺乏参与意识和自主意识。"① 农民天生的个体主义思想，导致了利益面前的短视行为和投机主义的滋生，缺乏普遍的、群体性的利益诉求表达机制。社会组织的发展，能够提高农民的社会组织化程度，形成合理的社会群体，促进利益表达机制的制度化设计。加强农民信访组织建设，可以有效地开辟和疏通利益表达渠道，拓宽农民信访表达途径；

① 于建嵘：《岳村政治——转型期中的中国乡村政治结构的变迁》，商务印书馆 2001 年版，第 571 页。

可以增强农民群体博弈影响和实力，加大农民维权工作的话语权，促使农民利益分配机制的公平和公正。可以将利益表达安排到法律的框架之内，遵循一定法制规范，有效地避免农民信访活动中的盲目性和随意性，增强农民信访利益表达的合理性和规范性。

（三）树立信访活动理性参与和利益表达意识

近几年来，伴随农民权利意识的觉醒和群体观念的凸显，农民信访过程中非制度化、非理性化趋势比较突出，引发了一系列群体性突发事件和社会问题，造成了较为恶劣的影响。因此，要改善农民信访中消极因素的影响，引导农民群体维权走上健康良性的发展轨道，就有必要构建利益表达制度化体系。通过政治文化教育，提升农民素质，加大主流文化宣传和舆论引导，树立理性参与信访观念；增强信访制度的法治化，把农民利益表达纳入制度化的轨道，同时，用法律规章的形式调整、规范农民利益表达的内容、范围方式，使农民的利益表达能够做到经常化和秩序化，最终实现农民依法进行利益表达和国家机构依法回应农民的利益表达态势；培养"有序"的农民群体权利意识，建立专门化的农民组织，以使农民整体的利益表达渠道制度化、有序化，增强农民的组织性和自我保护能力。

三　创建良好的信访工作政策执行环境

政策环境是影响政策执行效果的关键因素，一定社会的政治、经济及文化环境和发展趋势都会对政策的整体运行产生很大影响。改革开放、市场经济的发展，激发了民众的主体意识、参与意识、权利意识，使民众更愿意参与政事，关注政治，相信政府能够解决问题。推动民主政治建设，加强参与型文化建设更易于动员人民，更易于创造一个和谐的参与社会，农民的政策参与环境也会更为改善。

党的十七大报告提出："政治体制改革作为我国全面改革的重要组成部分，必须随着经济社会发展而不断深化，与人民政治参与积极性不断提高相适应。"[1] 强调了政治体制改革必须满足经济社会的发展

---

① 胡锦涛：《在中国共产党第十七次全国代表大会上的报告》，新华网，2007年10月15日。

要求，适应广大人民的政治参与积极性。从根本上说，报告强调了通过法治推进民主政治建设的稳健思路。而实现农村民主政治建设又是实现我国政治文明建设的重要内容。只有加强民主政治制度中村民自治制度的建设，才能促进农村的稳定、农业的发展，实现农村的法制化、制度化，才是新时期我们建设社会主义新农村的重要任务。因此，村民自治建设的好或坏，直接关系到我国社会主义民主政治建设的成败，必须加快农村基层民主政治的发展。村民自治其实就是让广大农民积极参与民主政治生活，在实践中，学习公民知识、民主法制意识和参政议政的能力，培养公民素质和生活技能的最有效方式。在当前形势下，要使村民自治更好地发挥作用，实现农民的自我教育、自我管理、自我服务、自我发展，就必须完善村民自治建设，才能保障基层民主制度建设。

四 强化信访部门工作质量

（一）加强组织部门信访工作的整体效能

政府组织部门的信访工作是组织部门接受民主监督、了解社情民意、联系人民群众的有效方式。在构建社会主义和谐社会的新形势下，组织部门必须完善各项制度，规范工作行为，提高效率，才能适应我国和谐社会的发展需要。因此，提高组织部门信访工作的效率，必须从以下两个方面着手。

第一，规范工作行为，强化机关职能，增强服务意识等，都必须依靠建立健全和严格执行各项必要的规章制度，这就要加强制度建设，建立长效机制，这是组织部门进行效能建设的一项重要任务。一是要健全规章制度。有针对性地建立新的规章制度，从源头上预防治理、从制度上防范约束机关工作效能和个人作风方面存在的问题，从而达到提高服务水平的目的。二是完善规章制度。要适时地改革现有的规章制度，对不适应社会发展需要的，及时修订，推进制度建设的科学性、有效性。制度建设，要通过征求意见、不定期召开座谈会，讨论制度的弊端，完善制度改革，为提高组织部门的整体效能提供制度保障。

第二，在监督过程中，要抓住组织部门效能建设的重点，加强对组织部门信访工作行政行为和司法行为的监督，促进依法行政、依法办事、公正执法，确保信访工作的顺利进行，加强信访工作人员的监督，促使其履行职责、严格执法，保护农民的合法权益。

（二）提高组织部门信访工作人员的素质

1. 全面提高信访工作人员的综合素质

对政府信访工作而言，工作人员素质的高低直接影响到政策的认同和认知能力，并且与政策执行过程紧密依附，也必然会影响到政策的执行效果。因此，加强政策执行人员的政治素质的培养，强化政策学习和理解能力，提升信访行政部门的政策执行能力和执行效力，是有效改善政策执行主体的综合水平、优化政策执行过程、实现政策预期目标的现实举措和客观要求。面对严峻的信访形势和繁重的信访任务，我国必须建立一支能担当重任、政治素质好、业务水平高的信访工作队伍。积极吸收一些年富力强、高学历、政治业务素质好、责任感强的人员进入信访队伍。这样，不仅可以强化信访案件处理的能力，而且能够带来新的理念和工作方法，激发信访工作的活力[1]。

2. 强化信访工作责任意识

对于国家层面来说，公共政策在维护农民弱势群体权益方面发挥着重要作用；对于信访部门和工作人员来说，只有从"社会责任感"出发，真正将支持和帮助农民弱势群体视为国家和社会义不容辞的责任，当作自身义不容辞的任务去对待，才能取得农民权益有效维护问题的缓解乃至根本解决，实现社会的稳定与和谐。这就要求政府管理部门和信访机构要在落实新条例的基础上继续理顺体制，提高信访事项的处理效率，减轻信访人的经济负担，强化政府职能部门和工作人员责任制度，保障农民建议申诉权的依法行使。从长远来看，法治化是信访制度改革的重要路径，要强化农民权利的司法救济，改革司法制度，强化司法权威，保障司法公正，形成尊重司法裁判的氛围。

---

① 何元飞、孙传通：《和谐社会农民利益表达机制的重建》，《财经界》2006 年第 7 期。

（三）建立与市场经济相适应的公共政策研究机构

目前，有不少研究中心或研究所，都是隶属政府行政部门的事业单位。一定的依赖性决定了服务导向，研究决策方向一般难以逾越部门利益。应当按照政事分开的改革原则，对各类研究机构资源进行整合，建立适应市场经济需求，激发内在活力的公共政策研究机构，走出政府包办、机构繁多、效率和质量不高的误区。在这方面，可以借鉴发达国家的经验做法，建立相对独立于政府之外的公共研究机构，体制上独立于政府，既不是政府的一部分，又不受制于政府，但是，可以接受政府的资助。其特点具有客观性、公共性、公正性，参与研究的范围广，高度专业化、分工精细，是与市场经济需求相适应的。特别是他们的内在动力和关注点单一，具有强烈的目标情感动机和追求，使其成为政府决策的"外脑"，有助于政府正确决策，并使政策的公众影响力得到发挥。如美国的兰德公司，据《参考消息》报道，1950 年，美国政府曾要求兰德公司对中国会不会出兵朝鲜战争问题作决策咨询，兰德公司做了大量资料分析判断，咨询费 500 万美元，当时美国国防部没有购买，但事实证实兰德公司的咨询很有价值，后来，美国国防部还是花了 150 万美元买走了。国内也有这样的实例，如清华大学的国情研究中心，一些研究成果得到高度重视，并成为制定国家公共政策的重要依据。

由于信访制度本身不健全、信访权利意识淡薄和组织化程度较低导致农民维权弱势、信访中人文环境的恶劣导致农民维权阻滞、信访中法制规范的缺失导致农民维权运作失范，因此，要解决信访中农民维权焦点问题，需要政府和信访部门进一步健全信访利益表达和权利救济机制，规范信访部门职能运作和管理工作，提升信访工作人员的整体素质，强化制度化建设，加强对信访工作部门及人员的检查监督。同时，也要培养农民的维权意识，加强农民组织化建设，树立信访活动的理性参与和利益表达意识，创建良好的信访工作运作环境，引导农民信访工作走上一条健康、良性的发展轨道，为切实保护农民权益、维护社会公平正义，构建和谐社会迈出坚实的步伐。

第五节　《村民委员会组织法》的优化建议

一　提高《村民委员会组织法》的认同度

"政策能否达到预期目的，不是政策制定者一厢情愿的事情，也不是政策执行者能够完全决定的事情，而是在很大程度上取决于目标团体的态度。目标团体顺从、接受政策，政策就会成功；目标团体不顺从、不接受政策，政策就会失败；目标团体只是部分接受，也会加大政策执行的难度。"① 所以，《村民委员会组织法》执行的有效程度，不仅需要《村民委员会组织法》主体的客观和创造性思维，还需要考虑《村民委员会组织法》目标团体对其的认同度。因此，提高目标团体对《村民委员会组织法》的认同度，是《村民委员会组织法》有效执行的关键。

《村民委员会组织法》作为一项由政策制定主体通过博弈而产生的公共政策，总体表现为对一部分人的利益进行分配和调整，同时也表现为对一部分人的行为进行制约或改变。《村民委员会组织法》的出台，如果作为其目标团体的农民认为能够增加自身利益，保障自身民主权益，就容易被接受。反之，如果农民认为，《村民委员会组织法》对自身是无益的，就容易被拒绝。

（一）加强对《村民委员会组织法》的宣传

"政策的执行离不开对政策信息的宣传和传播"②。这就要求，《村民委员会组织法》的执行者要加强对《村民委员会组织法》的宣传和传播，增强目标群体理解《村民委员会组织法》的具体内容，从而认同《村民委员会组织法》，为《村民委员会组织法》的有效执行奠定思想基础，提高广大农民对《村民委员会组织法》的认同度，使他们接受和服从《村民委员会组织法》的相关规定，这样，才能实现

① 陈振明：《公共政策分析》，中国人民大学出版社 2003 年版，第 252—253 页。
② 张金马：《公共政策分析：概念·过程·方法》，人民出版社 2004 年版，第 408 页。

《村民委员会组织法》的政策目标。

在对《村民委员会组织法》的宣传过程中，首先，要选择适宜的宣传方式。"政府舆论形象的可持续发展和传播工具之间有天然的渊源。传播工具既可以成就一个良好的政府舆论形象，也可以在一定的时空内和一定条件下扭曲甚至毁损一个良好政府的形象，政府舆论形象持续时间与媒体宣传的力度和广度呈正相关关系。"① 因此，在对《村民委员会组织法》宣传方式的选择时，要结合农村和农民的实际情况，不仅要选择报纸、网络等现代媒体，还要注意选择一些农民日常使用的传统方式，比如，墙面文化、口头宣传等。其次，在宣传内容方面，要选择与农民利益需求相关的典型内容，通过相关事例进行宣传，使农民能够真正认识到《村民委员会组织法》对保障其自身民主权益的有利之处。

（二）树立有利于《村民委员会组织法》执行的政策价值观

政策目标群体的价值观影响其对政策的认同度，其政策价值观包括政策态度、政策感情和政策认知三个方面的内容。通过相关的价值观教育，使目标群体对《村民委员会组织法》具有积极的参与态度，增强其对《村民委员会组织法》的感情依赖度，增加其对《村民委员会组织法》的认知程度，树立有利于《村民委员会组织法》执行的政策价值观。

二　优化《村民委员会组织法》制定主体结构

《村民委员会组织法》问题提出者在评价指标体系中权重比较大，这说明《村民委员会组织法》制定主体对整个政策的执行具有较大的影响。因此，必须对《村民委员会组织法》制定主体进行优化，以保证《村民委员会组织法》的科学性和合理性。优化《村民委员会组织法》制定主体可以从以下两个方面进行。

（一）增加农民参与《村民委员会组织法》制定的比例

《村民委员会组织法》制定主体的结构在当时的社会条件下具有

---

① 傅广宛：《政府舆论形象可持续发展的若干影响因素分析》，《社会主义研究》2003年第3期。

一定的合理性，但随着社会的发展和农村改革的深入，农村情况发生了很大的变化，广大农民的科学文化素质不断提高，民主意识不断增强，对与自身利益相关的政策已有了新的见解与主张。即使是在农民中，也产生了不同的利益主体。只有加强农民的参与，使农民参与到《村民委员会组织法》制定当中，才能保证《村民委员会组织法》的有效执行，达到其政策效果。所以，必须转变观念，改变过去那种政策制定由政府主导的观念，加大政策相对方的参与力度。在《村民委员会组织法》制定主体中，加强农民的参与度，可以通过增加全国人民代表大会代表中的农民比例来增强农民参与政策制定的机会，也可以在政策制定的前期工作中增加农民的参与度，使政策制定主体结构更加合理。

（二）政策主体要树立科学的政策价值观

政策主体科学政策价值观的形成，必须依赖政策主体的科学文化素质的提高、思想道德水平的提高。首先，通过加强政策主体的科学文化教育和相关知识理论学习，使其具备更加合理的知识结构，适应新时期公共政策制定对其科学文化素质的要求。其次，通过加强对政策主体的社会主义思想道德教育，使其具备较高的思想道德水平，能够从社会整体利益出发去考虑公共政策的制定。

三　弥补《村民委员会组织法》的缺陷

在现实社会当中，很多政策不能达到预期的效果，在很大程度上与政策本身的缺陷有关。政策本身的缺陷并非政策制定开始就存在的，很大程度上是社会发展的原因，使政策不适应社会的发展，从而显示出其所谓的政策本身缺陷性。为保证政策目的的实现，必须保证政策的正确性。"政策的正确性是政策有效执行的根本前提。正确的政策必须是符合社会发展规律、代表广大人民的根本利益、能够促进社会发展的政策。政策的正确性不仅仅要求内容的正确、方向的正确，而且要求政策的制定必须具有科学的理论基础、严密的逻辑关系、科学的规划程序。"[①] 在对《村民委员会组织法》进行完善时，

---

① 陈振明：《公共政策分析》，中国人民大学出版社 2003 年版，第 251 页。

可以从以下两个方面入手。

（一）及时对《村民委员会组织法》进行更新和修改

P. 伯曼认为："政策是由组织来实现的，如果所采纳的政策是硬性而又可以预测的，那么在执行上不会发生什么问题。但如果组织要履行软性政策，那么在执行时就会发生很多问题。"① 尽管《村民委员会组织法》是以《宪法》为根本，以"民主选举、民主决策、民主管理、民主监督"为主要内容的，是村民委员会工作经验的总结，但其更新修改不及时，不能适应新时期农村和农民的需求。另外，《村民委员会组织法》的可操作性较差也影响其政策效果。所以，要想使《村民委员会组织法》具有时代性、可操作性，适应社会发展，显示其新的活力，必须对《村民委员会组织法》进行及时调整和修改。在《村民委员会组织法》的调整与修改时，应该以社会福利理论为指导，注重实现社会整体利益与个人利益的结合。这样，可以增加广大农民参与执行的积极性，有利于《村民委员会组织法》政策目标的实现。

（二）完善《村民委员会组织法》的制定程序

"政策的制定过程具有目标导向、变革取向、选择取向、理性取向和群体取向等特性，应遵循集中性、清晰性、变迁性、挑战性、协调性、一致性等原则。政策制定的基本程序包括确定政策目标、设计政策方案、论证评估方案、选择优选方案等环节。为确保政策方案的权威性，需要遵循特定的程序实现公共政策合法化。"② 科学合理的政策制定程序可以得到科学合理的公共政策；反之，制定程序的不科学和不合理，则很难得到科学合理的公共政策。《村民委员会组织法》制定程序的科学完整性对《村民委员会组织法》科学性和合理性有较大的影响。所以，为保证《村民委员会组织法》的科学性和合理性，必须对其制定程序进行完善。在对《村民委员会组织法》制定过程进

---

① ［韩］吴锡泓、金荣枰：《政策学的主要理论》，复旦大学出版社 2005 年版，第 387 页。

② 陈庆云：《公共政策分析》，北京大学出版社 2005 年版，第 123 页。

行完善中应该注重以下三个方面：一是加强信息公开。将《村民委员会组织法》制定的相关信息进行公开，使广大农民以及《村民委员会组织法》的政策制定者能够很好地了解或比较容易得到信息，进而使《村民委员会组织法》能够在信息比较完全的情况制定和修改。二是改善政策议程。由于《村民委员会组织法》的政策议程的偏差或不当会造成其内容的失误，所以，要改善《村民委员会组织法》的政策议程，并在改善过程中注重政策议程的改善，加强政策目标的确定、政策方案的设计、政策方案的评估、政策方案的优选等程序的优化。通过加强立法听证、行政程序制度、政务信息公开制度、公民参与制度、协商制度等与政策制定制度的有机结合，使《村民委员会组织法》的制定程序更加科学和完整。三是注重长远利益与近期利益的结合。在《村民委员会组织法》的制定和修改过程中，应该加强其长远利益与近期利益的结合，不能一味地迎合政治家或政府官员的政绩，只注重近期利益，而放弃或损害政策的长远利益，使《村民委员会组织法》能够更好更全面地保障农民的权益。

四　改善《村民委员会组织法》的执行环境

改善《村民委员会组织法》的执行环境应该从以下三个方面入手：一是加快社会民主政治建设，维护社会稳定。政治生活的民主化程度越高，政策执行的沟通、协调就越好，政策执行效果也就越好；社会稳定就能使政策执行组织及其结构稳定，信息畅通，程序井然，政策执行就会取得良好的效果。二是加快发展生产力，促进经济发展。农村生产力的发展状况决定了《村民委员会组织法》执行的物质基础，只有生产力发展了，才能够为《村民委员会组织法》的执行提供坚实的物质基础。生产力决定生产关系，生产关系影响着社会关系，社会关系影响政策执行的性质和功能，说到底，是生产关系决定政策执行的性质和功能的发挥。只有加快农民发展生产力，才能为《村民委员会组织法》的执行提供良好的经济环境。三是加强以教育科学为主的文化环境建设。只有相关主体，特别是广大农民的文化水平提高，才可以为《村民委员会组织法》的执行创造一个良好的文化环境，所以，必须加强教育科学文化建设，提高农民的文化水平，为

《村民委员会组织法》的执行营造良好的文化环境。在改善《村民委员会组织法》的执行环境的同时，还应该注重执行环境与《村民委员会组织法》本身、《村民委员会组织法》执行机构和《村民委员会组织法》目标群体的有效结合，为《村民委员会组织法》的有效执行创造适宜的环境。

从《村民委员会组织法》问题提出者的影响，到《村民委员会组织法》制定过程中各相关主体的博弈，再到《村民委员会组织法》执行环境改善，各个过程是相互联系、不可分割的有机整体。提高《村民委员会组织法》的认同度、优化《村民委员会组织法》制定主体、完善《村民委员会组织法》及其制定程序、改善《村民委员会组织法》的执行环境同样是一个有机整体，必须协调发展，才能真正实现《村民委员会组织法》的政策目标。必须用系统的观点来对《村民委员会组织法》进行优化，才能保证《村民委员会组织法》政策目标的实现。

参考文献

[1] Hogwood, B. W. and Gunn, L. A. , *Policy Analysis for the Real Worl* [M]. London: Oxford University Press, 1984.

[2] Yarbrough, Beth V. and Yarbrough, Robert M. , "International Institutions and the New Economics of Organization" [J]. *International Organization*, 1990 (44) .

[3] Boyle, Paul J. , Norman, Paul and Popham, Frank, "Social Mobility: Evidence that it can Widen Health Inequalities" [J]. *Social Science & Medicine*, 2009, 68 (10), pp. 1835 – 1842.

[4] Jones, C. O. , *An Introduction to the Study of Public Policy* (2nd ed.) [M]. North Scituate Mass: Duxbury, 1977.

[5] Van Meter, D. S. and Van Horn, C. E. "The Policy Implementation Process: A Conceptual Frame – work" [J]. *Administration and Society*, 1975, p. 463.

[6] Zefang, Dong and Yanbin, Wang, "Chen Wenjiao, Social Mobility and Educational Selection" [J]. *Frontiers of Education in China*, 2009, 4 (4), pp. 10 – 623.

[7] Kelliher, Daniel, "The Chinese Debate over Village Self – government" [J]. *The China Journal*, 1997.

[8] Easton, D. , *The Political System* [M]. New York: Knopf, 1953.

[9] Friend, J. K. , Power, J. M. and Yewlett, C. J. L. , *Public Policy: The Inter – Corporate Dimen sion* [M]. London: Tavistock, 1974.

[10] Brewer, Garry D. and DeLeon, Peter, *The Foundations of Policy Analysis* [M]. Homewood: The Dorsey Press, 1983.

[11] Lasswell, H. D. and Kaplan, A. , *Power and Society* [M]. NH: Yale University Press, 1970.

[12] Lasswell, H. D. and Kaplan, A. , *Power and Society* [M]. N. Y. : McGraw – Hill Book Co. , 1963.

[13] Huntington, S. P. , "Will More Country Become Democratie" [J]. *Political Science Quarterly*, 1999 (2).

[14] John Burns, *Political Participation in Rural China* [M]. New York: University of California Press, 1998.

[15] Jessica Kingsley, Ali Madanipour et al. , "Social Exclusion in European Cities: Processes, Experiences and Responses" [M]. London, 1999.

[16] John Bell, *French Constitutional Law* [M]. London: Oxford University Press, 1992.

[17] Dryzek, John S. and Ripley, Brian, "The Ambitions of Policy Design " [J]. *Policy Studies Journal*, 1998 (7), pp. 705 –719.

[18] Schachter, Jason, "Why People Move?" [R] . Exploring the March 2000 Current Population Survey, U. S. Census Bureau, 2001.

[19] Marth, James G. and Olson, Johan P. , "Institutions Perspectives on Political Institutions" . Paper Presented at the Meeting of the International Political Science Association [J]. *Berlin*, 1994 (5).

[20] O'Biren, Kevin J. and Lianjiang Li, "Selective Police Implementation in Rural China " [J]. *Comparative Politics*, 1999, 31 (2), p. 167.

[21] Laurence Lynn, *Managing Public Policy* [M]. Boston: Little Brown, 1987.

[22] Lee, E. S. , "A Theory of Migration" [J]. *Demography*, 1996 (3).

[23] Arthur, Leweis W. , "Economic Development with Unlimited Supplies of Labor" [J]. *The Manchester School of Economic and Social Studies*, 1954.

[24] Hall, Peter A. , *Governing the Economy: The Politics of State Intervention in Britain and France* [M]. Cambridge: Polity Press, 1986

（19）．

［25］Coase，R. H. ，"The Problem of Social Cost"［J］. *Journal of Law and Economics*，1960（3）．

［26］Rossi，R. H. ，*Why Family Move?*［M］. Free Press，1955.

［27］Smith，T. B. ，"The Policy Implementation Process"［M］. *Policy Sciences*，1973，4（2），p. 203.

［28］Smith，Thomas B. ，"The Police Implementation Process"［J］. *Police sciences*，1973，4（2），pp. 203 – 205.

［29］艾力：《村民监督委员会：农村民主监督组织探究》，博士学位论文，辽宁师范大学，2010 年。

［30］［美］安东尼·唐斯：《民主的经济理论》，上海人民出版社 2005 年版。

［31］［美］阿尔蒙德：《比较政治学：体系、过程与政策》，曹沛霖等译，上海译文出版社 1987 年版。

［32］［美］埃莉诺·奥斯特罗姆：《公共事务的治理之道，集体行动制度的演进》，上海三联出版社 2000 年版。

［33］［美］本杰明·巴伯：《强势民主》，彭斌、吴润州译，吉林人民出版社 2006 年版。

［34］白钢、赵寿星：《选举与治理》，中国社会科学出版社 2001 年版。

［35］陈振明：《政策科学》，中国人民大学出版社 1998 年版。

［36］蔡定剑：《中国选举状况的报告》，法律出版社 1995 年版。

［37］陈振明：《政策科学——公共政策分析导论》第二版，中国人民大学出版社 2004 年版。

［38］陈振明：《公共管理学》，中国人民大学出版社 2005 年版。

［39］陈悦轩：《流动者，你参选了吗？——河南省流动人口参加县乡选举状况调查》，《人大建设》2004 年第 5 期。

［40］陈映芳：《贫困群体利益表达渠道调查》，《理论参考》2004 年第 11 期。

［41］曹荣庆：《流动与和谐——流动人口管理的战略转型》，上海交

通大学出版社 2008 年版。

[42]［美］戴维·伊斯顿:《政治体系——政治学状况的研究》,马清槐译,商务印书馆 1993 年版。

[43]［美］道格拉斯·C. 诺斯:《制度、制度变迁与经济绩效》,上海三联书店 1994 年版。

[44]［美］丹尼尔·雷恩:《管理思想史》,中国人民大学出版社 2003 年版。

[45] 邓秀华:《"新生代"农民工的政治参与问题研究》,《华南师范大学学报》2010 年第 1 期。

[46]［英］戴维·赫尔德:《民主的模式》,中央编译出版社 1998 年版。

[47] 戴长征:《流动中的政治:中国流动人口政治管理问题初探》,《北京行政学院学报》2008 年第 1 期。

[48]［英］E. G. 雷文斯坦:《论迁移的规律》,《地理杂志》1885 年第 48 期。

[49] 方江山:《非制度政治参与——以转型期中国农民为对象分析》,人民出版社 2000 年版。

[50] 范先佐、付卫东:《农村义务教育新机制:成效、问题及对策》,《华中师范大学学报》(人文社会科学版) 2009 年第 4 期。

[51] 方同义:《多元利益群体的利益表达与和谐社会建设》,《浙江社会科学》2006 年第 6 期。

[52] 房桂芝、董礼刚:《建立完善的农民利益表达与沟通渠道——对农民集体上访的几点思考》,《国家行政学院学报》2005 年第 3 期。

[53] 傅广宛、韦彩玲、杨瑜、杜文强:《量化方法在我国公共政策分析中的应用进展研究——以最近六年来的进展为研究对象》,《中国行政管理》2009 年第 4 期。

[54] 傅广宛:《大部制改革后的完善路径探析——兼以重庆市大部制改革为个案》,《北京行政学院学报》2010 年第 3 期。

［55］傅广宛：《政府舆论形象可持续发展的若干影响因素分析》，《社会主义研究》2003 年第 2 期。

［56］傅广宛：《公共关系过程中舆论形象的若干影响因素研究》，《河南师范大学学报》（哲学社会科学版）2003 年第 1 期。

［57］傅广宛、张晓霞、傅雨飞等：《公共政策制定与公民参与的关注度——来自武汉的调研报告》，《中州学刊》2006 年第 6 期。

［58］傅广宛、刘晓永、毛泽凌：《我国政府决策机制的变迁与思想库的发展》，《当代世界与社会主义》2011 年第 1 期。

［59］付冬梅：《中国和平崛起背景下的农村基层民主建设》，《产业与科技论坛》2008 年第 1 期。

［60］高培勇：《公共经济学》，中国人民大学出版社 2004 年版。

［61］郭小聪：《政府经济学》，中国人民大学出版社 2003 年版。

［62］顾建光、王树文：《公共政策分析概论》，上海人民出版社 2007 年版。

［63］［美］赫尔德：《民主的模式》，燕继荣等译，中央编译出版社 1998 年版。

［64］黄季琨：《制度变迁和可持续发展：30 年中国农业与农村》，格致出版社 2008 年版。

［65］［法］昂利·霍尔巴赫：《自然的体系》，商务印书馆 1964 年版。

［66］韩大元、林来梵、郑贤君：《宪法学专题研究》，中国人民大学出版社 2004 年版。

［67］［美］亨廷顿·纳尔逊：《难以抉择发展中国家的政治参与》，华夏出版社 1987 年版。

［68］赫广义：《城市化进程中农民工问题》，中国社会科学出版社 2007 年版。

［69］胡鞍钢主编：《中国——挑战腐败》，浙江人民出版社 2001 年版。

［70］［美］亨廷顿：《第三波：20 世纪后期民主化浪潮》，上海三联书店 1998 年版。

[71] 何卫平、胡启南：《社会转型期农民利益表达的困境及原因分析》，《求实》2010 年第 5 期。

[72] 黄建新：《协调与整合：城市社会中农民工的利益表达》，《社会科学家》2006 年第 3 期。

[73] 侯可、韩江河、任俊：《论加强农村基层民主政治建设重要性》，《工会博览》2009 年第 2 期。

[74] 贺雪峰：《村庄精英与社区记忆：理解村庄性质的二维框架》，《社会科学辑刊》2000 年第 4 期。

[75] 贺雪峰：《半熟人社会——理解村委会选举的一个视角》，《政治学研究》2000 年第 3 期。

[76] ［美］加布里埃尔·A. 阿尔蒙特、小·G. 宾厄姆·鲍威尔：《比较政治学：体系、过程和政策》，曹沛林等译，上海译文出版社 1987 年版。

[77] 贾德裕：《现代化进程中的中国农民》，南京大学出版社 1998 年版。

[78] 金太军、杨嵘均：《村委会选举中的行政侵权及其救济》，《中国行政管理》2006 年第 4 期。

[79] ［美］科恩：《论民主》，聂崇信、朱秀贤译，商务印书馆 1997 年版。

[80] ［美］卡罗尔·佩特曼：《参与和民主理论》，陈饶译，上海人民出版社 2006 年版。

[81] 柯兰君、李汉林：《都市里的村民——中国大城市的流动人口》，中央编译出版社 2001 年版。

[82] ［美］E. R. 克鲁斯克等：《公共政策辞典》，上海远东出版社 1992 年版。

[83] 陆学艺：《改革中的农村与农民》，中央党校出版社 1992 年版。

[84] 卢福营：《当代浙江乡村治理研究》，科学出版社 2006 年版。

[85] ［美］罗伯特·西蒙：《管理行为》，北京经济学院出版社 1989 年版。

[86] 李亚：《利益博弈政策实验方法》，北京大学出版社 2011 年版。

［87］刘筱红：《管理思想史》，湖北人民出版社 2007 年版。

［88］［法］卢梭：《社会契约论》，商务印书馆 2008 年版。

［89］［英］洛克：《政府论》，中国社会科学出版社 2006 年版。

［90］陆学艺：《当代中国社会流动》，社会科学文献出版社 2004 年版。

［91］李强：《农民工与中国社会分层》，社会科学文献出版社 2004 年版。

［92］李凡：《中国选举制度改革》，上海交通大学出版社 2005 年版。

［93］刘亚伟：《给农民让权——直选的回声》，西北大学出版社 2002 年版。

［94］厉以宁：《转型发展理论》，同心出版社 1996 年版。

［95］李佐军：《"民工荒"的根源是"权利荒"》，《社会科学报》 2004 年第 9 期。

［96］李明英、张席瑞：《中部六省人才柔性流动下的聚集效应研究》，《中国行政管理》2007 年第 4 期。

［97］李婵：《农村社区精英研究综述》，《中共济南市委党校学报》 2004 年第 3 期。

［98］李勋华、刘永华：《村级治理能力体系指标权重研究》，《湖南文理学院学报》（社会科学版）2008 年第 3 期。

［99］李昱：《新生代农民工融入城市问题探析》，《求索》2010 年第 10 期。

［100］李乐军：《新生代农民工城乡双重边缘化的公共物品供给探析》，《安徽农业科学》2010 年第 28 期。

［101］吕军书：《农民工权益法律保护与和谐社会建设》，《前沿》 2010 年第 19 期。

［102］刘志强：《人权保障与国家义务——以新生代农民工为视角》，《东南学术》2010 年第 2 期。

［103］罗恩立：《新生代农民工的就业能力研究》，《中国人力资源开发》2010 年第 2 期。

［104］李慧勇、马慧吉：《和谐新农村建设中农民利益表达机制探

析》,《西北农林科技大学学报》（社会科学版）2009 年第
6 期。

[105] 李春锋:《农民的利益表达与集体行动——对豫东 S 村一起上
访事件的解读》,工作论文,华中师范大学管理学院,
2008 年。

[106] 李增元:《解读基层民主选举中的症结——对湖北省村委会选
举的实证调查与研究》,《华中师范大学研究生学报》2008 年
第 2 期。

[107] 李伟东:《新生代农民工的城市适应研究》,《北京社会科学》
2009 年第 4 期。

[108] 朴贞子、金炯烈:《政策形成论》,山东人民出版社 2005
年版。

[109] 浦兴祖:《当代中国政治制度》,复旦大学出版社 2005 年版。

[110] [美] 乔·萨托利:《民主新论》,马克利、阎克文译,东方出
版社 1997 年版。

[111] 邱永文:《当代中国政治参与研究》,中共中央党校出版社
2009 年版。

[112] [法] 孟德斯鸠:《论法的精神》（上册）,商务印书馆 1961 年
版。

[113] [英] 马歇尔:《公民资格与社会阶级》,《国外社会学》2003
年第 1 期。

[114] 马用浩、张登文、马昌伟:《新生代农民工及其市民化问题初
探》,《求实》2006 年第 4 期。

[115] 马俊军、唐鸣:《修改〈村委会组织法〉若干问题探讨》,《吉
首大学学报》（社会科学版）2003 年第 4 期。

[116] 宁骚:《试论公共决策的现代化》,北京大学出版社 1997
年版。

[117] 宁骚:《公共政策学》,高等教育出版社 2003 年版。

[118] 钱再见:《现代公共政策学》,南京师范大学出版社 2007
年版。

[119] 仝志辉:《选举事件与村庄政治》,中国社会科学出版社 2004 年版。

[120] 孙永芬:《西方民主理论史纲》,人民出版社 2008 年版。

[121] 宋健峰、袁汝华:《政策评估指标体系的构建》,《统计与决策》2006 年第 22 期。

[122] [美] 塞缪尔·P. 亨廷顿:《变化社会中的政治秩序》,王冠华等译,上海三联书店 2000 年版。

[123] 史卫民、雷兢璇:《直接选举:制度与过程》,中国社会科学出版社 1999 年版。

[124] [美] 塞缪尔·亨廷顿:《难以抉择》,华夏出版社 1989 年版。

[125] [美] 舒尔茨:《论人力资本投资》,北京经济学院出版社 1988 年版。

[126] 孙建军、成颖、邵佳宏、徐美凤:《定量分析方法》,南京大学出版社 2002 年版。

[127] [美] 塞缪尔·P. 亨廷顿、琼·纳尔逊:《难以抉择——发展中国家的政治参与》,华夏出版社 1989 年版。

[128] 史卫民、刘智:《规范选举》,中国社会科学出版社 2003 年版。

[129] [韩] 吴锡泓、金荣枰:《政策学的主要理论》,复旦大学出版社 2005 年版。

[130] 莫勇波、张定安:《制度执行力:概念辨析及构建要素》,《中国行政管理》2011 年第 11 期。

[131] 扶元广、赵定涛、陈之荣:《改革开放以来我国农村基层民主发展评述》,《人大研究》2009 年第 1 期。

[132] 唐晓腾:《基层民主选举与农村社会重构》,社会科学文献出版社 2007 年版。

[133] 唐鸣:《村委会选举法律问题研究》,中国社会科学出版社 2004 年版。

[134] 谭青山:《在深化村民自治进程中健全村委会选举制度》,《华中师范大学学报》(人文社会科学版)2008 年第 6 期。

［135］汤少梁、申俊龙、陈娜：《中外合作办学机构竞争力评价指标体系研究》，《中国行政管理》2008 年第 6 期。

［136］［美］托马斯·R. 戴伊、L. 哈蒙·齐格勒：《美国民主的讽刺》，河北人民出版社 1997 年版。

［137］［美］托马斯·戴伊：《理解公共政策》，华夏出版社 2004 年版。

［138］王维国：《公民有序政治参与的途径》，人民出版社 2007 年版。

［139］王浦劬：《政治学基础》，北京大学出版社 2006 年版。

［140］王新华：《中国户籍法律制度研究》，中国人民公安大学出版社 1991 年版。

［141］王玉明：《选举论》，中国政法大学出版社 1992 年版。

［142］王建民、胡琪：《中国流动人口》，上海财政大学出版社 1996 年版。

［143］王正中：《"民工荒"现象与新生代农民工的理性选择》，《理论学刊》2006 年第 9 期。

［144］王新华：《中国户籍法律制度研究》，中国人民公安大学出版社 2001 年版。

［145］王福生：《政策学研究》，四川人民出版社 1991 年版。

［146］魏津生：《中国流动人口研究》，人民出版社 2002 年版。

［147］王艳：《城市农民工的政治现状及出路分析》，《山东农业管理干部学院学报》2007 年第 1 期。

［148］王骚、王达梅：《公共政策案例分析》，南开大学出版社 2006 年版。

［149］吴玲琍：《试论〈村委会组织法〉修改的对策与思考》，《甘肃政法成人教育学院学报》2005 年第 12 期。

［150］王莹莹：《公共政策制定中弱势群体利益表达机制研究》，博士学位论文，华中师范大学，2009 年。

［151］王旭宽：《构建和谐社会视野下的农民权益保护问题》，《广西社会科学》2006 年第 1 期。

［152］王素斋：《新农村建设视角下的农村基层民主政治建设》，《民主与法制》2009 年第 11 期。

［153］王寿林：《权力与权力制约论纲》，《天津社会科学》1997 年第 6 期。

［154］王兴伦：《多中心治理：一种新的公共管理理论》，《江苏行政学院学报》2005 年第 1 期。

［155］［美］W. 泽林斯基：《个人偏好和美国社会变化中的地图》，《经济地理学》1974 年第 50 期。

［156］吴海燕：《科学发展观与农民权益保障》，《求实》2007 年第 9 期。

［157］吴忠民：《论共享社会发展的成果》，《中国党政干部论坛》2002 年第 4 期。

［158］薛和：《江村自治》，江苏人民出版社 2004 年版。

［159］徐勇、吴毅：《乡土中国的民主选举——农村村民委员会选举研究文集》，华中师范大学出版社 2001 年版。

［160］徐勇：《乡村治理与中国政治》，中国社会科学出版社 2003 年版。

［161］徐勇：《论治理转型与竞争—合作主义——对治理的再思考》，《开放时代》2001 年第 7 期。

［162］徐勇：《村民自治的深化：权利保障与社区重建》，《学习与探索》2005 年第 4 期。

［163］徐勇、项继权：《让人人平等享有基本公共服务》，《华中师范大学学报》2008 年第 1 期。

［164］徐勇：《中国农村村民自治》，华中师范大学出版社 1997 年版。

［165］徐道稳：《社会政策过程中的利益表达》，《学术论坛》2006 年第 7 期。

［166］薛薇：《统计分析与 SPSS 的应用》（第 2 版），中国人民大学出版社 2008 年版。

［167］徐东礼、纪政文：《民主论》，山东人民出版社 2003 年版。

［168］徐秀丽：《中国农村治理的历史与现状：以定县、邹平和江宁为例》，社会科学出版社 2002 年版。

［169］徐久刚、冯进民、刘润民：《中国民主政治研究》，人民出版社 2006 年版。

［170］徐增阳、杨翠萍：《村民自治的发展趋势》，《政治学研究》2006 年第 2 期。

［171］徐增阳：《谁来保障亿万流动农民的选举权》，《中国国情国力》2001 年第 1 期。

［172］项继权：《农民协会组织的功能和作用——爱尔兰农民协会（IFA）的调查与思考》，《华中师范大学学报》1999 年第 5 期。

［173］许传新、许若兰：《新生代农民工与城市居民社会距离实证研究》，《人口与经济》2007 年第 5 期。

［174］［古希腊］亚里士多德：《政治学》，吴寿鹏译，商务印书馆 1981 年版。

［175］俞可平：《治理与善治》，社会科学文献出版社 2000 年版。

［176］应星：《"气"与抗争政治》，社会科学文献出版社 2011 年版。

［177］约翰·克莱顿·托马斯：《公共决策中的公民参与：公共管理者的新技能与新策略》，中国人民大学出版社 2005 年版。

［178］俞宪忠：《流动性发展》，山东人民出版社 2006 年版。

［179］陈庆云：《公共政策分析》，北京大学出版社 2005 年版。

［180］陈潭：《公共政策案例分析》，社会科学文献出版社 2008 年版。

［181］［英］亚当·斯密：《国富论》，中国编译出版社 2010 年版。

［182］［德］尤根·哈贝马斯：《合法性危机》，上海人民出版社 2000 年版。

［183］杨雪冬、何增科、赖海榕、高新军：《基层民主和地方治理创新》，中央编译出版社 2004 年版。

［184］袁方：《社会研究方法教程》，北京大学出版社 1997 年版。

［185］俞可平：《民主是个好东西》，社会科学文献出版社 2006

年版。

[186] 杨团：《农村新型合作医疗政策需要反思》，《决策科学》2005
年第 6 期。

[187] 杨尔烈、汪锡奎：《民主自由人权问题答问》，江苏人民出版
社 1990 年版。

[188] 杨福忠：《谁妨碍了农村基层民主的发展》，《青海社会科学》
2008 年第 1 期。

[189] 姚望：《农民利益表达意识的缺失及矫正路径选择》，《湖南农
业大学学报》2009 年第 1 期。

[190] 周国雄：《博弈：公共政策执行力与利益主体》，华东师范大
学出版社 2008 年版。

[191] 朱光磊：《当代中国社会各阶层分析》，天津人民出版社 1998
年版。

[192] 朱光磊、赫广义：《农民工意见表达的限制性因素及其对策研
究》，《华中师范大学学报》（人文社会科学版）2005 年第
1 期。

[193] 张德信、李兆光：《现代行政学》，红旗出版社 1993 年版。

[194] 张金马：《公共政策分析：概念·过程·方法》，人民出版社
2004 年版。

[195] 张炜：《公民的权利表达及其机制建构》，人民出版社 2009
年版。

[196] 张亲培、刘兆鑫：《选举制度与公共政策——一个社会公正的
视角》，《国家行政学院学报》2008 年第 2 期。

[197] 张志胜：《新生代农民工劳动权益保障研究》，《求实》2007
年第 1 期。

[198] ［美］詹姆斯·E. 安德森：《公共政策》，唐亮译，华夏出版
社 1990 年版。

[199] 詹成付：《新农村民主管理制度创新》，中国社会出版社 2008
年版。

[200] 钟水映：《人口流动与社会经济发展》，武汉大学出版社 2000

年版。

［201］郑杭生：《转型中的中国社会和中国社会的转型》，首都师范大学出版社 1996 年版。

［202］郑传贵：《流动人口政治参与与边缘性的社会学研究》，《南京人口管理干部学院学报》2004 年第 7 期。

［203］周红：《行政伦理学》，南开大学出版社 2010 年版。

［204］周大鸣、周建新、刘志军：《"自由"的都市边缘人》，中山大学出版社 2007 年版。

［205］周作瀚、张英洪：《中国农民的政治参与和参政权》，《政治学研究》2007 年第 2 期。

［206］赵秀玲：《村民自治通论》，中国社会科学出版社 2004 年版。

［207］赵超英：《我对修订村委会组织法的建议》，《乡镇论坛》2007 年第 2 期。

［208］中国社会科学杂志社：《民主的再思考》，社会科学文献出版社 2000 年版。

后　记

　　对于农民权益保障政策进行研究，无疑应特别注意收集可靠的观察资料。只有建立在经验事实基础上的研究，才能提出更加有效的理论假设和检验理论假设。近年来，科学结论的客观性和普遍性已经成为实证主义所推崇的基本原则。基于此，本书力求以实证研究为主，注重通过经验观察数据来揭示一般结论，并且追求结论的可重复性。所以，课题组成员多次深入基层进行实地调研，以获取课题的经验事实支撑，归纳出农民权益保障的本质属性和发展规律，为相关公共政策制定奠定坚实基础。

　　农民权益问题的形成，是多种因素作用的结果。利用各种量化分析工具厘清各种因素之间的作用机制，有利于把握农民权益保障政策各种构成要素之间的内在联系。因此，本书特别注意使用量化分析方法，在诸多方面利用量化分析工具进行了有益的探索。这种探索，有利于澄清许多似是而非的争议，也有利于挖掘农民权益保障方面仅靠质性研究方法所不能发现的深层次量化规律。

　　本书是国家社会科学基金重点课题"农民权益保障政策研究"的系列成果之一。傅广宛担任课题主持人，承担总体研究方案设计，确定撰写大纲，进行撰写分工，修改各专题的研究框架，组织进行田野调查，提出研究思路，参加撰写初稿，修改并审定全部课题初稿等工作。参加本书初稿撰写的还有杜文强、章晶、张经伦、傅托、王莹莹、姬学芳、刘祯、赵翊武、王永露等。张骞负责对本书初稿进行了初步编纂。本课题的调研过程得到了上海、浙江、江苏、河南、湖北、广西、辽宁等地的政府机关、高等院校、研究机构的大力支持，在此，谨向对于本课题的田野调查提供帮助的同志和机构表达深深的谢意！在本书修改定稿过程中，王芳、贾迪、刘琪、钟周、张睿、荣灿、尤盼、郭瑞、杨宝强等做了大量的校对工作，在此一并表达深深的谢意！

傅广宛

2020 年 5 月 10 日